W0192648

Scherer Das große Ayurveda Buch

Dieter Scherer

Das große Ayurveda Buch

Gesundheit — Im Einklang unserer Energien

IRISIANA

IRISIANA

Alle Behandlungsvorschläge, Ratschläge und Hinweise in diesem Buch
sind vom Autor sorgfältig geprüft und erprobt worden. Behandlungen am
menschlichen Körper beruhen stets auf individuellen Entscheidungen,
die in vielen Fällen nur von einem Arzt getroffen werden können.
Eine Haftung des Autors bzw. des Verlags für einzelne Fälle ist daher
ausgeschlossen.

Die Deutsche Bibliothek – CIP-Einheitsaufnahme
Scherer, Dieter:
Das große Ayurveda-Buch : Gesundheit – Im Einklang unserer Energien /
Dieter Scherer. – Kreuzlingen ; München : Hugendubel, 2002
(Irisiana)
ISBN 3-7205-2286-5

© Heinrich Hugendubel Verlag, Kreuzlingen/München 2002
Alle Rechte vorbehalten

Umschlaggestaltung: Zembsch'Werkstatt, München
Redaktion: Barbara Imgrund
Produktion: Maximiliane Seidl
Satz: Impressum, München
Druck und Bindung: Huber, Dießen
Printed in Germany

ISBN 3-7205-2286-5

INHALT

VORWORT

»Und es begann eine Zeit des Leidens für die Menschen. Das Wasser, das sie tranken, war verschmutzt, die Bäume wurden schwach und verloren ihre Blätter, Unwetter fegten über das Land, der Boden war vergiftet und brachte nur noch unter größter Mühsal ein paar Früchte hervor. Unheilbare Krankheiten holten die Menschen heim, und in ihrer Not beteten sie zu Gott, dem Schöpfer, er möge ihnen jemanden senden, der sie errette. Gott, der das sah, schickte seinen weisesten Boten, um die Menschen das geheime Wissen des Lebens zu lehren, damit sie von jetzt an für immer das Geheimnis kannten, wie sie gesund leben und alle Krankheiten besiegen könnten. Da dankten ihm die Menschen und versprachen, diese Heilkunde ewiglich zu ehren und zu achten.«
(Frei zitiert nach den vedischen Urschriften über die Entstehung der ayurvedischen Heilkunde)

Dieses Buch hat zunächst nur ein Ziel: Es soll dem interessierten Leser einen tiefen, aber verständlichen Einblick in den Ayurveda ermöglichen. Ich habe mich bemüht, dieses alte »Wissen des Lebens« in unseren Worten, in unserer Art zu denken wiederzugeben. Die Grundlagen des Ayurveda werden so dargestellt, dass die Essenz der ayurvedischen Lehren auch auf unser Alltagsleben anwendbar ist. Was mich von Beginn an am Ayurveda am meisten fasziniert hat, ist die verblüffende Einfachheit, mit der auch komplexe Vorgänge des Lebens beschrieben werden. Einfachheit und Komplexität scheinen auf den ersten Blick zwei sich widersprechende Attribute zu sein: Denn wie kann etwas komplex, also ausführlich und tief gehend sein und gleichzeitig auf einfachen Denkmustern beruhen?

Wenn wir die Natur jedoch genauer betrachten, dann finden wir eben genau diese Vorgehensweise wieder. Die Natur schöpft ihre enorme Vielfalt an Lebensformen aus immer den gleichen Grundbausteinen. Nehmen wir als Beispiel den menschlichen Körper: Er verfügt über Billionen von Zellen, Stoffwechselproduk-

Die Mysterien der Natur liegen nicht im Komplizierten verborgen, sondern in der Erkenntnis der Einfachheit des Lebens.

ten und kleinsten Molekülen. Jede dieser Körpersubstanzen unterscheidet sich in ihrer Art und Weise vom Rest des Körpers, da jede eine eigene ganz spezifische Funktion erfüllt. Manche Körperprodukte bleiben nur für einen kurzen Augenblick bestehen und zerfallen dann wieder in winzigste Bestandteile. Andere dagegen scheinen sich über Tage, Wochen oder sogar Jahre hinweg kaum zu verändern. Dieses intelligente und höchst vielfältige Zusammenspiel des Organismus basiert jedoch auf nicht mehr als 23 Chromosomen, den Trägern unserer Gene. Wenn man sich die Chromosomen näher ansieht, findet man auf jedem nur vier verschiedene Bausteine, so genannte Desoxyribonukleinsäuren (DNS), die – wie ein kleines Alphabet mit nur vier Buchstaben – das ganze Programm des Lebens schreiben. Vier winzige Grundeinheiten bringen die gesamte Schöpfung des Lebens hervor. Und dies gilt nicht nur für den menschlichen Körper, sondern auch für alle anderen Lebewesen, die diesem Grundmuster folgen.

Ein weiteres Beispiel aus der Natur ist der Aufbau aller Formen in geometrischen Grundstrukturen, Fraktale genannt. Wenn man eine Schneeflocke unter dem Lichtmikroskop betrachtet, kann man diese einfache Grundform sehr gut erkennen. Fraktale sind erst seit wenigen Jahrzehnten bekannt, und man weiß mittlerweile, dass jede Lebensstruktur, jede Pflanze, jeder Stein aus ebendiesen einfachen, immer gleichen Grundmustern aufgebaut ist. Bei einer Schneeflocke mögen es nur wenige Fraktale sein, bei einem Stein dagegen sind sie schon nicht mehr zählbar.

Aus einfachen Grundbausteinen die ungeheure Vielfalt der Welt zu erschaffen – das ist die universelle Sprache des Lebens. Ayurveda bedient sich dieser Sprache und versucht damit das »Wissen des Lebens« für den Menschen erfassbar zu machen. Unsere westliche Kultur hat dieses einfache Denken in den letzten Jahrhunderten mehr und mehr zugunsten einer komplizierten analytischen Denkweise aufgegeben. Wir zerlegen die Dinge des Lebens immer weiter und betrachten vorwiegend ihre Einzelteile. Unsere Wissenschaften versuchen immer noch, das Prinzip des Lebens herauszufinden, indem nach noch kleineren Stoffen, Atomen, Quanten oder Viren geforscht wird. Dieser Weg hat uns große Erkenntnisse und Erfindungen beschert, aber auch mehr und mehr Kompliziertheit und Verwirrung. Wer kann heute noch den Überblick behalten angesichts der vielen immer neuen Informationen und Entdeckungen? Und wer ist noch in der Lage, diese Informationsflut zu deuten und in einem sinnvollen Ganzen zu betrachten?

Langsam jedoch findet auch bei uns ein Umdenken statt. Wir erkennen, dass das Zerlegen von Lebensprozessen nur ein Teil der Wahrheit ist. So haben sich in den letzten Jahren einige neue Wissenschaften gebildet, die sich wieder mit der Ganzheit des Lebens befassen und die Erkenntnisse der letzten Jahrhunderte aus einer vollständigeren Sicht betrachten. Die Denkweise des Ayurveda wird bei uns im Westen einen weiteren Beitrag leisten, eine ganzheitliche Sicht des Lebens zu ermöglichen. Dabei stößt man am Anfang zuweilen auf etwas fremdartige Beschreibungen und Vorstellungen. Manches erscheint schwierig, aber im Grund ist es ganz einfach – vielleicht am Anfang *zu* einfach für unseren an Kompliziertheit gewöhnten Verstand. Eine alte Weisheit aus Indien sagt: »Die Wahrheit zu finden ist nicht leicht, aber einfach.« Dies trifft auch auf den Ayurveda zu. Dieses Buch wagt den Versuch, Sie auf eine Entdeckungsreise durch die Welt des Ayurveda zu führen, ohne sie zu mystifizieren oder hinter nebulösen Glaubensdogmen zu verschleiern.

Ayurveda ist eine Wissenschaft und somit streng logisch aufgebaut; er ist auch eine Volksheilkunde und somit für jedermann verständlich; er ist jedoch keine Religion und somit für jeden Glauben tolerierbar. Und doch berührt die ayurvedische Philosophie tiefere Schichten des menschlichen Bewusstseins, unabhängig von Religion, Glaube oder Ideologie. Vielleicht ist es für den einen nur eine Bestätigung eines tiefen Wissens um eine natürliche, göttliche oder kosmologische Ordnung. Für den anderen mag es ein Entdecken neuer Erkenntnisse ein.

Ich habe dieses Buch geschrieben, um durch altes Wissen Menschen in unserer Zeit Anstöße zu geben, das Wesentliche zu sehen und nicht das Komplizierte. Der Mensch als Einheit von Körper, Geist und Seele dürstet nach ganzheitlicher Sichtweise, nicht nach Zerlegung seiner selbst in unzählige unüberschaubare Einzelteile. Er wünscht sich Respekt, Anerkennung und Liebe. Und vor allem strebt er nach Souveränität – das heißt danach, sein Leben selbst in die Hand zu nehmen und selbst zu verantworten. Sicherlich kann Sie dieses Buch nicht lehren, sich von schweren Krankheiten zu heilen, aber Sie werden viele nützliche Inspirationen erhalten, um Ihr Leben einfacher, gesünder und zufriedener zu gestalten. Dieses Buch ist weniger für Therapeuten geschrieben als für Menschen, die daran interessiert sind, gesund zu bleiben. Ich habe mich daher vornehmlich einem Schwerpunkt des Ayurveda gewidmet: der Gesunderhaltung und Vermeidung von Krankheiten. Am Ende des Buches finden sich einige Rezepte und Anregungen, die Ihnen bei Alltagsbeschwerden eine nützliche Hilfe sein können. Die Behandlung von schwerwiegenden Krankheiten jedoch ist ein großer und komplexer Bereich im Ayurveda. Er gehört immer in die Hände eines geschulten ayurvedischen Arztes oder Heilpraktikers.

Die Ernährung spielt im Ayurveda eine bedeutende Rolle bei der Gesundheitsvorsorge. Dabei kommt es nicht nur darauf an, *was* Sie essen, sondern auch, *wie* Sie essen. Ein herausragendes Kriterium ist der Genuss. Essen ist eine Form der Befriedigung: Wenn man es genießen kann, schmeckt es doppelt so gut. Dieses Buch ist daher vergleichbar mit einem Menü in elf Gängen, entsprechend der Zahl der Kapitel. Vor jedem Gang, also am Anfang eines Kapitels, steht – sozusagen als kleiner »Gaumenkitzler« – eine kurze Übersicht über das, was auf den nächsten Seiten serviert wird. Nach jedem Gang, also am Ende des Kapitels, findet sich das Resümee, das alles Wesentliche noch einmal kompakt zusammenfasst. Es ist als kleine »Verdauungshilfe« gedacht, damit Sie die Essenz des Kapitels besser aufnehmen können. Laut dem Ayurveda sollte man jedoch niemals über den Hunger essen, da es sonst zu Unwohlsein und Verdauungsproblemen kommen kann. Ich habe daher jedes Kapitel noch einmal unterteilt in:

1. Wesentliche Grundlagen – für die Leser, deren Wissensdurst bereits mit den wichtigen Grundinformationen ausreichend gestillt wird.
2. Spezielle Grundlagen – für diejenigen, die noch mehr »Hunger« nach Ayurveda haben und tiefer in die Materie einsteigen wollen.

Oft spreche ich Sie in diesem Buch so an, als würden Sie mir gegenübersitzen. Ich erhoffe mir, dass Sie dadurch eher angeregt werden, die Dinge, die für Sie wichtig sind, auf Ihr Leben anzuwenden. Es ist somit ein sehr persönliches Buch geworden: ein Dialog zwischen Ihnen und mir.

Der traditionelle Ayurveda stellt hohe Ansprüche an Patienten und Therapeuten. Er war und ist mir Lehrer eines tiefen Wissens über das Leben und dessen Gesetze. Wenn Sie sich mit den geistigen Wahrheiten des Ayurveda auseinander setzen, werden auch Sie vielleicht nicht umhinkommen, Ihr Leben neu zu überdenken. Ayurveda legt großen Wert darauf, dass jeder Mensch in einem friedvollen, ausgeglichenen Geisteszustand lebt. Mitgefühl, Weisheit und Frieden sind Tugenden, die in unserer unruhigen Zeit schwer zu finden sind. Aber ohne einen klaren, ruhigen Geist ist Heilung auf Dauer nicht möglich. Auch ein Therapeut, der mit sich und seiner Umwelt nicht in Harmonie lebt, wird keinen großen Erfolg haben.

Es sind nicht nur die Behandlung oder die Arznei, sondern ebenso Mitgefühl und Liebe, die der Mensch benötigt, um wieder heil zu werden. Krankheit beginnt bereits tief im Inneren des Menschen – dort, wo klinische Diagnostik und Medizin nicht hinkommen, wo der Mensch seinen Ursprung hat: in der allumfassenden göttlichen Seele. Heilung ist somit nicht nur die Linderung von körperlichen Leiden, Heilung ist vielmehr ein Akt der Erlösung auf allen Ebenen des Menschen: also körperlich, geistig und seelisch. Oder, um es mit den Worten des großen Homöopathen und Mystikers Herbert Fritsche[1] auszudrücken:

> *»Ohne Heiland keine Heilung.*
> *Die Wiederherstellung der biologischen*
> *Norm ist niemals Heilung im höheren Sinne.*
> *Heilung ist Heiligung.«*

Möge uns allen die Gnade der Heilung zuteil werden!

Dieter Scherer
Garmisch-Partenkirchen, September 2001

Meinem göttlichen Vater!

Durch dich lernte ich sehen.

Durch dich lernte ich vertrauen.

Durch dich lernte ich vergeben.

Du bist das Licht in unserem Herzen.

DANKSAGUNG

Ich danke meinen Eltern dafür, dass ich hier sein darf. Dank ihnen kann ich dieses wunderbare Leben mit all den liebenswerten Menschen genießen. Vieles, was ich heute bin, verdanke ich euch!

Meiner Schwester Sylke, die immer an mich geglaubt hat, meinem Bruder Thilo, auf den ich mich immer verlassen konnte, Onkel Reinhard, der mich bei meinem Studium unterstützte, Elayne, die mir in vielerlei Hinsicht liebevoll zur Seite stand, Oliver, der mir den Mut gab, mit diesem Buch zu beginnen, Eva Jani, die mir im richtigen Moment einen kräftigen Tritt verpasste, Claudia Engel, die mir durch das Lektorieren meines ersten Manuskripts wertvolle Hinweise gab, wie man überhaupt ein Buch zu schreiben hat, Helena, die sich aufopferungsvoll um meinen Hund kümmerte, Helen Heißerer und Sandra Guzzon vom Hugendubel-Verlag, die mein Buch voller Begeisterung annahmen, außerdem Stefan, Lisi, Sylvia, Karen, Christian, Antje, Bernhard, dem Team vom Rheinischen Hof in Garmisch-Partenkirchen, Angelika Huber, Dr. Hans Imhoff, Evelyn Geppert, Andreas Posur, Helmuth, Daniela, Karina, Julia, Verena, Hans-Jürgen Gerhardt und allen meinen Patienten, dank deren »Mitarbeit« dieses Buch überhaupt möglich wurde sowie Amor, meinem treuen Juwel von Hund.

Großen Dank auch meinem Lektor Toni Salzl, der mir jede Verbesserung liebevoll, aber unerbittlich unter die Nase hielt und mir immer die Hoffnung gab, dass ich es schaffe.

Dank auch meinen Lehrern und allen Menschen, die mich unterstützt und auf meinem Weg geführt haben und weiterhin begleiten. An die Lehrer der Josef Angerer Heilpraktikerschule München. HP Joachim Broy und HP Werner Hemm für ihr tiefes Wissen und Lehren der Humoralpathologie[2], Augendiagnose und Kybernetik. HP Sebastian Salzgeber für die Weitergabe seiner sanften Art von Chiropraktik und Osteopathie. Dr. Mohinder Jus für seine lebendige und herzliche Art, klassische Homöopathie zu vermitteln. Mrs. Supriya Nanal für das behutsame Lehren von ayurvedischen Ölbehandlungen, die meine Erwartungen bei weitem übertrafen. Dr. K. Nagaraja Samaga, M. D., Margao, Indien. Und an alle anderen Lehrerinnen und Lehrer in Indien, die mir Einblicke in den Ayurveda erlaubt haben und mir dadurch ein unschätzbares Geschenk für meinen Weg zum »Heil-Werden« geschenkt haben und noch schenken.

Und besonders meinem großen Lehrer Vilas M. Nanal. Möge seine heilerische Kraft und seine große Weisheit noch vielen Menschen zugute kommen.

Und nicht zuletzt meiner über alles geliebten Lebensgefährtin Barbara, die mich nicht nur mit unzähligen Anregungen inspirierte und viele wichtige inhaltliche Korrekturen beisteuerte, sondern viele Monate unserer gemeinsamen Zeit für dieses Buch opfern musste. Ich liebe dich.

I. Ayurveda: Die Wissenschaft des Lebens

Dieses Kapitel gehört zu den wesentlichen Grundlagen, da es einen Ausblick auf den weiteren Verlauf des Buches gibt.

Es beginnt mit einer Einführung in die ayurvedische Wissenschaft und deren Grundgedanken und soll Ihnen einen Eindruck vermitteln, was ayurvedische Medizin bedeutet, wie ihre Vorgehensweise ist und wie sich dies in der Behandlung von Patienten auswirkt. Ayurveda und die moderne Medizin werden anhand praktischer Beispiele gegenübergestellt, damit die Ähnlichkeiten, aber auch die Abgrenzungen der beiden Medizinsysteme deutlich werden. Die moderne Medizin ist ein unverzichtbarer Teil unseres Gesundheitssystems, hat aber auch Schwächen, die durch die Stärken des Ayurveda sinnvoll ausgeglichen werden können. Am Ende des Kapitels stelle ich kurz die Möglichkeiten dar, die der Ayurveda in der Vermeidung und Behandlung von Krankheiten zu bieten hat.

Ayurveda ist die Lehre von der Gesunderhaltung und des Heilens von Krankheiten im Einklang mit den biologischen Grundsätzen der Natur. Der Begriff Ayurveda stammt aus der alten indischen Gelehrtensprache, dem Sanskrit, und setzt sich aus den beiden Silben *ayur* (Leben) und *veda* (Wissen, Weisheit) zusammen. Somit bedeutet Ayurveda wörtlich übersetzt: »das Wissen des Lebens«. Ayurveda ist die älteste noch existierende Heilkunde der Welt. Ihre historischen Quellen entstammen den alten indischen *Veden*, deren Ursprung über 5000 Jahre zurückreicht. Ihre erste große Blütezeit erlebte die ayurvedische Medizin bereits um 1500 v. Chr. mit ihrem Standardwerk, der *Caraka-Samhita*, die noch heute in Gebrauch ist. Ein Jahrtausend später ließ der aufkommende Buddhismus in Gebieten des heutigen Indien und Pakistan zahlreiche Universitäten entstehen und führte zur Weiterverbreitung der ayurvedischen Medizin über Tibet, China und die Mongolei im Norden bis nach Arabien und Griechenland im Westen. Die Spuren dieser Weitergabe lassen sich noch heute anhand der Übereinstimmungen tibetischer, chinesischer und griechischer Medizin mit dem Ayurveda finden. Viele Originalquellen ayurvedischer Medizin sind im Gegensatz zu anderen traditionellen Heilkundesystemen bis heute erhalten geblieben. Ayurveda wurde zwar im Laufe der letzten 3000 Jahre immer weiterentwickelt, seine Grundprinzipien sind jedoch genauso unverändert geblieben wie die Naturgesetze, denen alles Leben auf der Erde untergeordnet ist.

Ayurveda ist eine ganzheitliche Naturheilkunde. Sie betrachtet den Menschen nicht isoliert, sondern als einen Teil der Natur, der mit dieser im gegenseitigen intensiven Austausch steht. Jedes Lebewesen entspringt denselben materiellen und energetischen Grundbausteinen, aus denen das gesamte Universum aufgebaut ist. Der Mensch ist daher ein Mikrokosmos im Makrokosmos Erde. Er lebt in diesem Makrokosmos und unterliegt denselben

»Es ist nicht leicht, ein umfassendes Wissen über das ›Wissen des Lebens‹ zu erlangen. Daher sollte man sich ehrlich bemühen, in einem konstanten Kontakt mit dieser Wissenschaft zu sein. Man sollte sich bemühen, die ethischen Qualitäten eines Arztes zu erlangen, und ähnlich noble Qualitäten selbst von seinem Gegner erlernen, ohne jede Art von Eifersucht. Der Weise betrachtet das ganze Universum als seinen Lehrer; nur der Unweise betrachtet es als seinen Gegner. (…) Daher sollte man gute Ratschläge auch von seinem Gegner annehmen und in die Praxis umsetzen.«

(Caraka-Samhita, Vimanasthana, Kapitel VIII, 14)

Gesetzmäßigkeiten, die für unseren Planeten gelten. Eine Medizin, die den Menschen losgelöst von diesen natürlichen Gesetzen betrachtet, ist genauso unvollkommen wie die Beschreibung der Physik ohne die Berücksichtigung der Quantentheorie.[3]

Eine ganzheitliche Naturheilkunde umfasst alle Bereiche des menschlichen Lebens. Sie ist nicht nur Diagnose und Behandlung von Krankheiten, sondern beinhaltet auch das Wissen über das geistige und körperliche gesunde Leben, um Krankheiten zu vermeiden. Dazu gehören die »richtige« Lebensweise hinsichtlich des Alters und der Jahres- und Tageszeiten, das Praktizieren körperlicher und mentaler Disziplinen (Yoga, Meditation), um körperliche und geistige Störungen zu vermeiden, die individuelle Ernährungsweise und eine soziale Lebenseinstellung, die einerseits eine familiäre Anbindung und andererseits eine ethisch-moralische Geisteshaltung umfasst.

Im Ayurveda wird der Mensch immer im Zusammenhang mit all seinen Lebensfaktoren betrachtet; dazu zählen Körper, Geist und Seele, Krankheitszeichen, Alter, Konstitution, familiäres und berufliches Umfeld, Ernährungsweise und spirituelle Lebensweise. Manche Vorstellungen des Ayurveda mögen in unserer Welt auf Widerspruch oder Kopfschütteln stoßen, erscheinen sie doch auf den ersten Blick als überholt oder antiquiert. Wenn man sich jedoch die Mühe macht, tiefer in die Materie einzudringen, so findet man natürliche Lebenswahrheiten, die schon immer für uns existiert haben.

Ayurveda und Schulmedizin

Unsere moderne Medizin basiert auf den fundamentalen Erkenntnissen des griechischen Arztes Hippokrates (um 460–370 v. Chr.). Hippokrates war der erste Europäer, der die Heilkunde in ein umfassendes, wissenschaftliches System einordnete. Bis dahin war die westliche »Medizin« von mythischen Glaubensvorstellungen und Ritualen geprägt gewesen. Krankheiten galten als Bestrafung erzürnter Götter, die damit ihre Machtposition auf Erden deutlich machten. Opfergaben waren die wohl wichtigste »Behandlungsform«, um die Götter wieder zu besänftigen und Krankheiten zu

---

Ayurveda erfasst den Menschen auf allen Ebenen des Lebens. Eine ayurvedische Therapie behandelt daher nicht nur den körperlichen, sondern alle Bereiche des Menschen.

heilen. Gleichwohl existierten bereits Anfänge einer Heilpflanzenkunde, die jedoch nur von wenigen Kräuterheilkundigen praktiziert wurde.

Hippokrates dagegen versuchte die Gesetzmäßigkeiten von Gesundheit und Krankheit zu erkennen und zu definieren. Krankheit interpretierte er als das Resultat einer falschen Lebensweise. Die Behandlung umfasste daher auch immer eine Änderung von schlechten Lebensgewohnheiten und Ernährungsfehlern. Man vermutet, dass Hippokrates sein medizinisches System aus ayurvedischen Schriften abgeleitet hat. Die Ähnlichkeit seiner medizinischen »Säftelehre« mit dem Ayurveda ist so groß und für die damalige Wissenschaft so neuartig, dass der zu jener Zeit bereits rege Austausch mit indischen Gelehrten als Quelle seiner Inspiration als sehr wahrscheinlich gilt.[4] Seine so genannte Humoralpathologie erklärt das Entstehen von Gesundheit und Krankheit durch das Zusammenwirken der vier Körpersäfte (*Humores*)[5] – vergleichbar dem Ayurveda, der jedoch das ganze System mit nur drei Körpersäften (*Kapha, Pitta* und *Vata*) beschreibt. Selbst die ethische Grundlage des Mediziners, der Eid des Hippokrates, der noch heute von allen Ärzten der modernen Medizin feierlich geleistet wird, findet sich bereits in der *Caraka-Samhita*.

Die Denkweise der modernen Medizin hat heutzutage mit den Lehren des Hippokrates leider ebenso wenig gemeinsam wie mit denen der ayurvedischen Wissenschaft. Die moderne Medizin diagnostiziert und behandelt Krankheiten zum Großteil aufgrund von zellbiologischen Veränderungen oder von der Norm abweichenden Laborbefunden. Die Ursachen von Krankheiten werden meist einem Erreger (Bakterien, Viren oder neuerdings Protonen) zugeordnet oder haben genetische Gründe. Bei einer Vielzahl von Krankheiten jedoch, vornehmlich den chronischen, kann die moderne Medizin meistens wenig bewirken. Entweder findet man keine Ursachen, oder die Ursachen sind mit den Mitteln der modernen Medizin nicht oder nur unzureichend zu behandeln. Die Folge ist der Versuch, die Symptome dieser Krankheiten zu unterdrücken, ohne jedoch das eigentliche Problem zu lösen. Diese Unterdrückung von Krankheitszeichen wiederum führt oftmals zu einer Litanei von Nebenwirkungen, die auf Dauer zu weiteren gesundheitlichen Problemen führen.

In der modernen Medizin nimmt man an, dass fast alle Krankheiten durch Erreger oder genetische Schäden verursacht werden. Im Ayurveda werden Krankheiten zumeist als Resultat einer falschen Lebens- und Ernährungsweise angesehen.

Ayurveda ist ein Medizinsystem, das nach streng logischen Gesetzen und Prinzipien aufgebaut ist, mit dem man praktisch alle Krankheiten behandeln kann. Jede Heilpflanze und jede Behandlung, die man einsetzt, wird genau für den aktuellen Zustand des Patienten festgelegt.

Viele Menschen sind daher in den letzten Jahren zu alternativen Heilmethoden übergegangen. Und auch viele Ärzte haben sich dem großen Feld alternativer Heilmethoden geöffnet und bieten verschiedene Naturheilverfahren, wie die traditionelle chinesische Medizin, die klassische Homöopathie oder die Phytotherapie[6], an. Ayurveda hat jedoch einen weit fundamentaleren Anspruch, als nur eine alternative Heilmethode zu sein. Er ist die »Mutter aller Heilkunden«, aus der sich alle anderen heute noch existierenden Medizinsysteme ableiten lassen: Die ayurvedische Medizin basiert grundsätzlich auf einem Denken und Arbeiten auf wissenschaftlicher Grundlage. Eine Methode oder ein Medikament einfach nur auszuprobieren und zu beobachten, welche Wirkungen und Nebenwirkungen es hat, ist aus ayurvedischer Sicht undenkbar. Jedes Heilsystem, auch der Ayurveda, ist streng betrachtet keine exakte Wissenschaft. Selbst die Auswirkungen eines einfachen Pfefferminztees auf den menschlichen Körper sind so vielfältig, dass man über viele Reaktionen, die der Tee im Körper auslöst, nur spekulieren kann. Beweisen im streng wissenschaftlichen Sinn kann man diese Wirkungen am lebendigen Menschen nicht. Die klinischen Untersuchungs- und Messgeräte sind immer noch viel zu grob, um die Vielzahl feinster Reaktionen nachweisen zu können.

Dies ist eines der großen Probleme jeder Medizin. Im Grunde kann man nie wirklich beweisen, warum der eine Lungenkrebs bekommt, obwohl er nie geraucht hat, und der andere einen normalen Cholesterinspiegel hat, obwohl er sich vorwiegend von fettem Fleisch, Eiern und Butter ernährt. Selbst bei einem so hochtoxischen Stoff wie Amalgam bestreiten viele Experten heute noch, dass er körperliche Schäden verursachen kann. Medizin bleibt also leider oftmals Spekulation und Vermutung. Daher versuchen die moderne Medizin wie auch der Ayurveda, nach wissenschaftlichen Kriterien zu arbeiten, um klinische Beweise für die Wirksamkeit von Medikamenten zu erhalten.

Eine Wissenschaft ist – vereinfacht gesagt – dadurch gekennzeichnet, dass sie jederzeit nach eindeutig festgelegten Prinzipien und Gesetzen arbeitet. So werden in unseren Naturwissenschaften wie Physik oder Mathematik alle Vorgänge unter vorher genau definierten Gesetzen betrachtet. Die Definition 1+1=2 wurde in der Mathematik einmal festgelegt, und bis heute wird nach dieser Grundlage gerechnet. Auch in der Physik arbeitet man mit unzähligen Formeln und Gesetzen, die – vorher konzeptionell ausgearbeitet und danach experimentell bestätigt – die Grundlage für alle weiteren Berechnungen bilden.

Ayurveda ist nach dem gleichen Prinzip des wissenschaftlichen Arbeitens aufgebaut. Am Beginn steht die Idee oder das Konzept (*Tattwa*). Dieses Konzept wird wissenschaftlich genau ausgearbeitet, definiert und in der Praxis bestätigt (*Shastra*). Auf dieser Grundlage entsteht die Umsetzung in die therapeutische Anwendung (*Vyavahara*). So weiß der ayurvedische Therapeut jederzeit, was er tut, warum er es tut und wie sich seine therapeutischen Anwendungen aufgrund der festgelegten Prinzipien auf den Menschen auswirken. Da er den Patienten auf der Grundlage seiner jeweiligen Persönlichkeit behandelt, kann er ihn gezielt und individuell behandeln und außerdem eine relativ sichere Prognose stellen.

Nehmen wir als Beispiel einen Patienten mit einem einfachen Schnupfen. Nach der Befragung des Patienten untersucht ihn der ayurvedische Therapeut ausgiebig und hält die Ursachen, die Symptome, die Beschwerden und die Modalitäten (das heißt die Faktoren, die das Befinden verbessern oder verschlechtern) fest. Etwas ist in Unordnung geraten. Damit man diese Unordnung (Krankheit, Unwohlsein) überhaupt feststellen kann, braucht man natürlich ein Konzept darüber, wie der Organismus aussieht, wenn er in Ordnung (gesund) ist. Im Ayurveda ist ein Mensch gesund, wenn er sich, allgemein gesagt, in Harmonie mit seinen Körperkräften und seiner persönlichen Natur befindet. Solange jemand körperlich und geistig in seiner Mitte ist, kann er praktisch nicht krank werden. Diese Harmonie mit sich und seinen Körperkräften könnte man in der modernen Medizin mit einem gut funktionierenden Immunsystem vergleichen. Wir alle kennen Zeiten, in denen wir jeden noch so schwachen Erkältungserreger auffangen und ständig vor uns hin kränkeln. Zu anderen Zeiten jedoch machen uns die schwersten Grippeepidemien überhaupt nichts aus, weil wir immun dagegen sind.

Die moderne Medizin vernachlässigte diesen enorm wichtigen Bereich des Immunsystems lange Zeit und ignorierte dabei die eindringlichen Worte ihrer eigenen Meister: Der große Molekular-

Unser Immunsystem entscheidet, ob wir krank werden oder nicht.

und Hygienemediziner Max von Pettenkofer[7] zum Beispiel war bekannt für seine Selbstversuche vor seinen jungen Studenten. Seine Überzeugung »Das Milieu ist alles, der Erreger nichts«, demonstrierte er eindrucksvoll anhand eines Fläschchens mit einer choleraverseuchten Flüssigkeit, die er vor seinen Schülern einnahm, ohne danach an Cholera zu erkranken. Er wollte seinen Schülern damit zeigen, dass selbst noch so gefährliche Krankheitserreger angesichts eines gut funktionierenden Immunsystems machtlos sind. Bakterien und Viren können zwar sehr wohl einem Organismus auf Dauer großen Schaden zufügen, aber die letzte Instanz, die über Krankheit oder Gesundheit entscheidet, liegt in der Fähigkeit oder Unfähigkeit unseres Immunsystems. Dagegen wird ein Mensch, der eine schwache Immunität hat, bereits bei kleinsten Anlässen krank, selbst wenn er Erreger abtötende Medikamente einnimmt.

Sind unsere Körperkräfte aus dem Gleichgewicht geraten, so ist es nur eine Frage der Zeit, wann wir krank werden. In unserem Fall mit dem Schnupfen war der vorher gesunde Patient kaltem Wind ausgesetzt, nachdem er stark geschwitzt hatte. Wind wird im Ayurveda als kalt und trocken beschrieben, also ruft er auch im menschlichen Körper kalte und trockene Beschwerden hervor, wie Frieren, Zittern, Unruhe, Krämpfe und Schmerzen. Der Ayurveda-Therapeut erkennt nun aufgrund dieses an sich einfach erscheinenden Befundes Folgendes:

1. Er kann anhand spezifischer Untersuchungsmethoden, insbesondere der Pulsdiagnose, feststellen, wie stark die Erkrankung ist bzw. wie stark der Patient in Mitleidenschaft gezogen ist.
2. Je nach Verfassung und Konstitution des Patienten kann er den weiteren Verlauf der Erkrankung abschätzen und eine gezielte Prognose stellen.
3. Er kann eine individuelle Therapie festlegen, die möglichst schnell wieder den eigentlichen Zustand der Ordnung, sprich die körperliche und geistige Immunität herstellt.
4. Er kann schließlich das Ende der Behandlung genau feststellen, nämlich dann, wenn alle Körperenergien wieder in Harmonie zueinander stehen und somit das ursprüngliche Gleichgewicht des Organismus wieder hergestellt ist. Erst dann ist der Patient wieder vollständig gesund.[8]

Der Patient kann also durch alle Stadien der Krankheit so begleitet werden, dass einerseits die Beschwerden nicht zu schlimm werden, aber andererseits der natürliche Verlauf der Erkrankung nicht unterbrochen wird. Das bedeutet im Klartext: Wer richtig krank ist, gehört ins Bett und muss dem Organismus die Möglichkeit geben, seine ganze Kraft der Beseitigung der Krankheit zu widmen, um sich auf natürlichem Weg auszukurieren. Nur dann kann er erwarten, wirklich gesund zu werden, ohne danach kränklich oder chronisch krank zu sein.

Ayurveda heilt den Menschen nach den Prinzipien der Natur.

Ein weiterer Unterschied der ayurvedischen Heilkunde gegenüber der modernen Medizin liegt in der individuellen Behandlung jedes Patienten. Wir alle legen im Alltag großen Wert auf die Feststellung, dass wir einzigartig und unverwechselbar sind. In der modernen Medizin jedoch findet unsere Individualität praktisch keine Berücksichtigung. Wir bekommen Antibiotika, Kortison, Fiebermittel, Schmerzmittel usw., egal ob wir alt oder jung, dick oder dünn, groß oder klein sind. Im Ayurveda dagegen können zehn Menschen, die alle dieselbe Krankheit haben, mit zehn verschiedenen Medikamenten behandelt werden. Wenn man kranke Menschen, die unter derselben Krankheit leiden, genau beobachtet, stellt man fest, dass sich ihre Beschwerden trotz der ähnlichen Symptome in Feinheiten und Modalitäten voneinander unterscheiden. Ayurveda therapiert in erster Linie nicht die Krankheit, sondern zuallererst den Menschen *mit* seiner Erkrankung. Ein Lehrer sagte mir: »Krankheiten sind Namen. Wir aber behandeln keine Namen; wir behandeln Menschen mit ihren Krankheiten.«

Im Ayurveda wird jeder Menschen individuell nach seiner Natur behandelt.

Eine ganzheitliche Behandlung muss alle Aspekte des Menschen beachten. Dann erst kann man gezielt mit einer Umstellungen der Lebensweise, Medikamenten und therapeutischen Maßnahmen auf den Menschen einwirken und versuchen, ihm auf dem Weg der Heilung zu helfen. In dem Wort Heilung steckt Heil-Werden. Heil-Werden schließt immer den ganzen Menschen – also Körper, Geist und Seele – mit ein. Das eine aber kann ohne das andere nicht existieren. Alle bedingen sich gegenseitig und leben in Harmonie oder in Disharmonie miteinander. Eine Trennung von Körper, Geist und Seele findet erst im Tod statt.

Die Vorteile der ayurvedischen Heilkunde gegenüber der modernen Medizin sind offensichtlich: Ayurveda ist ganzheitlich, natürlich und verfügt über ein breites Spektrum an Möglichkeiten, Krankheiten erst gar nicht entstehen zu lassen. Gerade die typischen Zivilisationskrankheiten wie rheumatische Erkrankungen, Allergien, nervöse Störungen, funktionelle Beschwerden[9], alle Formen von Schmerzzuständen, Hautkrankheiten, Herz-Kreislauf-Erkrankungen, Alterszucker, Leberkrankheiten und Verdauungsbeschwerden sind mit der ayurvedischen Medizin sehr erfolgreich zu behandeln. Auf Dauer gesehen wäre der Ayurveda auch eine wesentlich preiswertere Alternative für ein gut funktionierendes Gesundheitssystem, da eine effektive Krankheitsvorsorge viel billiger ist als die Behandlung von Krankheiten.

Aber es gibt auch eine Reihe von Nachteilen gegenüber der modernen Medizin: Neben der momentanen mangelhaften Verfügbarkeit ayurvedischer Medikamente auf dem europäischen Markt[10] zählt dazu die geringere Effizienz der ayurvedischen Behandlung bei einigen akuten Infektionskrankheiten, in der Notfallchirurgie und der Intensivmedizin. Die Schulmedizin hat sich in den letzten 100 Jahren vornehmlich auf das Behandeln von akuten Krankheiten und das Beheben körperlicher Störungen konzentriert. In diesen Bereichen der Medizin hat sie große Fortschritte erreicht und ist dem Ayurveda in einigen Teilgebieten weit voraus. Es geht daher in diesem Buch weniger um ein Verdrängen der Schulmedizin, sondern um eine Symbiose beider Medizinsysteme zum Nutzen der Bevölkerung. Wenn man die großen Vorteile der ayurvedischen Heilkunde mit denen der modernen Medizin verbinden würde, könnte ein hervorragendes Medizinsystem entstehen, das die Volksgesundheit enorm verbessern könnte. Dazu wäre jedoch ein grundlegendes Umdenken der Schulmedizin erforderlich, und ob die Pharmaindustrie die Vision von gesünderen Menschen, die weniger Medikamente benötigen, teilen würde, darf bezweifelt werden.

Die Möglichkeiten der ayurvedischen Heilkunde

Ayurveda ist eine sehr umfassende medizinische Wissenschaft. Sie umfasst neben den acht medizinischen Fachrichtungen (1. innere Medizin, 2. Chirurgie, 3. Hals-Nasen-Ohren- und Augenheilkunde, 4. Toxikologie, 5. Psychiatrie, 6. Kinder- und Frauenheilkunde, 7. Heilkunde der Verjüngung und 8. Sexualheilkunde) weitere medizinische Aspekte, darunter Heilpflanzenkunde, alchimistische Pharmakologie[11], Gesundheitsvorsorge, Ernährungs- und Lebenslehre.

Eine große Stärke des Ayurveda liegt in der Vermeidung von Krankheiten. Wenn man es als Therapeut schafft, einen Menschen erst gar nicht krank werden zu lassen, dient man der Gesundheit mehr, als wenn man mit den besten Medikamenten und Operationen im Nachhinein hantiert. In früheren Zeiten wurde ein ayurvedischer Arzt (*Vaidya*) nur bezahlt, solange sein Patient gesund blieb. Es war damals selbstverständlich, dass gesunde Menschen regelmäßig ihren Vaidya konsultierten, damit dieser rechtzeitig vor einer eventuellen Erkrankung therapeutische Maßnahmen in die Wege leiten konnte. Andererseits hatte der Patient die Weisungen des Arztes im eigenen Interesse zu befolgen und Verantwortung für seine Gesundheit zu übernehmen: Er wusste nämlich nach einer Konsultation, was gut und was weniger günstig für ihn und seine Gesundheit war. Wenn der Patient jedoch trotz aller vorbeugenden Maßnahmen krank wurde, war das ein Zeichen, dass der Arzt versagt hatte. Er musste den Patienten so lange umsonst behandeln, bis er wieder gesund war. Man stelle sich einmal vor, was passieren würde, wenn wir diese Art der Vergütung heute in unserem Gesundheitssystem praktizierten!

Ein weiterer wichtiger Teil der Gesundheitsvorsorge ist die Ernährung. Sie wird in der ayurvedischen Medizin individuell der jeweiligen Konstitution angepasst. Diese Art der Ernährung ist jedoch nicht starr für alle Zeiten festgelegt. Sie wird der aktuellen Jahres- und Tageszeit, aber auch dem körperlichen und geistigen Zustand und der Verdauungskraft des Menschen angeglichen. So hat der Körper einer Schwangeren andere Bedürfnisse als der einer Frau in den Wechseljahren, und ein kleines Kind braucht andere Nahrung als ein Greis. Die Lebenszyklen finden in der ayurvedi-

Ayurveda behandelt und diagnostiziert nicht nur Krankheiten, sondern versucht in erster Linie, Krankheiten zu vermeiden.

Die individuelle Ernährung ist ein wichtiger Bestandteil der ayurvedischen Gesundheitsvorsorge.

schen Ernährungsweise ebenso ihre Berücksichtigung wie Alter, Klima, Wohnort und spezielle Zustände zum Beispiel nach schweren Erkrankungen.

Yoga hält Körper und Geist jung und flexibel.

Auch Yoga hat seinen festen Platz in der Gesundheitsvorsorge. Durch Yoga wird der Körper gestärkt und gereinigt. Energetische oder stoffliche Blockaden in den Körperkanälen können so aufgelöst werden. Aber auch auf den Geist übt Yoga eine große Wirkung aus. Es beruhigt, erhöht die Konzentrationsfähigkeit und stärkt die Nervenkraft. Spezielle Yogaübungen kann man sogar bei schweren Krankheiten einsetzen, um die Genesungskraft des Organismus zu unterstützen.[12]

Neben der Gesundheitsvorsorge spielt die eigentliche Behandlung von Krankheiten eine große Rolle in der ayurvedischen Medizin. Indien kennt mehr als 45 000 Pflanzenarten, von denen rund 20 000 in der Medizin eingesetzt werden.[13] Die meisten dieser Heilpflanzen sind nicht nur von ihren pharmazeutischen Wirkstoffen her bekannt, sondern werden aufgrund ihrer Eigenschaften und Wirkungen auch auf eine Art beschrieben, wie sie im Westen gänzlich unbekannt ist. So hat jede Heilpflanze eigene Qualitäten, die je nach Konstitution oder Krankheit die jeweils gestörten Energien wieder ins Gleichgewicht bringen kann. Schließlich verfügt der Ayurveda über einen einzigartigen Erfahrungsschatz von über 5000 Jahren in der Behandlung mit Heilpflanzen.

Die ayurvedische Alchimie wird bis heute praktiziert, um die Wirksamkeit von Medikamenten bei der Behandlung von schweren Krankheiten zu verstärken.

Es ist aber nicht nur dieser unermessliche Reichtum an Heilkräutern, der die ayurvedischen Medikamente so wirksam macht. Ayurveda setzt bereits seit langer Zeit die geheimnisvolle Kraft der Alchimie ein, damit die Medikamente noch effektiver und wirkungsvoller werden. Die Alchimie, die bei uns im Mittelalter ebenfalls bekannt war, hat ihr Wissen im europäischen Raum fast vollständig verloren. Wir können heute die vielen Mixturen eines Paracelsus[14] kaum noch nachvollziehen oder nutzen. Im Ayurveda blieb die Alchimie jedoch erhalten und wurde bis heute immer weiter verfeinert.[15]

Die ayurvedischen Kräuteröle kräftigen, regenerieren und heilen zugleich.

Als letzter großer Punkt der ayurvedischen Behandlung sei noch die Therapie mit ayurvedischen Kräuterölen erwähnt. Diese Form der Behandlungsweise ist bei uns völlig verloren gegangen. Dabei wurden Ölsalbungen zur Linderung von Krankheiten bereits in der Bibel beschrieben und sind in vielen Kulturen seit alters bekannt. Im Ayurveda werden mehrere hundert verschiedene Kräuterölmischungen je nach Krankheit, Zustand und Konstitution des Patienten verabreicht. Der große Vorteil von ayurvedischen Ölbehandlungen besteht darin, dass die hochwirksamen Heilpflanzen nicht über den Verdauungskanal, sondern über die Haut in den Körper eingebracht werden. Die Medikamente müssen dadurch nicht erst verdaut werden, sondern können sofort dort wirken, wo sie gebraucht werden. Heilstoffe über die Haut einzureiben ist dank der lindernden Wirkung von Salben und Cremes hinlänglich bekannt und anerkannt. Das Wissen um die ayurvedischen Kräuteröle ist jedoch wesentlich komplexer und spielt gerade bei der Behandlung vieler chronischer Krankheiten wie rheumatischen Erkrankungen, psychischen und nervösen Störungen, Arthrose, Gicht und vielen Schmerzzuständen eine wichtige Rolle, um Heilungsprozesse zu beschleunigen.

Energetische Vorgänge in jedem Lebewesen laufen unter den gleichen Bedingungen ab wie in der Natur. Der Wind trocknet die Wäsche, aber genauso trocknet er den Ackerboden und den menschlichen Körper. Die Konsequenzen sind die gleichen. Ein trockener Ackerboden ist genauso unfruchtbar und energielos wie ein ausgetrockneter Mensch (der ebenfalls oft unter »Fruchtbarkeitsstörungen« leidet). Bewegungen führen zu Trockenheit. Jedes Wagenrad muss immer gut geölt sein, damit es funktioniert. Ebenso führt jede Bewegung des Menschen zu Trockenheit der Körpergewebe. Man fühlt es an der Haut, man hört es am Knirschen der Gelenke, man spürt es an kalkigen Ablagerungen der Bänder und Sehnen. Viele leiden darunter, besonders in der kalten Jahreszeit. Dementsprechend wird warmes pflanzliches Öl, auf besondere Art einmassiert, ihnen wieder neue Geschmeidigkeit und Feuchtigkeit verleihen und den Körper biegsamer machen. Die Trockenheit wird vermindert, die Schmerzen verschwinden oder werden zumindest erträglicher.

Die Prinzipien der ayurvedischen Heilkunde entsprechen den Gesetzen unserer Natur: Ein Bach fließt bei Wärme schneller als bei Kälte. Ein kalter, sprich chronisch frierender Mensch hat einen ebenfalls langsameren Stoffwechsel. Er wird daher leichter zu kalten, also hartnäckigen oder chronischen Erkrankungen neigen, die meist lange brauchen, bis sie auskuriert sind. Also muss dieser Menschen erst von innen heraus erwärmt werden, damit er wieder gesund werden kann.

Ayurveda ist im Grunde ganz einfach und vielleicht gerade deshalb so effektiv. Er bringt die Dinge auf den Punkt, auch wenn es für unsere Denkweise manchmal *zu* einfach klingen mag. Er ist eine wohltuende Oase in unserer hektischen und komplizierten Zeit, in der uns nicht einmal mehr die »Wissenden« einfachste Zusammenhänge klar vermitteln können. Ein großer Weiser sagte einmal vor 2000 Jahren sinngemäß: »Werdet wie die Kinder, denn ihnen gehört das Himmelreich.« Auf dieses Buch übertragen, könnte man auch sagen: »Betrachtet die Dinge mit den Augen eines Kindes, und das ›Wissen des Lebens‹ wird euch nicht verborgen bleiben.«

II. DIE HISTORISCHEN QUELLEN DER AYURVEDISCHEN HEILKUNDE

Dieses Kapitel gehört zwar zu den wesentlichen Grundlagen; wenn Sie sich jedoch nicht für die Geschichte des Ayurveda interessieren, können Sie es auch überspringen.

Auf den folgenden Seiten befassen wir uns mit den historischen Quellen des Ayurveda. Ayurvedisches Wissen entstammt den ältesten philosophischen Schriften der Welt, den indischen Veden, und sein Ursprung liegt weit vor der Entstehung der europäischen Medizin. Vedisches Wissen gelangte bereits im frühen Altertum über den Orient nach Europa und inspirierte unsere kulturelle und philosophische Entwicklung.

Eine Legende zur Entstehung des Ayurveda

»Eine Anzahl weiser Menschen versammelte sich vor langer Zeit in einem Tal des Himalaja. Sie wollten herausfinden, wie man die Menschen vor Krankheiten und Siechtum bewahren könne. In tiefer Meditation erschien ihnen Indra, der Gott aller Götter. Er erklärte, dass er ihnen einen vollkommenen Weg zur Bekämpfung der Krankheiten zeigen werde. So beschlossen sie, einen der Ihren auszuwählen, um ihn zu Indra zu schicken. Doch wer sollte dafür der Geeignetste sein? ›Ich bin für diese Aufgabe auserwählt‹, sprach Bharadvaja und machte sich mit dem Einverständnis aller auf den Weg. Nachdem sich Indra von der tiefen Ernsthaftigkeit und Weisheit Bharadvajas überzeugt hatte, lehrte er ihn das Wissen des Lebens. Er übergab ihm das Wissen der drei heiligen und unvergänglichen Bereiche Ätiologie (Ursachen), Symptomatologie (Krankheitszeichen) und Behandlungen. Nachdem er zurückgekehrt war, führte Bharadvaja alle Weisen in den Ayurveda ein. Diese setzten das Wissen in die Tat um und führten ein langes und gesundes Leben. Einer der Weisen, Punarnava, hielt aus Mitgefühl für alle Lebewesen seine sechs Schüler an, das Wissen des Lebens aufzuschreiben und für die Nachwelt aufzubewahren.«

(Frei nach der Caraka-Samhita, Kapitel I, Vers 6–40)

»Diese Wissenschaft wird Ayurveda genannt, in der günstige und ungünstige, glücklich machende und unglücklich machende Lebensumstände wie auch alles Gute und Schlechte für das Leben und das Leben an sich beschrieben wird.«

(Caraka-Samhita, Kapitel I, Vers 41)

Ayurveda unterscheidet sich von unserer westlichen Wissenschaft durch seinen fundamentalen Anspruch, göttlich und vollkommen zu sein. Der Ursprung des Ayurveda geht auf die *Veden* zurück, die zu den ältesten philosophisch-spirituellen Schriften der Welt zählen. Die *Veden* sind – ähnlich der Bibel der Christen – religiösen Ursprungs und wurden direkt von Gott inspiriert. Brahma, der Schöpfer des Weltalls, übergab sie den *Rishis* (den Weisen), die sie in Form von Gebeten und Gesängen an ihre Nachkommen weitergaben. Ayurveda – als Teil der vedischen Schriften – entwickelte sich als eigenständiger medizinischer Zweig im Laufe der

Zeit allein weiter, blieb aber in seinen vedischen Grundprinzipien unverändert. Während unsere heutige Wissenschaft menschlich ist und immer nur so lange wahr ist, bis dieses Wissen durch neue Erkenntnisse aufgehoben wird, ist vedisches Wissen vollkommen und daher unveränderbar. Das heißt jedoch nicht, dass sich die ayurvedische Forschung nicht ständig weiterentwickeln würde; die Gesetze und Grundlagen, auf denen der Ayurveda basiert, blieben und bleiben dennoch immer gleich. Es sind die ewigen Naturgesetze, die auf unserem Planeten schon immer gültig waren und sich nie geändert haben. Der Mensch im Altertum mag zwar anders gelebt haben, aber sein Organismus funktionierte nach denselben Prinzipien wie heute. Ein Kind, das vor 5000 Jahren eine Frucht aß, wird sie nach den gleichen Prinzipien verdaut haben wie ein Kind unserer Zeit.

Die indischen Veden

In den indischen Veden finden sich die ersten Grundlagen des Ayurveda.

Die indischen *Veden* sind die frühesten Beschreibungen über die Entstehung und Wahrheiten unserer Welt. Sie sind eine philosophisch-spirituelle Wissenschaft, die ein umfassendes Verständnis über die Vorgänge unseres Kosmos vermittelt. Die ältesten Hinweise auf vedisches Gedankengut lassen sich nach neuesten wissenschaftlichen Untersuchungen in die Zeit zwischen 10 500 und 6000 v. Chr. datieren.[16] Im *Rigveda*, der ältesten Aufzeichnung der *Veden*, finden sich bereits die Anfänge ayurvedischer Grundprinzipien. Die drei Naturkräfte Wind, Feuer und Wasser werden beschrieben und den drei Gottheiten Indra, Agni und Soma zugeordnet. Aus diesen drei kosmologischen Naturkräften entwickelte man später die Lehre der drei Bioenergien Kapha, Pitta und Vata und konnte somit die Vorgänge im menschlichen Körper erstmals beschreiben und verstehen lernen. Der *Rigveda* besteht hauptsächlich aus Ritualen, Hymnen und dem Singen heiliger Formeln (*Mantras*), die in der ayurvedischen Medizin auch heute noch eine gewisse Rolle spielen.

In den späteren vedischen Schriften – dem *Samaveda*, dem *Yajurveda* und dem *Atharvaveda* – wird das geistig-spirituelle Wissen wie auch die ayurvedische Medizin weiterentwickelt. Diese

Schriften beinhalten auch die *Upanishaden*, die mythischen Schriften des Brahmaismus.[17] Insbesondere Teile des Atharva-Veda stellen die erste Grundlage für den sich entwickelnden Ayurveda dar. Laut astronomischen Aufzeichnungen wurde das vedische Prinzip einschließlich des Ayurveda bereits 4000 v. Chr. praktiziert.[18]

Die Ausbreitung indischer Philosophien im Altertum

Die frühesten archäologischen Funde der indischen Zivilisation sind die Zeugnisse der Harappa-Kultur im Industal. Sie wurden in den zwanziger Jahren des 20. Jahrhunderts von englischen Archäologen entdeckt und werden auf den Zeitraum zwischen 2500 v. Chr. und 1700 v. Chr. datiert. Sie belegen, dass in diesem Gebiet in jener Zeit der am höchsten entwickelte und größte zusammenhängende Siedlungsraum der Bronzezeit existierte. Er erstreckte sich über das heutige Nordindien, Pakistan bis nach Afghanistan und in den Iran. Ausgrabungen ergaben, dass die Städte dieser Kultur – in denen zum Teil mehr als 200 000 Menschen lebten – mit einem ausgereiften Bewässerungs- und Straßensystem ausgestattet waren. Fundstücke bezeugen zudem eine große handwerkliche Kunstfertigkeit in der Bearbeitung von Keramik, Metallen, Schmuck und Stoffen. Ein reger Handel von Waren lässt sich nicht nur innerhalb der Induskultur nachweisen, sondern auch mit weiter entfernten Ländern. Im Tal des Euphrat im heutigen Irak wurden beispielsweise Siegel entdeckt, die aus dem Industal stammen und der Harappa-Kultur zugeordnet werden.

Bereits das ganze Altertum hindurch bestand ein intensiver Austausch von Waren zwischen Indien und dem Westen. Mit diesem Handel kam auch indisches Gedankengut nach Europa. Indische Philosophen sind nachweislich bis nach Griechenland gekommen und brachten die Griechen mit den Lehren der *Upanishaden* in Kontakt. Laut Aristoxenos, einem griechischen Schriftsteller aus der Zeit Alexanders des Großen (356–323 v. Chr.), lernte der Philosoph Sokrates (um 470–399 v. Chr.) in Athen einen Inder kennen.[19] Der große Mystiker und Mathematiker

Pythagoras (570–497/96 v. Chr.) hielt sich nachweislich mindestens zweimal für längere Zeit in Indien auf. Es sollen sogar zwei Tierarten in Nordindien, die er beobachtete und beschrieb, bis heute den Namen tragen, den Pythagoras ihnen gab. Die Theorie der Seelenwanderung von Pythagoras und anderen griechischen Mystikern etwa ist auf die Reinkarnationslehre der vedischen Schriften zurückzuführen. Auch Hippokrates, der geistige Urvater der modernen Medizin, schien inspiriert vom philosophischen Gedankengut der ayurvedischen Medizin. Die Verwandtschaft seiner neu entstandenen Medizin, der Humoralpathologie, mit dem Ayurveda ist so offensichtlich, dass er, wie bereits erwähnt, sehr wahrscheinlich ayurvedische Quellen benutzt hat.

»Philosophie ist die Liebe zur Wahrheit. Wissenschaft ist die Entdeckung der Wahrheit durch das Experiment. Religion ist die Erfahrung der Wahrheit und ihre Anwendung im täglichen Leben.«[20]

Für die Philosophen des antiken Griechenland war Mystik und Wissenschaft kein Widerspruch. Obwohl in dieser Zeit die theoretischen Grundlagen für das wissenschaftliche Arbeiten unserer westlichen Kultur geschaffen wurden, waren alle großen griechischen Denker zugleich auch Mystiker. Pythagoras zum Beispiel gründete eine Schule für Mathematik und Mystik, in der es durch die Verbindung von spiritueller und rationaler Betrachtungsweise zu großen Entdeckungen kam – es sei nur auf die Harmonie der Zahlenlehre oder den wissenschaftlichen Beweis hingewiesen, dass die Erde eine Kugel ist.

Auch für den Ayurveda sind Wissenschaft und Spiritualität keine sich widersprechenden Standpunkte. Sie sind vielmehr zwei unterschiedliche Betrachtungsweisen, die erst durch ihre Verbindung eine vollkommene Wissenschaft ermöglichen – eine Sichtweise, die unserem heutigen Verständnis von Wissenschaft eher widerspricht.

Die buddhistische Epoche

Auch in den Anfängen der wissenschaftlichen Medizin in Europa waren die Praktizierenden Ärzte und Geistliche in einem. In Ägypten nannte man sie Therapeuten, was übersetzt nichts anderes als Heiler bedeutet. Diese Therapeuten gehörten einem buddhistischen Orden an und führten ein spirituelles Leben. Sie ernährten sich vegetarisch, lebten in Armut und meditierten viel.

Die Gründung therapeutischer Zentren im Mittelmeerraum begann im 3. Jahrhundert v. Chr. und ging auf den missionarischen Eifer des indischen Kaisers Ashoka (um 273–232 v. Chr.) zurück, der ein glühender Anhänger des Buddhismus war. Der Buddhismus hatte sich inzwischen in Indien zur Staatsreligion entwickelt. Die ayurvedische Medizin wurde von den Buddhisten übernommen, obwohl sich der Buddhismus im Widerspruch zum Hinduismus und zu den vedischen Schriften sieht. Dies belegt auch, dass die Ausübung des Ayurveda unabhängig von Religion und Kultur möglich ist.

Die Ausbreitung der buddhistischen Religion brachte einen großen Aufschwung des Ayurveda mit sich. Unter Kaiser Ashoka entstanden viele ayurvedische Universitäten und Krankenhäuser im heutigen indisch-pakistanischen Siedlungsraum. Ashoka baute ein staatliches Gesundheitssystem auf, das die kostenlose medizinische Grundversorgung der Bevölkerung garantierte. So wurden in allen Regionen seines riesigen Reiches Kräutergärten angelegt, um die Behandlung mit ayurvedischen Heilpflanzen für jedermann zu ermöglichen. Die Betreuung der Menschen wurde durch buddhistische Mönche gewährleistet, die – ausgebildet in ayurvedischer Medizin – regelmäßig auf Wanderschaft gingen, um auch die entlegensten Gebiete zu erreichen.

Ashoka sah es zudem als seine Pflicht an, buddhistisches und ayurvedisches Gedankengut bis in die fernsten Winkel der Erde zu verbreiten. So entstanden viele buddhistische Bildungsstätten in asiatischen Ländern, aber auch im gesamten Orient bis nach Griechenland. Die großen Kulturnationen der damaligen Zeit – Griechenland, Rom und China – waren von den indischen Lehren fasziniert. Viele Mediziner und Geisteswissenschaftler studierten damals an indischen Universitäten und brachten dieses Gedankengut mit zurück in ihre Heimat. Diese Zeit der Hochblüte ayurvedischer Medizin dauerte bis um 1000 n. Chr., als die Islamisten begannen, Pakistan und große Teile Indiens zu erobern.

Die islamische Herrschaft

Im Orient entwickelte sich die ayurvedische Medizin zur so genannten Unani-Medizin weiter, die noch heute in Teilen Arabiens, Pakistans und Indiens gelehrt wird. *Unani* heißt nichts anderes als »von den Griechen« und weist auf die Weiterentwicklung der griechischen Medizin hin. Der große griechische Arzt Galen (um 129–199 n. Chr.) fasste die humorale Medizin des Hippokrates neu zusammen und entwickelte sie weiter. Seine Studien sollten bis ins 16. Jahrhundert hinein die Grundlage unserer westlichen Medizin bilden. Der persische Arzt und Mystiker Avicenna (um 980–1037) übersetzte sie ins Arabische und schaffte somit die Grundlage für die Unani-Medizin.[21]

Unter islamischer Herr-schaft kam es zu einer deutlichen Verlang-samung ayurvedischer Forschungsarbeit, die erst im 20. Jahrhundert wieder neu zum Leben erweckt wurde.

Unter islamischer Herrschaft verlor die ayurvedische Medizin in Indien mehr und mehr an Bedeutung. 700 Jahre Krieg und Zerstörung ließen viele indische Universitäten und uralte Kulturstätten für immer vom Erdboden verschwinden. Der radikale Kampf der Moslems gegen alles Nichtislamische machte eine Weiterentwicklung und Ausübung ayurvedischer Medizin kaum mehr möglich. Es kam zu einer deutlichen Verlangsamung ayurvedischer Forschungsarbeit, die erst im 20. Jahrhundert wieder neu zum Leben erweckt wurde. Nur im äußersten Süden Indiens, im heutigen Kerala, das die Moslem nie unter ihre Herrschaft brachten, entwickelte sich eine eigene Art des Ayurveda unbehelligt weiter. Dieser Kerala-Ayurveda spezialisierte sich auf aufwändige Kräuterölbehandlungen mit mehreren Masseuren gleichzeitig und unterscheidet sich heute noch in vielerlei Hinsicht vom Ayurveda anderer Regionen.

Ayurveda heute

Der islamischen Unterdrückung folgte die Kolonialisierung Indiens durch die Europäer. Das Wettrennen um die Vorherrschaft gewann schließlich das britische Königreich Mitte des 18. Jahrhunderts nach zahlreichen Kriegen mit Frankreich. Unter der 200-jährigen englischen Kolonialherrschaft führte der Ayurveda ein Schattendasein: Den Engländern erschien die indische Geisteshaltung rückständig und fremd. Die noch verbliebenen ayurvedischen Universitäten wurden geschlossen und in Hochschulen umgewandelt, in denen ausschließlich moderne westliche Medizin unterrichtet wurde. Erst in den zwanziger Jahren des 20. Jahrhunderts mit der aufkommenden nationalen Bewegung Indiens unter Führung Mahatma Gandhis entstanden wieder die ersten ayurvedischen Hochschulen. Nach der Unabhängigkeit Indiens 1947 wurde dem Ayurveda der Status eines offiziellen Medizinsystems zuerkannt.

Heute existieren in Indien weit über 100 staatliche und private Einrichtungen, an denen ayurvedische Medizin gelehrt wird. Dort ist Ayurveda heute – neben der modernen Medizin und der klassischen Homöopathie – ein gleichberechtigtes Universitätsstudium zur Erlangung eines Arzttitels. Mit dem größer werdenden Interesse des Westens erlebte der Ayurveda ab Mitte der achtziger Jahre einen wahren Boom, der zu ayurvedischen Zentren in Europa, Amerika und dem Rest Asiens führte. Diese Entwicklung führte auch in Indien dazu, den großen Schatz des Ayurveda neu zu bewerten und seine Weiterentwicklung verstärkt zu fördern, sodass die nahe Zukunft auf eine neue Blütezeit ayurvedischer Medizin hoffen lässt.

> Nach der Unabhängigkeit Indiens 1947 wurde dem Ayurveda der Status eines offiziellen Medizinsystems zuerkannt.

Die wichtigsten Quellen des Ayurveda

Neben zahlreichen anderen Autoren sind die drei Werke von Caraka, Sushruta und Vagbhata die wichtigsten Grundlagen des Ayurveda. Wenn man Ayurveda als Wissenschaft begreifen will, kommt man an diesen drei Großen der ayurvedischen Medizin nicht vorbei. Die Originale sind allesamt in Sanskrit geschrieben, das – vergleichbar mit dem Lateinischen – die alte Gelehrtensprache Indiens war.

> Die drei Werke von Caraka, Sushruta und Vagbhata sind die wichtigsten Grundlagen des Ayurveda.

Die Caraka-Samhita

Es ist das älteste und umfassendste Werk des Ayurveda, das bis heute erhalten geblieben ist. Die *Caraka-Samhita* wird auf etwa 1500 v. Chr. datiert.[22] Der oder die Autoren sind nicht mehr eindeutig auszumachen. Man vermutet, dass mehrere Gelehrte über viele Generationen hinweg an diesem Werk gearbeitet haben; es ist jedoch nach einer einzigen Person benannt, dem sagenhaften altindischen Arzt Caraka.

In der *Caraka-Samhita* finden sich die Grundlagen der inneren Medizin. Hier werden erstmals die körperlichen Energien Kapha, Pitta und Vata und die individuellen Kennzeichen der Konstitutionen beschrieben. Diese Grundlagen werden bis heute im Ayurveda angewandt. Caraka listet 80 Krankheiten auf, die dem Vata-Dosha zugeordnet werden, 40 für das Pitta-Dosha und 20 für das Kapha-Dosha.[23] Das Werk beschreibt zahlreiche Therapien und Medikamente, die pflanzlichen, tierischen und mineralischen Ursprungs sind. Die alchimistische Herstellung ayurvedischer Medikamente, die hier erwähnt werden, ist oftmals so komplex, dass sie unserem naturwissenschaftlichen Denken bis heute verschlossen geblieben ist. In der *Caraka-Samhita* wurde auch erstmals die ayurvedische Ernährung mit den sechs Geschmacksrichtungen und deren Auswirkungen auf den menschlichen Körper beschrieben. Die in diesem Standardwerk empfohlene Gesundheitsvorsorge ist noch heute Grundlage der ayurvedischen Medizin.

Die Sushruta-Samhita

Sushruta war ein ayurvedischer Arzt, der etwa im 8. Jhdt. v. Chr. gelebt haben soll.[24] Sein Werk, die *Sushruta-Samhita*, ist die erste umfassende Abhandlung der Geschichte über die Chirurgie. Darin finden sich detaillierte Beschreibungen zur operativen Behandlung von Knochenbrüchen, Wunden und Verbrennungen. Viele der hier aufgezählten chirurgischen Maßnahmen mögen uns heute in Erstaunen versetzen: So beschreibt Sushruta etwa Hauttransplantationen, komplizierte Gehirn- und Bauchoperationen, die Behandlung von schweren Kriegsverletzungen und eine Augenchirurgie, die mit denkbar einfachen Methoden noch heute große Erfolge bei Augenkrankheiten ermöglicht. Man muss dazu erwähnen, dass zu jener Zeit das Sezieren von Leichen aus religiösen und ethischen Gründen nur bei Totgeburten gestattet war. Trotz dieser Einschränkungen konnte Sushruta die anatomischen Defizite der damaligen Medizin durch seine Studien ausgleichen und mit seiner Chirurgie die ayurvedische Medizin erweitern. Die medizinischen Erkenntnisse Sushrutas ermöglichten die genaue Erfassung des Blutkreislaufs, der Nerven, der Knochen, Muskeln und Sehnen sowie der so genannten Energiepunkte (*Marmas*), die den chinesischen Akupunkturpunkten ähnlich sind.

Vagbhata

Vagbhata, ein buddhistischer Mönch, erweiterte die beiden großen Standardwerke von Caraka und Sushruta zu einer neuen medizinischen Zusammenfassung, der *Asthanga-Hridaya*. Er soll im 7. Jahrhundert n. Chr. im heutigen Pakistan gelebt haben.[25] Seine intensiven Studien bereicherten die bestehende ayurvedische Medizin um neue Heilpflanzen, pharmakologische Erkenntnisse und chirurgische Verfahrenweisen.

Die acht Bereiche der ayurvedischen Medizin

Ayurveda wurde von Anfang an in acht verschiedene medizinische Bereiche eingeteilt:

1. Die innere Medizin (Kaya cikitsa)

Ihr wird der sicherlich größte Bereich in der ayurvedischen Medizin zugeordnet. Die Einteilung in die sieben Konstitutionen (*Prakriti*), die drei Lebenskräfte (Kapha, Pitta und Vata), die mentalen Energien (*Sattva*, *Rajas* und *Tamas*) und die Ernährungslehre sind die Grundlagen der inneren Medizin. Der Mensch wird hier als ein ganzheitlicher Organismus von Körper, Geist und Seele betrachtet und Krankheit als Folge innerer Störungen von Kapha, Pitta und Vata angesehen – weniger als ein Resultat äußerer Faktoren wie Bakterien oder Viren. Auch die verschiedenen Untersuchungs- und Behandlungsmethoden des Ayurveda wie die Ölbehandlungen oder das Panchakarma[26] werden hier beschrieben.

2. Die Chirurgie (Salya tantra)

Die Chirurgie etablierte sich bereits vor Sushruta als eigenständiger medizinischer Bereich, wurde aber erst durch ihn in die Praxis umsetzbar gemacht. Viele hier beschriebene Operationstechniken waren und sind noch heute Grundlage unserer modernen Medizin. In Indien versucht man seit einigen Jahren, gewisse Teile der ayurvedischen Chirurgie wieder neu aufleben zu lassen, da sie einfacher und schonender durchzuführen sind als die aufwändigen Techniken der modernen Medizin.

3. Die Behandlung der Krankheiten von Kopf und Genick (Salakya tantra)

Hier werden spezielle Verfahren zu Behandlungen im Kopfbereich beschrieben. Diese beinhalten chirurgische Eingriffe, ausleitende Techniken wie die Nasennebenhöhlenbehandlung (Nasya), Ohrbehandlungen, das ayurvedische Augenbad und spezielle Ölbehandlungen bei Krankheiten im Kopfbereich.

4. Die Toxikologie (Agada tantra)

In der Toxikologie werden nicht nur der Umgang und die Behandlung bei Vergiftungen beschrieben, sondern auch spezielle Arten der Herstellung von Medikamenten unter Beimischung giftiger Substanzen. Diese besonderen Präparate haben zum Ziel, die Heilwirkung ayurvedischer Medikamente zu steigern, ohne dabei den Körper zu schädigen.

5. Die Psychiatrie (Butha vidya)

Auch der Beschreibung von Geisteskrankheiten und psychischen Störungen wurde eine eigene Fachrichtung zugewiesen. Die Behandlung dieser Krankheiten wird mit speziellen Medikamenten, Ölbehandlungen, aber auch mit Yoga sowie Ernährungs- und Lebensumstellungen durchgeführt. Edelsteintherapie und das Singen von Mantras[27] spielen auch eine Rolle bei der Behandlung von geistigen Störungen.

6. Die Pädiatrie (Kinderheilkunde, Bala tantra)

In diesem medizinischen Bereich geht es darum, Schwangerschaft, Geburt und das Aufwachsen der Kinder ohne Störungen zu gewährleisten. Schwangerschaftsvorsorge, Ernährung, Verhaltensweisen und Vorbereitungen für die Geburt sind sehr genau und umfassend und stellen eine hervorragende Ergänzung zur schulmedizinischen Schwangerschaftsbetreuung dar. Ein wesentlicher Bestandteil dieses Fachbereiches ist die Behandlung von Kinderkrankheiten. Sie soll die körperliche und geistige Entwicklung des Kindes fördern und sein Immunsystem stärken.

7. Die Geriatrie (Altersheilkunde) und die Wissenschaft der Verjüngung (Rasayana tantra)

Ein außergewöhnlicher Bereich des Ayurveda ist die Verjüngungstherapie. Jedes Lebewesen unterliegt den natürlichen Gesetzmäßigkeiten des Alterns und Sterbens. Hier aber werden Verfahren beschrieben, die den Menschen nicht nur jung erhalten und ihn vor Krankheit oder vorzeitigem Verschleiß schützen sollen, sondern sogar vorzeitige Alterung wieder rückgängig machen. Präparate wie zum Beispiel das legendäre Chyawanprash[28] haben einen stark zellschützenden, verjüngenden und aufbauenden Effekt.

8. Die Wissenschaft von der Fruchtbarkeit (Aphrodisiaka, Vajikarana tantra)

Die Erhöhung oder Erhaltung der Fruchtbarkeit ist ebenfalls ein wichtiger Bereich innerhalb der ayurvedischen Medizin. Gerade in unserer westlichen Gesellschaft, in der männliche Unfruchtbarkeit und weibliche Empfängnisstörungen immer mehr zunehmen, haben die hier beschriebenen Medikamente und Verfahren an Aktualität nichts eingebüßt. Aphrodisiaka und Rasayana sind eng miteinander verknüpft, da Fruchtbarkeit am sichersten durch einen jung gebliebenen Organismus gewährleistet werden kann. Aphrodisiaka sind daher auch oft Heilpflanzen mit verjüngender Wirkung.

III. Gesetze des Lebens – Die ayurvedischen Prinzipien

Dieses Kapitel gehört zu den wesentlichen Grundlagen.
Sie werden darin mit den wichtigsten Prinzipien des Ayurveda ver-
traut gemacht. Ayurveda ist eine Wissenschaft, und eine Wissenschaft
ohne Gesetze ist wie ein Lehrbuch ohne Gliederung: Sie können es
zwar lesen, aber Sie werden es kaum verstehen. Wir werden auf diese
Grundprinzipien im Laufe des Buches immer wieder zurückkommen,
da sie die Grundlage ayurvedischer Wissenschaft bilden.

Dem Leben auf der Spur

Haben Sie sich schon einmal die Frage gestellt, wie Leben eigentlich funktioniert? Woher weiß Ihr Körper, wo und wie er was zu produzieren hat?

Die Medizin betrachtet das Zusammenspiel der Gene als Grundlage für alle Abläufe des Lebens. Die Gene sind das Programm unseres Lebens: Die Baupläne aller Zellen, die Abläufe unseres Stoffwechsels, die Farbe unserer Haare – all das ist genetisch festgelegt. Das heißt, es ist als verschlüsseltes Datenprogramm in jeder Zelle des Körpers gespeichert. Die Wissenschaft hofft, mit der vollständigen Entschlüsselung der Gene in wenigen Jahren auch die Geheimnisse des Lebens verstehen und die meisten Krankheiten besiegen zu können. Ohne Frage dürfte dieses gigantische Vorhaben eine Fülle neuer Erkenntnisse über das Leben mit sich bringen. Ob wir aber damit das Mysterium Leben vollständig enträtseln können, darf jedoch stark bezweifelt werden. Die wichtigste Frage wird nämlich bei der Genforschung vergessen. Welche Intelligenz steckt hinter den Genen? Wie entscheidet der Körper, welches Gen er gerade aktiviert und welches nicht?

Die Gene sind nichts anderes als Informationseinheiten, aufgebaut aus vier winzigen Strukturen, den so genannten Ribonukleinsäuren. Je nach Anordnung dieser vier Säuren entsteht daraus eine Blutzelle, ein Enzym oder ein kleines Eiweißmolekül. Dies ist vergleichbar mit einem großen Archiv, in dem der Organismus »nachschlagen« kann, wie er eine Leberzelle oder eine andere Struktur zu bauen hat. Die Gene enthalten die Sprache des Körpers, vergleichbar den Buchstaben des Alphabets: Die Buchstaben sind zwar die Grundlage unserer Sprache, aber ohne ihre intelligente Anordnung entsteht daraus niemals ein Gedicht. Wer oder was in uns ordnet also unsere Gene so an, dass sie ein sinn-

Wer nicht nach den Naturgesetzen lebt, wird unglücklich.
(Indisches Sprichwort)

volles Programm ergeben? Und wer oder was in uns setzt dieses Programm, das wir Leben nennen, in die Realität um?

Die Evolutionstheorie nach Darwin und die Erkenntnisse der modernen Molekularbiologie

Unsere westliche Wissenschaft bedient sich zur Erklärung dieser Phänomene der Evolutionstheorie nach Darwin[29] und der Erkenntnisse der modernen Molekularbiologie. Darwin sieht als Ursache für die Entstehung und Entwicklung von Leben den Selektionsdruck an, der jedes Lebewesen zwingt, sich immer wieder an seine Umweltbedingungen anzupassen. Laut der Evolutionstheorie ist Leben ein reaktiver Prozess, die Anpassung eines Lebewesens auf sich verändernde Lebensbedingungen. Wenn eine Spezies dazu nicht mehr in der Lage ist, stirbt sie aus, wie einst die mächtigen Dinosaurier. Wenn sie nur wenigen Umweltveränderungen ausgesetzt ist, entwickelt sie sich nicht oder nur sehr langsam weiter, wie das Schnabeltier, das sich nach Ansicht der Evolutionsforscher seit vielen Jahrtausenden kaum verändert haben soll.

Dies erklärt zwar *ein* notwendiges Prinzip des Lebens – nämlich die Anpassungsfähigkeit –, zeigt aber nicht, *wie* es ein Lebewesen schafft, sich an veränderte Lebensbedingungen anzupassen. Dieses »Wie« ist immer noch ein großes Fragezeichen in der modernen Wissenschaft. Alle unerklärbaren Phänomene des Lebens werden entweder als »Zufälle« oder als »glückliche Fehler« der Gene (Mutation) betrachtet, nicht aber als Resultat eines komplexen Zusammenspiels einer höheren, ordnenden Intelligenz. Sollte das Fundament für die Entwicklung von intelligentem Leben einzig auf Zufällen und Fehlern gründen?

Der Ursprung allen Lebens soll sich aus der so genannten »Ursuppe« vor etwa vier bis fünf Milliarden Jahren entwickelt haben. Der Biochemiker Stanley Miller wies in seinem berühmten Experiment 1953 nach, wie aus verschiedenen chemischen Grundelementen unter Zuführung elektrischer Blitze organische Verbindungen entstehen – die Vorstufe von Leben. In späteren Versuchen konnten sogar chemische Vorläufer unserer Erbanlagen, der DNA, nachgewiesen werden. Die Wissenschaft *glaubt,* dass sich über viele Jahrmillionen aus diesen Molekülen Leben entwickelt hat; *wie* sich dieser glückliche Zufall ereignet haben soll, ist jedoch bis heute rätselhaft.[30] In der Euphorie über solche Entdeckungen wird oft vergessen, dass die zufällige Bildung von Molekülen genauso wenig zur Geburt eines Lebewesens führt, wie sich die he-

rumliegenden Einzelteile eines Computers von selbst zusammen-
setzen und daraus ein intelligenter Apparat entsteht.[31]

Wenn wir ein zufälliges Produkt der Evolution wären, dann
wäre das Zusammenspiel unseres Körpers nur eine Laune der
Natur. Gesundheit oder Krankheit wären nichts anderes als Glück
oder Pech im Zusammenspiel der Gene. So hätten wir genauso
wenig Chancen, Einfluss auf unsere Gesundheit zu nehmen, wie
beim Roulettespiel auf den Gewinn. Die Würfel würden fallen,
wie sie wollten, und wir könnten einfach nur zusehen! Dass diese
Theorie nicht richtig sein kann, werden die meisten Menschen
bestätigen, die aus eigener Kraft Krankheiten besiegt haben. Andere behaupten sogar, sie könnten ihr eigenes Schicksal dank dieser Kraft verändern. Es scheint also zumindest Möglichkeiten zu
geben, das Leben und seine Vorgänge irgendwie zu beeinflussen.
Wenn dies so ist, dann müsste das Leben auch gewissen Spiel-
regeln folgen, die uns – wenn wir sie kennen – mit den Prinzipien
des Lebens in Verbindung treten lassen.

Die Entstehung von Leben

Wenn wir uns mit der Entstehung von Leben beschäftigen, kommen wir zwangsläufig in einen philosophischen Bereich. Leben
lässt sich nicht allein wissenschaftlich erklären oder beweisen, genauso wenig, wie die darwinsche Theorie oder die Ursuppentheo-
rie ein endgültiger Beweis für die Entstehung des Lebens sind. Es
sind Hypothesen, die zwar wissenschaftlich untermauert sind, aber
unterschiedlich interpretiert werden können. Ayurveda wiederum
ist eine philosophische Wissenschaft und versucht daher erst gar
nicht, wissenschaftliche Theorien und philosophische Betrach-
tungen zu trennen. Philosophie und Wissenschaft sind ebenbürtig
und ergänzen sich gegenseitig durch ihre unterschiedlichen Betrachtungsweisen. Man kann versuchen, das Wesen eines Kindes
mit psychologischen Erklärungsmodellen zu ergründen; aber genauso wahr ist die Sichtweise der liebenden Mutter oder des
Vaters, die versuchen, ihr Kind mit dem Herzen zu erkennen.

Ayurveda geht grundsätzlich von der Basis aus, dass der Makrokosmos, also die Welt um uns herum, und der Mikrokosmos, also

Als philosophische Wissenschaft trennt Ayurveda nicht zwischen wissenschaftlicher Theorie und philosophischer Betrachtung.

der menschliche Körper, identische Welten sind, die nach denselben Prinzipien funktionieren. Unser Körper – der Mikrokosmos – ist Teil des Ganzen, des Makrokosmos. Um die Entstehung von Leben zu erklären, greift der Ayurveda auf vedische und nichtvedische Quellen zurück. Die beiden wichtigsten vedischen Philosophien sind die *Nyaya-Vaisesika* und das *Samkhya*.

Purusha: Das passive, männliche, objektive, allumfassende Bewusstsein.

Prakriti: Die aktive, weibliche Urnatur der Schöpfung.

Die Samkhya-Theorie sieht als Ursprung allen Lebens die Verbindung des allumfassenden Bewusstseins (*Purusha*) mit der Urnatur (Prakriti). Man könnte Purusha auch als göttliches Prinzip bezeichnen, das allen lebendigen und unlebendigen Teilen innewohnt. Purusha ist das reine Wissen: Es ist objektiv, unveränderbar und hat keinen Anfang und kein Ende. Purusha ist der stille Beobachter in uns allen, der mit unseren normalen Sinnesorganen nicht wahrgenommen werden kann. Viele Religionen versuchen daher mit speziellen Techniken wie Meditation, Gebeten, Achtsamkeitsübungen oder Yoga mit diesem göttlichen Prinzip in Verbindung zu treten. Purusha wird als das passive, männliche Prinzip beschrieben, das sein weibliches, aktives Gegenprinzip (Prakriti) braucht, damit Schöpfung entstehen kann. Prakriti ist die Urnatur des Lebens und materielle Grundlage der Schöpfung. Aus der liebevollen Kommunion von Purusha und Prakriti entsteht Leben, das aus dem Schoß der Urmutter (Prakriti) geboren wird.

Mahat: Die göttliche Intelligenz, die dem Leben zugrunde liegt.

Die Gesetze und Prinzipien, denen dieses neue Leben untergeordnet wird, bezeichnet man als *Mahat*. Mahat ist die göttliche oder kosmische Intelligenz – jenes Prinzip, das den natürlichen Rhythmus des Lebens bestimmt. Mahat ist die Intelligenz, die das Zusammenspiel aller natürlichen Kräfte ordnet. Als individuelle Intelligenz, die in jedem Lebewesen wirkt, wird sie *Buddhi* genannt. Buddhi und Mahat sind Synonyme für ein und dieselbe kosmische Intelligenz, die Kraft, die unser Herz schlagen lässt, unseren Körper heilt und entscheidet, welche Aktionen in unserem Organismus richtig und welche falsch sind. Mahat oder Buddhi befindet sich in jeder Zelle und sorgt dafür, dass diese Zelle jederzeit weiß, was sie wann und wie zu tun hat, um das Leben zu erhalten und den aktuellen Bedingungen anzupassen.

Ahamkara: Die Ich-Werdung (Ego) des Lebewesens.

Der nächste Schritt der Materialisierung ist die Individualisierung. Damit die Vielfalt der Schöpfung entstehen kann, muss sie sich von den anderen Teilen der Schöpfung abtrennen. Dies nennt man *Ahamkara* oder die Ich-Werdung. Ahamkara ist die Identität eines jeden Wesens und drückt sich in den drei universalen Wesenszügen *(Gunas)* Sattva, Rajas und Tamas aus.

– Sattva ist der reine Geist. Dieses Guna drückt sich durch Klarheit, Intelligenz, Wachsamkeit und Liebe aus. Aus der Essenz von Sattva entstehen das Bewusstsein, die fünf Sinnesorgane (Ohr, Haut, Augen, Zunge und Nase) und ihre Funktionen sowie die fünf motorischen Organe (Mund, Hände, Füße, Fortpflanzungs- und Ausscheidungsorgane).

Die drei mentalen Gunas.

– Rajas ist Bewegung, Veränderung und Entwicklung. Rajas ist die dynamische Kraft, die alle Handlungen und Bewegungen des Körpers motiviert.

– Tamas ist Trägheit, Stillstand und Schwere. Tamas hat eine bremsende Wirkung, damit Rajas unter Kontrolle bleibt. Aus Tamas bilden sich schließlich die fünf stofflichen Elemente *(Panchamahabhutas)* Raum, Luft, Feuer, Wasser und Erde.

Mit der Manifestation der fünf Elemente beginnt laut der Nyaya-Vaisesika-Theorie der Ursprung des Lebens. Die Nyaya-Vaisesika setzt mit ihrer Schöpfungstheorie dort an, wo die Samkhya endet. Die fünf Elemente sind die Grundbausteine jeder Materie und jedes Lebewesens. Demnach ist Raum *(Akasha)* das erste Element, das entsteht, um der Möglichkeit der Schöpfung Platz zu geben. Luft *(Vayu)* ist das zweite, stofflichere Element, das die Bewegung von Atomen ermöglicht. Durch die Reibung der Luft entsteht Hitze, welche die Atome wandeln und formen kann, sodass schließlich nach deren Abkühlung und Verdichtung die Elemente Wasser und Erde entstehen. Aus diesen fünf Elementen konnte sich schließlich die gesamte Schöpfung entwickeln.

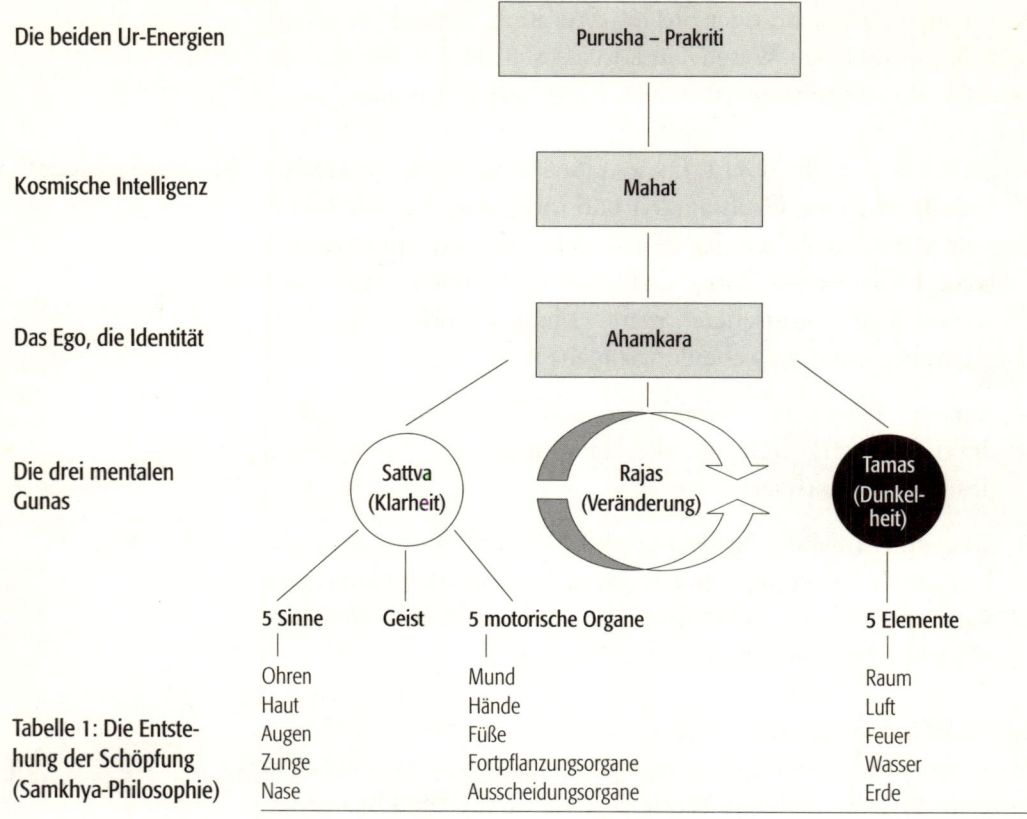

Die beiden Ur-Energien

Kosmische Intelligenz

Das Ego, die Identität

Die drei mentalen Gunas

Tabelle 1: Die Entstehung der Schöpfung (Samkhya-Philosophie)

Panchamahabhuta: Das Prinzip der fünf Elemente

Die fünf Elemente sind die Basis des materiellen Lebens. Jedes Lebewesen ist aus ihnen aufgebaut, aber jedes Lebewesen existiert auch in einer eigenen Mischung dieser fünf Elemente. Im Ayurveda unterscheidet man folgende Elemente:

– Raum (Akasha)
– Luft (Vayu)
– Feuer (Agni)
– Wasser (Jala)
– Erde (Prithvi)

Der menschliche Körper wächst im Jugendalter, stabilisiert seine Kraft im Erwachsenenalter und verliert sie schließlich im Greisenalter wieder. Während dieser Stadien des Lebens bleiben die fünf Elemente immer in einem bestimmten Gleichgewicht im Körper erhalten. Durch die Aktivitäten unseres Körpers werden sie zwar ständig verbraucht, aber durch Essen, Trinken, Atmen und Tätigkeiten wie Schlafen, Bewegen usw. werden die Panchamahabhutas im Körper wieder aufgebaut und im Gleichgewicht gehalten. Geraten durch falsche Ernährung und Lebensweise die fünf Elemente aus dem Gleichgewicht, so entstehen körperliche Störungen und Krankheiten. Ein ayurvedischer Therapeut wird daher die Heilpflanzen genauso wie die Ernährung und die Lebensweise des Patienten so auswählen, dass die Panchamahabhutas wieder in ihr natürliches Gleichgewicht zurückkehren.

Es mag auf den ersten Blick etwas schwierig nachvollziehbar sein, dass wir aus Luft oder Feuer bestehen. Ayurveda meint damit jedoch nicht nur den stofflichen Teil der Elemente, sondern vor allem auch ihre Prinzipien.

Beispielsweise würde uns das Element Feuer augenblicklich zerstören, wenn es sich in unserem Körper frei bewegen würde. Aber Feuer ist immer an Säure gebunden, und somit können seine heftigen Wirkungen kontrolliert eingesetzt werden. Viele Menschen bekommen die Gegenwart des Feuer-Prinzips aber deutlich zu spüren, zum Beispiel als Sodbrennen nach dem Verzehr einer scharfen Mahlzeit oder nach übermäßigem Alkoholkonsum. Das Luft-Prinzip in Ihrem Körper spüren Sie in Form von Gasen und Blähungen besonders, wenn Sie »windige«, sprich aufblähende Nahrung wie Bohnen, Linsen oder viel Rohkost zu sich genommen haben.

Alle fünf Elemente haben somit spezielle Eigenschaften, die ihre Wirkung in unserem Organismus genauso entfalten wie in der Natur. Wenn Sie sich die fünf Elemente ansehen, können Sie ihre Eigenschaften und Wirkungen mit Ihren fünf Sinnesorganen sehr leicht selbst herleiten. Wie fühlt sich ein Sack voll Erde an, verglichen mit einem Sack voll Luft? Erde ist schwer, Luft ist leicht, also wird der Sack mit Erde deutlich schwerer sein. Wie fühlt sich Wasser an? Feucht und kühl. Oder Luft: Ist sie kalt oder warm, feucht oder trocken?[32]

Es gibt Stellen im Körper, an denen die Prinzipien der einzelnen Elemente überaus deutlich vertreten sind. So werden alle Sinnesorgane einem speziellen Element zugeordnet. Das Hören wird vom Raum-Prinzip gesteuert: Wenn es zu Störungen in der Hörfähigkeit kommt, hat dies auch immer etwas mit einer Störung des Raum-Prinzips zu tun; außerdem ist das Raum-Prinzip in den Knochen, den Gefäßen und allen Hohlräumen des Körpers besonders stark repräsentiert. Das Luft-Prinzip befindet sich vor allem in der Haut und steuert den Tastsinn; darüber hinaus ist es im gesamten Nervensystem, Gehirn und Rückenmark, im Dickdarm und in den Knochen am stärksten vorhanden. Das Sehen wird vom Feuer-Prinzip kontrolliert: Die Augen sind einer der Orte, an denen das Feuer dominant ist; daneben findet es sich auch im Blut und im Verdauungstrakt wieder. Das Wasser-Prinzip reguliert den Geschmack und sitzt in der Zunge; es ist außerdem Hauptbestandteil aller Säfte, des Fettgewebes und des Knochenmarks. Das Erde-Prinzip schließlich befindet sich in der Nase und ist für den Geruch zuständig; Erde verleiht zudem unserem Körper Stabilität und ist daher noch in den Muskeln und Knochen stark repräsentiert.

Tabelle 2:
Die fünf Elemente

Element	Eigenschaften	Sinnesorgane	Gewebe
Raum (Akasha)	Leicht, weich, durchdringend	Ohr, Hören	Knochen, Gefäße
Luft (Vayu)	Leicht, trocken, kalt, beweglich	Haut, Tasten	Nerven, Gehirn, Dickdarm
Feuer (Agni)	Heiß, leicht, scharf, schneidend, farbig	Auge, Sehen	Dünndarm, Leber, Blut
Wasser (Jala)	Schwer, feucht, ölig, kühl	Zunge, Schmecken	Fett, Knochenmark
Erde (Prithvi)	Schwer, trocken, kalt, stabil, fest	Nase, Riechen	Muskeln, Knochen

Die Definition des Lebens

Das Leben wird definiert als das Vorhandensein von

- Körper *(Sharir)*
- fünf Sinnesorganen *(Indriyas)*
- Geist *(Sattva)*
- Seele *(Atman)*

Nur wenn alle diese vier Bedingungen zusammenkommen, spricht man von einem lebenden Wesen. Beim Tod lösen sie sich wieder voneinander und fallen auseinander. Interessanterweise werden Geist und Psyche als nicht getrennt aufgefasst. Alle psychischen Reaktionen, Sehnsüchte, Leidenschaften, Emotionen und Neigungen werden nicht der Seele zugeordnet, sondern entstehen aus dem Bereich des Geistes, also aus dem Gehirn. Die Seele (Purusha oder Atman) ist etwas Göttliches und von der Substanz her nicht veränderbar; sie hat ihren Sitz im Herzen und wirkt von dort zusammen mit der feinstofflichen Energie *Ojas*[33] im ganzen Menschen. Atman kann auch nicht durch Krankheit oder Unfall beeinträchtigt, wohl aber an seiner Entfaltung gehindert werden. Wenn sich Ojas im Organismus reduziert, kann sich die Kraft der göttlichen Energie nicht mehr richtig ausbreiten. Dies passiert zum Beispiel durch schwere auszehrende Krankheiten, falsche Lebens- und Ernährungsweise, die Einnahme von Drogen oder durch länger anhaltende seelische Zustände wie Stress, Kummer, Sorgen und Depressionen.

Das Prinzip Dravya (Substanz)

Jede Substanz, also zum Beispiel die fünf Elemente, aber auch jedes Nahrungsmittel, jede Heilpflanze oder das Klima wird definiert durch seine Eigenschaften *(Gunas)* und Wirkungen *(Karmas)*.

Alles, was tagtäglich auf uns einwirkt, beeinflusst unseren Körper und Geist. Jedes Nahrungsmittel, aber auch alle natürlichen Kräfte wie Sonne, Wind, Mond und auch die Zeit werden im Ayurveda nach ihren Gunas und Karmas eingeteilt. Somit hat alles um uns herum einen erheblichen Einfluss auf unseren Körper und unser Wohlbefinden. Je nachdem, welchen Einflüssen wir uns aussetzen, nehmen wir die Wirkung dieser Einflüsse oder Substanzen auf und reichern sie in uns an. Durch richtige Lebensweise können wir uns darum bemühen, einseitige Einflüsse auszugleichen, damit keine Unordnung in unserem Körper entsteht.

Beispiele:

Einseitige Ernährung: Wenn Sie sehr viel Rohkost essen, erhöhen Sie die Eigenschaften der Rohkost in Ihrem Körper. Diese sind zum Beispiel kalt, bitter, trocken, schwer verdaulich und Gas bildend.[34] Die Wirkungen dieser Eigenschaften können je nach Konstitution günstig oder ungünstig für Ihre Gesundheit sein.

Einseitige Betätigung: Treiben Sie Ausdauersport, so reichern sich dessen Eigenschaften in Ihnen an. Ausdauersport hat zum Beispiel Gewebe abbauende, gewichtsreduzierende, erhitzende und trocknende Eigenschaften. Die Wirkungen dieser Eigenschaften können für übergewichtige Menschen sehr gut sein, während sie für schwächlich gebaute Menschen weniger zu empfehlen sind.

Ausgiebiges Sonnenbaden: Es verstärkt die Eigenschaften der Sonne, also Hitze, Rötung, Empfindlichkeit und Trockenheit im Körper. Dies erhöht zum Beispiel den Blutkreislauf, die Reizbarkeit und somit die Entzündungsbereitschaft. Sonnenbaden kann für blasse, phlegmatische Menschen einen positiven Einfluss haben, während es bei hitzigen und empfindlichen Menschen zu negativen Auswirkungen kommt.

Süßigkeiten: Sie haben schwere, feuchte und kalte Eigenschaften, erhöhen das Gewicht, hemmen die Verdauung, verschleimen und machen träge. Gleichzeitig beruhigen sie, kräftigen, kühlen und lindern Entzündungen. Man setzt süße Nahrungsmittel oder Heilpflanzen daher auch bei trockenem Husten, Hitzschlag oder Schwäche ein.

Die Eigenschaften (Gunas)

Insgesamt unterscheidet man 41 verschiedene Eigenschaften (Gunas) in den vier Bereichen des Lebens:

- 20 Gunas auf der körperlichen Ebene (Sharira)
- fünf Gunas auf der Ebene der Sinnesorgane (Indriyas)
- zehn Gunas auf der geistigen Ebene (Paradi)
- sechs Gunas auf der seelisch-spirituellen Ebene (Atmika)

Für unseren Alltag sind in erster Linie die 20 körperlichen Gunas interessant. Diese Gunas sind allgegenwärtig um uns und tragen dazu bei, ob wir uns in Harmonie oder Disharmonie mit unseren körperlichen und geistigen Energien befinden. Eine entscheidende Rolle spielen die Gunas auch in der Ernährung.[35]

Guna ist alles, was durch ein oder mehrere Sinnesorgane wahrnehmbar ist.

Beispiele:

Der Tee, den wir trinken, kann heiß oder kalt sein. Das Wetter heute kann stabil oder beweglich (wechselhaft) sein. Ihr Kopf kann sich schwer oder leicht anfühlen, je nachdem, welche Einflüsse auf Sie einwirken. Wenn es draußen kalt und feucht ist, steigen auch die feuchtkalten Qualitäten in unserem Körper an. Die Gefahr, eine Erkältung zu bekommen, nimmt dadurch zu. Wenn Sie dann noch zusätzlich ein Eis (kalt und feucht) essen und danach ein Glas kalte Milch trinken, überladen Sie Ihren Körper mit feuchtkalten Eigenschaften. Schnupfen oder Bronchitis sind die zwingenden Reaktionen des Organismus, diese Qualitäten wieder aus dem Körper hinauszubefördern. Wenn Sie ihm dann ein Schnippchen schlagen wollen und die Erkältung mit Medikamenten unterdrücken, häufen sich diese Qualitäten weiter an. Dies kann im Laufe der Zeit zu chronischen Erkrankungen wie Asthma, Nasennebenhöhlenvereiterung, Bronchitis, Diabetes mellitus (Zuckerkrankheit) oder Rheuma führen.

Interessanterweise wird auch der Geist als eine Substanz mit Eigenschaften und Wirkungen betrachtet. Ein träger Geist erschwert das Studieren, und ein instabiles Denken wirkt sich ungünstig auf die Konzentration aus. Jedem dürfte bekannt sein, dass Psyche und Geist einen großen Einfluss auf Körper und Stoffwech-

Alle Dinge, die täglich auf uns einwirken – wie Klima, Essen, Trinken, Sport und geistige Tätigkeiten –, haben Eigenschaften (Gunas), die unser körperliches und geistiges Gleichgewicht beeinflussen. Vermeiden Sie daher eine einseitige Anhäufung ähnlicher Gunas, sondern gleichen Sie diese mit gegensätzlichen Gunas aus. Sie unterstützen damit die innere Harmonie Ihres Organismus und schaffen die Voraussetzung für Wohlbefinden und Gesundheit.

Die 20 Gunas werden in zehn Gegensatzpaare unterteilt:

Guna	Wirkungen auf Körper und Geist
Schwer (Guru)	Macht schläfrig und träge, stärkend, gewichterhöhend, verdauungshemmend
Leicht (Laghu)	Macht wach, unruhig, gewichtsreduzierend, verdauungsfördernd
Ölig (Snigdha)	*Ölt die Körpergewebe, beugt Trockenheit vor, kräftigend, beruhigend, verjüngend, gewichterhöhend, wirksam gegen körperlichen Verschleiß*
Trocken (Rooksha)	*Trocknet die Körpergewebe, baut Gewebe ab, gewichtsreduzierend; macht unruhig; verdauungsfördernd; fördert die Alterung*
Kalt (Sheetha)	Aufbauend, beruhigend bei akuten Entzündungen; lindert brennende Beschwerden; verdauungshemmend
Heiß (Ushna)	Erhöht die Durchblutung, lindert chronische Schmerzen (außer brennende); sehr verdauungsfördernd
Weich (Manda)	*Beruhigend; lindert Schmerzen und Entzündungen; aufbauend*
Spitz, irritierend (Teekshna)	*Baut Gewebe ab, gewichtsreduzierend, verdauungsfördernd, löst Blockaden und Ablagerungen, macht unruhig und nervös, wirkt irritierend auf das Gewebe*
Stabil, unbeweglich (Sthira)	Baut Gewebe auf, fördert Blockaden und Ablagerungen, verstopft, hemmt die Aktivität des Körpers, beruhigt
Beweglich, instabil (Sara)	Fördert alle Bewegungen und Ausscheidungen, macht unruhig
Fest, hart (Katina)	*Festigt das Gewebe, gibt Stabilität und Kraft, fördert Blockaden und Ablagerungen; fördert Verhärtungen im Körper*
Weich (Mrudu)	*Löst Verhärtungen im Körper, entspannt, beruhigt, lindert Entzündungen, macht die Gewebe weich, aber auch schlaff*
Zart, geschmeidig (Slakshana)	Baut Gewebe auf, lindert und beruhigt Schmerzen und Trockenheit, befeuchtet den Körper; verdauungshemmend
Rau (Khara)	Baut Gewebe ab; sehr austrocknend, aktivierend; fördert Alterung und Verschleiß; verdauungsfördernd, gewichtsreduzierend
Zäh, viskös (Saandra)	*Verdauungshemmend, beruhigend, aufbauend; fördert Blockaden und Ablagerungen*
Flüssig (Drava)	*Befeuchtet alle Gewebe; beruhigend, erfrischend, verdauungshemmend; fördert Wassereinlagerungen und Verschleimungen*
Grob, klumpig (Sthoola)	Baut Gewebe auf, fördert Blockaden und Ablagerungen; kräftigend, gewichterhöhend
Fein (Sookshma)	Durchdringt Blockaden und Ablagerungen; aktivierend; fördert die Zirkulation
Trüb, schleimig (Picchila)	*Baut Gewebe auf, fördert die Wundheilung; beruhigend, kräftigend; lindert Wundschmerzen und Entzündungen*
Klar (Vishada)	*Baut Gewebe ab; reinigend; durchdringt Blockaden*

Tabelle 3: Die 20 physischen Gunas

sel haben. Das Schlagwort der psychosomatischen Krankheiten wird oft ins Feld geführt, ohne dass jedoch genaue Gesetzmäßigkeiten dieses Zusammenspiels von Geist und Körper definiert würden. Im Ayurveda wurden diese Zusammenhänge von Anfang an beschrieben. Wenn man den Menschen ganzheitlich betrachtet, erkennt man, wie Psyche und Geist Störungen im Körper verursachen. Falsches Denken und negative Emotionen wie Kummer, Sorgen, Ärger und Neid führen zwangsläufig zu gesundheitlichen Problemen. Ein nervöser Mensch mit Schlafstörungen kann nicht gesund werden, ohne dass seine Nervosität sich legt und sein Geist ruhiger wird. Das Wissen über die richtige Lebensweise ist daher ein wichtiger Pfeiler in der ayurvedischen Gesundheitsvorsorge.[36]

Ähnlichkeit und Gegensätzlichkeit

Das Prinzip der Ähnlichkeit

Ähnliches wird durch Ähnliches vermehrt. Kälte wird durch Kälte vermehrt: Wenn man friert und gleichzeitig Eis isst, wird man noch mehr frieren. Schweres Essen macht schwer, sprich erhöht das Körpergewicht. Wenn man sich in erster Linie von schweren Nahrungsmitteln (Milchprodukte, Süßigkeiten, Fleisch, Fett) ernährt, wird das Körpergewicht zunehmen.[37] Wenn man in einer trockenen Gegend wohnt, wird die Trockenheit im Körper ansteigen. Um nicht krank zu werden, muss man die Trockenheit mit feuchten Maßnahmen ausgleichen, etwa durch vermehrtes Trinken, Schwimmen und feuchte Nahrung.

Das Prinzip der Gegensätzlichkeit

Gegensätzliches – und das weiß jeder aus eigener Erfahrung – vermindert sich gegenseitig: Hitze wird durch Kälte gelindert, Feuchtigkeit durch Trockenheit, Dunkelheit durch Licht. Erhitzende Substanzen erwärmen den Körper und vermindern die Kälte beispielsweise im Winter durch alkoholische Getränke. Der Effekt wird noch verstärkt, wenn sie heiß getrunken werden und mit bestimmten Gewürzen verfeinert sind (Glühwein). Beispiele für er-

Versuchen Sie, ähnliche Reize mit unähnlichen auszugleichen: Kälte mit Wärme, Trockenheit mit Feuchtigkeit, Trägheit mit Bewegung. Achten Sie aber darauf, Ihren Körper nicht mit plötzlichen Reizen zu konfrontieren. Gewöhnen Sie ihn langsam an Veränderungen und gegensätzliche Reize. Die Heiß-Kalt-Anwendungen nach Kneipp sind daher aus ayurvedischer Sicht nicht empfehlenswert.

hitzende Gewürze sind Knoblauch, Salz, Ingwer, Chili, Pfeffer, Nelken, Basilikum, Majoran, Rosmarin und Zimt.

Diese beiden Prinzipien sind der Schlüssel für ein gesundes Leben. Wir werden im Laufe dieses Buches immer wieder darauf zurückkommen, weil Gesundheit das Gleichgewicht der Kräfte im Körper bedeutet. Alle gesundheitsfördernden Vorschläge führen immer zur Beruhigung erhöhter Körperkräfte durch ausgleichende Maßnahmen.

Die Rhythmen der Natur

Wenn Sie Ihrem Körper in seiner Ruhepause Aktivität abverlangen oder zu seinen aktiven Zeiten schlafen, stören Sie seinen natürlichen Rhythmus und bewirken damit, dass er aus seinem Gleichgewicht kommt. Die Folge sind Störungen unserer körperlichen Ordnung, unserer inneren Harmonie und somit unseres Wohlbefindens.

Die Natur unterliegt verschiedenen Rhythmen. Die Planetenbahnen, die Jahreszeiten, das Klima, der Sonnen- und Mondzyklus, die biologischen Aktivitäten aller Lebewesen – alles läuft in bestimmten Rhythmen ab, die sich immer und immer wiederholen. Die Sonne geht morgens im Osten auf und abends im Westen unter. Mit dem Sonnenaufgang aktiviert sie alle biologischen Vorgänge auf der Erde, die sich mit dem Sonnenuntergang verlangsamen und verändern. Daher sollte unser natürlicher Tagesablauf mit dem Sonnenaufgang beginnen und mit dem Sonnenuntergang enden und nicht umgekehrt.

Der Herzschlag, der Atemzyklus, die Verdauungstätigkeit und selbst die Funktionsweise unserer Organe unterliegen einem eigenen Rhythmus. Zu gewissen Zeiten sind Teile des Körpers aktiv, andere dagegen eher inaktiv. Dieser sogenannte biologische Rhythmus spielt für unsere Gesundheit eine äußerst wichtige Rolle. Ein Hamburger um Mitternacht wird Ihren Körper dazu zwingen, den gesamten Verdauungsprozess wieder in Gang zu setzen, obwohl er sich eigentlich in dieser Zeit mit ganz anderen Tätigkeiten beschäftigen muss. Wenn Sie sich regelmäßig morgens um zehn Uhr noch im Bett befinden, anstatt aktiv zu sein, handeln Sie Ihrem natürlichen Rhythmus ebenfalls zuwider. Solche unliebsamen Störungen bewirken mit der Zeit viel Unruhe und Probleme im gesamten Ablauf des Körpers. Gesundheit ist unmittelbar davon abhängig, ob wir in unserem Alltag unserem natürlichen Rhythmus folgen oder nicht. Dabei muss man unterscheiden zwischen universalen Rhythmen, die für alle Menschen bindend sind – unabhängig von Alter oder Typ –, und den persönlichen Rhythmen, die für die individuelle Konstitution eines Menschen ganz verschieden sein können. Wir können uns der Kraft dieser natürlichen Rhythmen nicht entziehen; und wenn wir es doch versuchen, leben wir gegen unsere Natur. Wir müssen lernen, die Rhythmen der Natur zu respektieren, um uns wieder in Einklang mit der kosmologischen Ordnung zu bringen.[38]

Das Ziel der Schöpfung

Laut den vedischen Schriften spaltet sich jedes Wesen durch die Ich-Werdung (Ahamkara) von den anderen Teilen der Schöpfung ab. Wenn Sie »ich« sagen, dann unterscheiden Sie sich automatisch von allen anderen Menschen. Das Ich erschafft das Du bzw. alles, was Nicht-Ich ist. Wenn Sie »mein« sagen, dann gibt es auch das Nicht-Mein, also alles, was Ihnen nicht gehört. Wenn Sie etwas als richtig bezeichnen, dann muss auch das Gegenstück, das Falsche existieren, sonst wüssten Sie ja nicht, was richtig ist. Mit dem Entstehen einer individuellen Persönlichkeit erlangen wir die Fähigkeit der Unterscheidung von Ich und Du, von Gut und Böse. Wir entwickeln ein persönliches Bewusstsein, das alle Erfahrungen und Wahrnehmungen wertet, beispielsweise als angenehm und unangenehm oder als falsch und richtig.

Diese Wertungen haben aber mit der tatsächlichen Realität relativ wenig gemeinsam. Ob jemand schön oder hässlich ist, entscheidet allein unsere subjektive Wahrnehmung, nicht eine objektive Instanz. In unserer Gesellschaft gelten sehr schlanke Frauen als schön, fülligere Frauen dagegen als weniger attraktiv; in Indien dagegen ist es genau umgekehrt. Wir identifizieren uns mit unserem Körper, unseren Gedanken und Gefühlen und denken, dass alles, was wir wahrnehmen, tatsächlich so ist. In Wirklichkeit ist es eine Scheinwelt (Maya). Wir können nicht mehr unterscheiden zwischen dem, was unser Ego, und dem, was unser göttliches Selbst (Purusha) wahrnimmt. Dieser Zustand wird als unbewusst und unwissend bezeichnet. Wir sind uns unseres (göttlichen) Selbst nicht mehr bewusst.

Durch eine geistige Entwicklung im Laufe unseres Daseins können wir jedoch lernen, diese Identifikationen wieder zu lösen.

Meditation, Yoga und andere spirituelle Praktiken unterstützen uns darin, wieder in Verbindung mit unserem wahren Selbst zu gelangen. Diese Entwicklung mündet in die Selbsterkenntnis unserer Natur und führt zur vollständigen Befreiung von Körper und Geist. Diese Befreiung ist das eigentliche Ziel des Ayurveda. Sie ist die Grundlage, die zur endgültigen körperlichen und geistigen Gesundheit führt. Solange wir mit unserem Körper und unseren Gefühlen identifiziert sind, unterliegen wir den Stimmungen und krank machenden Einflüssen von innen und außen. Durch die Selbsterkenntnis jedoch können wir uns von Krankheit und Kummer vollständig befreien und unsere wahre Natur der Freude und Glückseligkeit leben. Dann ist das Ziel der Schöpfung erreicht.

Resümee

1. Allen Lebensvorgängen liegt eine intelligente, ordnende Kraft zugrunde.
2. Das Leben läuft überall im Universum – auch in jedem Individuum – nach denselben Prinzipien ab (Makrokosmos = Mikrokosmos).
3. Unsere Umwelt beeinflusst unser natürliches körperliches und geistiges Gleichgewicht. Daher müssen wir die Einflüsse mit gegensätzlichen Einflüssen wieder ausgleichen.
4. Die Natur folgt festgelegten Rhythmen. Um gesund zu bleiben, sollten wir diese Rhythmen erkennen und unser Leben möglichst mit ihnen in Einklang bringen.

IV. Vata, Pitta und Kapha: Die Grundbausteine des Lebens

Dieses Kapitel gehört zu den wesentlichen Grundlagen.
Die Theorie über die drei Körperkräfte Vata, Pitta und Kapha ist
das Fundament, auf dem der Ayurveda die Existenzgrundlage aller
Lebewesen einschließlich der Vorgänge des menschlichen Organismus
erklärt.

Der Mensch: Eine Reise in die unendliche Vielfalt

Stellen Sie sich vor, Sie könnten in einem Miniaturraumschiff durch Ihren eigenen Körper gleiten. Was, glauben Sie, würde Sie dort erwarten? Wie würde diese Welt aussehen, in die Sie eintauchen? Welche zig Millionen Vorgänge würden vor Ihren Augen ablaufen?

Die meisten von uns haben nur eine sehr vage Vorstellung von den unglaublichen Prozessen, die tagtäglich in unserem Körper stattfinden. Dass unser Organismus ohne Störungen »läuft«, ist für uns selbstverständlich; und selbst wenn er mal nicht so gut funktioniert, zerbrechen wir uns kaum den Kopf darüber, welche intensiven Anstrengungen es ihn kostet, alles wieder ins Lot zu bringen. Wir erwarten einfach, dass er seine Aufgabe bestmöglich erfüllt. Wenn man sich aber mit den Vorgängen im Körper intensiver auseinander setzt, stellt man sich unweigerlich die Frage: Wie schafft es der Körper eigentlich angesichts solcher Anforderungen, auf Dauer gesund zu bleiben?

Zahlen zum Staunen

Der Mensch besteht aus einer unvorstellbaren Anzahl von Zellen und Stoffwechselprodukten. Allein die Körperzellen belaufen sich auf ca. 100 Billionen. Wenn Sie mit Ihrem rechten Zeigefinger und Daumen eine kleine Hautfalte auf Ihrem linken Handrücken festhalten, so befinden sich in dieser kleinen Hautfalte mehr als eine Milliarde Zellen, ca. ein Meter an Blutgefäßen und ca. 5,3 Meter an Nervenfasern. Während Sie diese Zeile lesen, sterben gerade 50 Millionen Ihrer Körperzellen. Während Sie darüber jetzt nachdenken, sind bereits 50 Millionen neue Zellen entstanden. All das spielt sich auf allerkleinstem Raum ab.

Tabelle 4:
Bemerkenswerte Zahlen
des menschlichen
Körpers[39]

Gesamtanzahl aller Körperzellen	ca. 100 Billionen (10^{14})
Anzahl der Körperzellen pro Gramm Körpergewicht	mehr als 1 Milliarde
Anzahl der Zellen, die pro Sekunde absterben	ca. 50 Millionen
Anzahl der Zellen, die pro Sekunde neu entstehen	ca. 50 Millionen
Anzahl der roten Blutkörperchen (Erythrozyten)	ca. 25 Billionen
Anzahl der weißen Blutkörperchen (Leukozyten)	25–100 Milliarden
Bildung von roten Blutkörperchen (Erythrozyten)	ca. 2,4 Millionen/Sekunde ca. 208 Milliarden/Tag
Bildung von Samenzellen bei einem gesunden Mann	ca. 1000/Sekunde ca. 86 400 000/Tag
Anzahl der Herzschläge in 70 Lebensjahren	ca. 3 Milliarden
Luftmenge, die ein Gesunder täglich einatmet	10 000 l
Gesamtlänge aller Nervenfasern des Menschen	ca. 768 000 km (einmal zum Mond und zurück)
Gesamtlänge aller Blutgefäße des Menschen	ca. 1440 km
Länge aller Blutgefäße pro 1 cm² Haut	ca. 1 Meter
Länge aller Nervengefäße pro 1 cm² Haut	ca. 5,3 Meter
Anzahl der Nervenzellen des Menschen	ca. 30 Milliarden
Gesamtzahl aller Nervenverbindungen (Synapsen)	ca. 10 Billionen
Mögliche Anzahl von Informationen, die gleichzeitig in eine Nervenzelle einfließen	über 200 000
Anzahl der möglichen Kombinationen aller Nerven-verbindungen beim Menschen	Mehr, als Atome im Universum existieren

Allein die letzte Zahl übersteigt jede Vorstellungskraft. Wir besitzen also 30 Milliarden Nervenzellen, die untereinander etwa 10 Billionen Verbindungen (Synapsen) haben. Manche Nervenzellen haben mehr als 10 000 synaptische Verbindungen zu anderen Nervenzellen. Daraus entstehen so viele Kombinationsmöglichkeiten, dass sie die Zahl aller Atome unseres Universums übersteigen. Der Mikrokosmos Mensch ist wahrlich ein Abbild unseres gigantischen Universums.

Stellen Sie sich nun vor, Sie greifen mit einem Medikament gezielt in dieses unübersehbare Netz von Nervenverbindungen ein: Welche gravierenden Folgen kann dies haben! Wenn man eine Nervenzelle gezielt beeinflusst, wirkt sich das auch auf alle umliegenden Nervenzellen aus. Das wiederum löst eine Kaskade von Veränderungen für die benachbarten Nervenzellen aus, die diese

Auswirkungen wiederum an ihre Nachbarnerven weitergeben. Sie können sich ein riesiges Dominospiel vorstellen, dessen Steine hintereinander aufgestellt sind. Wenn Sie einen Dominostein umwerfen, lösen Sie eine Kettenreaktion aus. Aber nicht nur die Nervenzellen stehen in einem intensiven Austausch – praktisch alle Körperzellen sind direkt oder indirekt miteinander verbunden.

Der ganze Körper besteht aus mehreren Informationssystemen, damit er zu jeder Zeit die Aktivität an jedem Ort regulieren und kontrollieren kann. Die wichtigsten Informationsnetze sind das zentrale und das vegetative Nervensystem sowie das Hormonsystem. Sie funktionieren nach dem Prinzip des sich selbst regulierenden Regelkreises. Ein Regelkreis ist ein dynamisches Regulationssystem, in dem jeder Teil des Systems in direkter Verbindung zu allen anderen Teilen steht. Ändere ich einen Faktor in diesem Regelkreis, so verändere ich dadurch gleichzeitig auch alle anderen Teile des Systems. Regelkreise sind daher sehr instabil und können plötzlich von einem Extrem ins andere kippen. Der Organismus versucht deshalb ständig, seine Regelkreise in einem harmonischen Gleichgewicht (Homöostase) zu halten, um nicht krank zu werden.

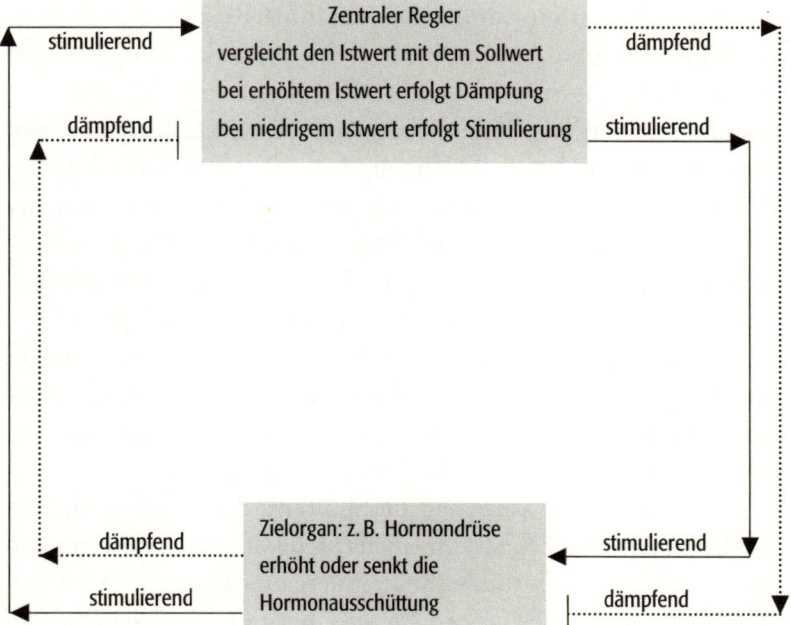

Ein einfacher Regelkreis läuft folgendermaßen ab: Ein zentraler Regler (im Gehirn) misst ständig den momentanen Gehalt (Istwert) einer bestimmten Substanz (zum Beispiel eines Hormons) im Blut und vergleicht ihn mit dem normalen Wert (Sollwert). Wenn der Istwert zu niedrig ist, sendet der Regler über Botenstoffe ein Signal zum jeweiligen Zielorgan (Hormondrüse), das seinerseits mit einer erhöhten Ausschüttung seines Hormons ins Blut antwortet. Der Anstieg des Hormons im Blut wiederum führt zu einer Dämpfung des zentralen Reglers, der die Ausschüttung seiner Botenstoffe wieder reduziert. Wenn der Sollwert der Substanz im Blut wieder erreicht ist, beendet der zentrale Regler die Ausschüttung seiner Botenstoffe.

Regelkreise sind dynamische Steuersysteme, die auf jede Veränderung im Körper reagieren und ihn auf die neue Situation optimal einstellen. Alle biologischen Systeme der Natur sind nach diesem Prinzip aufgebaut. Nur so kann sich ein Lebewesen entwickeln, der Natur anpassen und somit überleben. Umgekehrt gilt: Je mehr Regelkreise in Unordnung geraten, umso geringer ist die Anpassungsfähigkeit des Organismus. Der Mensch reagiert auf Veränderungen seiner Umwelt immer empfindlicher mit Störungen und Krankheiten.

Unser Organismus verfügt über unzählige Regelkreise. Manche sind einfach strukturiert, andere sind wesentlich komplexer. Wenn man bedenkt, dass sich die Veränderung eines kleinen Regelkreises auf alle anderen Regelkreise im Körper auswirkt, bekommt man eine Vorstellung davon, welche unübersehbaren Folgereaktionen dabei entstehen können. Diese werden in der Therapie als so genannte Nebenwirkungen von Medikamenten bezeichnet. Nebenwirkungen sind eines der großen Probleme der modernen Medizin und die logische Folge von Kettenreaktionen im Körper. Unser Organismus lässt sich eben keine Zwangsjacke verordnen, indem man versucht, ein körperliches Problem massiv mit Medikamenten zu unterdrücken. Er wird immer versuchen, diesen unnatürlichen Zustand durch Gegenreaktionen auszugleichen.

Kortison ist eine körpereigene Substanz, die in der modernen Medizin bei vielen Erkrankungen als Medikament eingesetzt wird, darunter Neurodermitis, Asthma, Allergien, Rheuma und Autoimmunerkrankungen[40]. Kortison ist einerseits ein Segen für die

Menschheit, weil man schwere und unheilbare Krankheiten damit lindern kann. Andererseits hat es sich zu einem Fluch entwickelt, weil es eine unübersehbare Reihe von Reaktionen (Nebenwirkungen) im Körper auslöst. Diese müssen durch andere Medikamente wieder ausgeglichen werden, die dann ihrerseits wieder Nebenwirkungen haben. Dies illustriert das nachfolgende Schema, das jedoch aus Gründen der Anschaulichkeit nicht einmal alle Auswirkungen des Kortisons aufführt.

Bei manchen Erkrankungen und besonders im Notfall ist Kortison oft die einzige wirksame Waffe. In solchen Fällen muss man die Nebenwirkungen in Kauf nehmen, um das Leben nicht zu gefährden.

Beispiel: Wirkungen von Kortison und die Spätfolgen

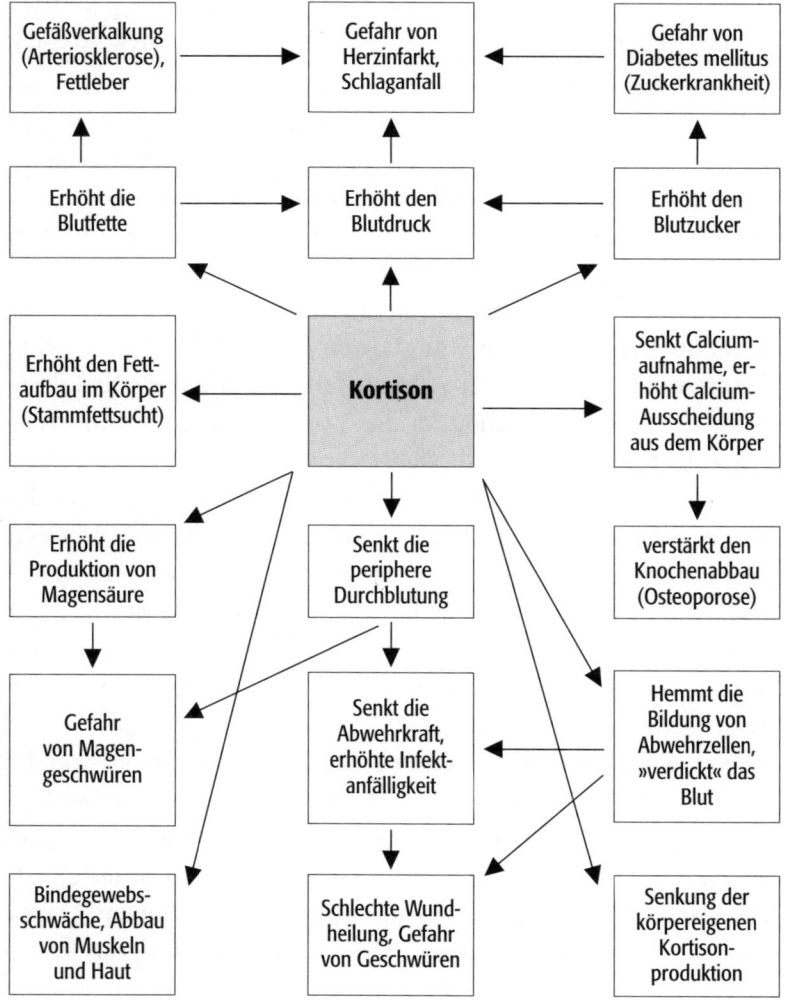

Ayurveda: Der einfache Weg

Es ist verständlich, dass der menschliche Körper angesichts dieser Komplexität für jeden Therapeuten eine große Herausforderung darstellt. Hier trennen sich auch die Sichtweisen von Ayurveda und moderner Medizin: Während der Ayurveda versucht, mit einfachen Grundmodellen die komplexen Abläufe des Körpers zu verstehen, sucht die moderne Medizin ihr Heil in der genauen Erforschung möglichst aller Vorgänge im menschlichen Organismus. Die Folgen sind bekannt: Der medizinische Fortschritt führte – neben einer Explosion im Gesundheitswesen – zu einer gefühllosen Apparatemedizin, bei der nicht mehr die Menschen, sondern die Laborwerte im Mittelpunkt stehen. Zudem werden langsam auch die Grenzen der modernen Medizin immer deutlicher, da viele Krankheiten – besonders die chronischen – oft nur noch auf Kosten starker Nebenwirkungen in den Griff zu bekommen sind. Neue Denkmodelle sind gefragt. Daher wechselten in den vergangenen 20 Jahren mehr und mehr Schulmediziner zu naturheilkundlichen Medizinsystemen.

Ayurveda versucht erst gar nicht, die gesamte Komplexität des menschlichen Organismus zu erfassen, sondern beschreibt seine Funktionsweise in einfachen Modellen. Sie erlauben dem Therapeuten eine Annäherung an die Vorgehensweise des menschlichen Körpers. Diese Methode ist vergleichbar mit einer Schablone, die man über die unüberschaubaren Abläufe legt, um das Wesentliche vom Komplizierten zu trennen. Dadurch lassen sich eine Reihe von Ähnlichkeiten und Grundstrukturen im Organismus finden. Unser Erbgut besteht beispielsweise nur aus vier Grundeinheiten. Zig Millionen Eiweißmoleküle des Körpers werden aus nur 20 unterschiedlichen Substanzen, den so genannten Aminosäuren, gebildet.

Eine weitere Grundeinheit des menschlichen Körpers sind die drei Keimblätter, die sich aus der befruchteten Eizelle in der Gebärmutter der Frau schon nach wenigen Tagen entwickeln. Es sind am Anfang zwei und später drei anatomisch völlig unterschiedliche Gewebsschichten. Man unterscheidet das äußere (Ektoderm), das mittlere (Mesoderm) und das innere (Entoderm) Keimblatt. Aus diesen drei Keimblättern entstehen alle Körpergewebe des Menschen, wobei jedes Keimblatt nur ganz bestimmte Körpergewebe herstellt. Die Haut und das Nervensystem zum Beispiel werden aus dem Ektoderm gebildet, das heißt, Haut und Nerven stammen aus denselben Zellverbänden und werden – ähnlich wie Geschwister – das ganze Menschenleben lang eine besondere Beziehung zueinander haben. Jeder Neurodermitiker wird Ihnen bestätigen, dass seine empfindliche Haut schlechter wird, wenn er unter nervlicher Anspannung steht. Der Mensch ist also von Beginn an in drei unterschiedliche körperliche Gewebsstrukturen unterteilt.

Diese Strukturen entsprechen der ayurvedischen Unterteilung in die drei unterschiedlichen Lebensstrukturen Kapha, Pitta und Vata. Sie sind die Grundlage für die Entstehung und Aufrechterhaltung von Leben und die Entwicklung von Krankheit und Tod. Es ist faszinierend, mit welcher Präzision und Einfachheit die ayurvedische Wissenschaft die Phänomene des Lebens auf der Grundlage dieses simplen Modells erklärt. Wir wollen uns der Theorie von Kapha, Pitta und Vata in einfachen, kleinen Schritten nähern, da viel Unklares und leider auch Falsches darüber kursiert.

In vielen Naturheilkunden finden wir die Beschreibung von Naturkräften, die auf die Funktionsweise des menschlichen Lebens übertragen werden. Der Mensch ist Teil der Natur. Er ist ein Mikrokosmos im großen Makrokosmos Erde. Alle Naturkräfte außerhalb des Menschen müssen daher ihre Entsprechung auch im Menschen haben. Im Ayurveda werden drei Naturkräfte beschrieben: Wasser, Feuer und Wind.

1. Wasser: Die Naturkraft der Schöpfung

Wasser ist seit jeher das Ursymbol für die Entstehung von Leben. Hier entstanden vor Jahrmillionen die ersten primitiven Einzeller, und auch heute noch wächst jeder menschliche Embryo in der wässrigen Schwerelosigkeit der Fruchtblase heran. Die Schöpfung entsteht laut dem Ayurveda ebenfalls aus der Naturkraft des Wassers. Das kosmologische Symbol des Wassers ist der Mond. Er wird als verbindendes, erschaffendes Prinzip beschrieben: kühl und feucht wie das Element Wasser. Dass der Mond einen großen Einfluss auf das Wasser der Erde hat, kann man an den Gezeiten be-

Die Naturkraft Wasser entspricht der Körperenergie Kapha.

obachten, die in erster Linie durch die Laufbahn des Mondes entstehen. Erst in den letzten Jahren wurden auch die Auswirkungen des Mondes auf die Säfte des Menschen, also unseren Wasserhaushalt, mehr und mehr entdeckt.

Im menschlichen Körper entspricht dieses Prinzip der Energie Kapha, der feuchten, aufbauenden und verbindenden Kraft. Kapha bewirkt auf körperlicher Ebene Stabilität, Regenerierung und Gewebsaufbau und auf geistiger Ebene Frieden, Harmonie und Mitgefühl. »Einen kühlen Kopf zu bewahren« ist ebenso Aufgabe dieser Kraft. Man könnte Kapha auch mit dem verbindenden Prinzip der Liebe vergleichen. In den *Veden* entspricht die Naturkraft der Schöpfung der Gottheit Soma, dem Lebenselixier und der grenzenlosen Freude.

2. Feuer: Die Naturkraft der Umwandlung

Die Naturkraft Feuer wird in unserem Körper als die Körperkraft Pitta bezeichnet.

Umwandlung bedeutet Veränderung und Weiterentwicklung. Wenn Sie eine Substanz verändern wollen, funktioniert dies am einfachsten durch Wärme, also die Naturkraft des Feuers. Nicht umsonst spielt die Nutzung von Feuer in der Evolutionsgeschichte des Menschen eine entscheidende Rolle. Als die ersten primitiven Stämme begannen, Feuer gezielt einzusetzen, beschleunigte sich dadurch die Entwicklung der Menschheit enorm. Viele Materialien wie Erze, Metalle und Ton konnten erstmals verarbeitet werden. Damit konnten feste Häuser genauso entstehen wie kriegerische Waffen. Dies verdeutlicht auch die zwei entgegengesetzten Kräfte des Feuers: einerseits die wandelnde Kraft, die zur Weiterentwicklung führt, andererseits die zerstörerische Kraft.

Das kosmologische Symbol des Feuers ist die Sonne. Keine Materie, kein Lebewesen kann sich der Kraft der Sonne widersetzen. Sie wirkt auf alle Substanzen ein und verändert sie. Im Organismus entspricht die Naturkraft des Feuers der Energie Pitta, die für den Stoffwechsel, also die Umwandlung der Nahrung verantwortlich ist. Diese Umwandlung ist ein Vorgang des Verbrennens. Erst wenn die Nahrung bis in die kleinsten Bestandteile zerlegt worden ist, kann sie vom Körper aufgenommen und genutzt werden. Feuer und Sonne bringen nicht nur Wärme, sondern auch Licht in die Welt. In jeder Sekunde entstehen in jedem Teil unseres Körpers unzählige messbare Lichtstrahlen bei der Umwandlung von Körperprodukten des Stoffwechsels. Licht steht für Intelligenz und Weisheit. Derjenige, der uns das Licht weist, zeigt uns den Weg aus der Dunkelheit in die Erkenntnis. Die Naturkraft des Feuers sorgt in jedem Augenblick dafür, dass Sie sich weiterentwickeln, auf geistiger wie auf körperlicher Ebene. Der Veda setzt der Naturkraft der Umwandlung dem Feuergott Agni gleich, der zugleich die Quelle der Weisheit ist.

3. Wind: Die Naturkraft der Bewegung

Am Ende eines jeden Lebenszyklus steht der Tod. Die Naturkraft des Windes ist einerseits die Kraft, die bewegt, und andererseits die Kraft, die alles zerstreut. Die Zerstreuung in alle Winde führt zum Ende des alten Lebens und gleichzeitig zum Beginn eines neuen. Die Zerstörung birgt die Geburt des neuen Lebens bereits in sich. Der Kreislauf der Welt kann von vorn beginnen. Im Menschen sorgt die Wind-Kraft Vata dafür, dass alles im Körper in Bewegung gehalten wird. Alle Nährstoffe, alle Säfte, aber auch alle Abfallprodukte, die transportiert werden müssen, können nur von der Kraft Vata bewegt werden.

> **Die Naturkraft Wind entspricht der Körperenergie Vata.**

Es ist die gewaltigste und allgegenwärtige Kraft im Körper. Leben kann sich nur durch Bewegung entwickeln. Alles, was sich dem natürlichen Fluss des Wandels widersetzt, bleibt in seiner Entwicklung stehen und wird auf Dauer sterben und zerfallen. Die Naturkraft des Windes ist somit die Kraft des Lebens an sich. Leben ist laut dem Veda der bedingungslose Ausdruck von Freude, Begeisterung und Motivation. Leben entsteht, entwickelt sich und zerfällt. Aber es ist nur seine äußere Erscheinungsform, die diesem Zyklus unterliegt. Das Leben an sich hat laut den vedischen Schriften keinen Anfang und kein Ende. Es war und ist immerdar. Die Naturkraft der Bewegung entspricht dem Göttergott Indra, der für Lebenskraft und Unvergänglichkeit steht.

Die drei Naturkräfte Wasser, Feuer und Wind, die jedermann in der Natur beobachten kann, haben in unserem Körper ihre Entsprechungen in den drei Kräften Kapha, Pitta und Vata. Kapha, die wässrige Kraft, bewirkt den Zellaufbau und die Regenerierung. Pitta, die feurige Kraft, ermöglicht die Wandlung von Nahrung in

> **Die drei Naturkräfte regulieren alle Lebensvorgänge in der Natur. Die drei Körperenergien Kapha, Pitta und Vata regulieren alle Lebensvorgänge im Körper.**

Energie. Vata, die Wind-Kraft, bewegt und motiviert alle Teile des Körpers und hält ihn dadurch lebendig.[41]

Jede Substanz, jedes Lebewesen besteht, wie wir im vorherigen Kapitel sahen, aus den fünf Elementen Erde, Wasser, Feuer, Luft und Raum. Die Elemente sind die materielle Basis allen Lebens. Damit ein Lebewesen jedoch lebendig wird, braucht es eine sich selbst regulierende, intelligente Lebenskraft. Kapha, Pitta und Vata sind die energetischen Träger dieser Lebenskraft, die sich aus den fünf Elementen heraus manifestieren: Aus den Elementen Wasser und Erde manifestiert sich Kapha, aus dem Element Feuer entsteht Pitta, und aus den Elementen Luft und Raum bildet sich Vata. Pitta trägt auch einen geringen Anteil des Elementes Wasser in sich, um die zerstörerische Kraft des Feuers im Organismus zu mildern. Reines Feuer würde den menschlichen Körper schädigen und ist somit an Säure gebunden. Pitta hat daher im Gegensatz zum trockenen Element Feuer eine leicht ölige Konsistenz.

Tabelle 5:
Die Prinzipien des
Kosmos und Kapha,
Pitta und Vata

Kosmologisches Prinzip	Elemente	Lebenskraft	Eigenschaften	Funktion
Schöpfung	Wasser	Kapha	Schwer, fest	Aufbauen
			Feucht, kalt	Kühlen
	Erde		Langsam, träge	Verbinden
Umwandlung	Feuer (etwas Wasser)	Pitta	Leicht	Verdauen
			Ölig, heiß	Wärmen
			Scharf, intensiv	Umwandeln
Bewegung	Luft	Vata	Sehr leicht, kalt	Bewegen
			Trocken, instabil	Transportieren
	Raum		Beweglich	Ausscheiden

Die verschiedenen Stadien von Kapha, Pitta und Vata

Kapha, Pitta und Vata, die drei Grundkräfte des Lebens, werden oft als die Tri-Doshas bezeichnet. Diese Formulierung ist jedoch nur zum Teil richtig. Kapha, Pitta und Vata kommen nämlich im Körper in drei verschiedenen Zuständen vor:

1. Als Körpergewebe (Tri-Dhatus): Die stabile, lebenserhaltende Kraft
2. Als feinstoffliche Energie (Tri-Doshas): Die instabile Kraft, die für die Entstehung von Krankheiten verantwortlich ist
3. Als Abfallprodukt (Tri-Malas): Die vergiftende Kraft

Nur durch die Unterscheidung von Vata, Pitta und Kapha als Tri-Dhatus, Tri-Doshas und Tri-Malas ist es möglich zu erklären, wie diese drei Grundenergien Leben erschaffen, weiterentwickeln und auf der anderen Seite für Krankheit und Tod verantwortlich sind. Leben entsteht durch Wachstum von Zellen und Körpergewebe. Zu starkes Wachstum von Körpergewebe jedoch führt zu Krankheit und mitunter sogar zum Tod, wie bei Krebs. Es ist ein und dieselbe Kraft, die dafür verantwortlich ist, ob Zellwachstum lebensnotwendig oder zerstörerisch ist.

Mangel oder Fülle?

Wir denken oft – und darin unterstützt uns die Werbung noch –, dass wir unter verschiedenen Mängeln leiden: Mangel an Vitaminen, an Mineralien, an »Cerealien«, an Rohkost, an Milchprodukten usw. Und weil wir so denken, meinen wir, wir könnten unsere gesundheitlichen Probleme lösen oder vermeiden, indem wir diese vermeintlich fehlenden Stoffe in natürlicher oder in künstlicher Form zuführen. Im Ayurveda denkt man genau anders herum.

Krankheit entsteht meist durch ein Zuviel von etwas und nicht durch ein Zuwenig. Eine oder mehrere der Grundkräfte Kapha, Pitta und Vata sind erhöht und müssen daher wieder gesenkt werden. In der ayurvedischen Behandlung geht es selten darum, eine der drei Lebenskräfte zu erhöhen, sondern vielmehr darum, die

Unsere Gesellschaft leidet eher unter einem Zuviel als einem Zuwenig. Wenn wir unseren Körper mit einem Zuviel belasten, kann das Resultat davon jedoch eine Unterversorgung sein. Eine erhöhte Einnahme von Mineralien beispielsweise wird zur Folge haben, dass der Körper immer weniger Mineralien aufnimmt, weil die Rezeptoren der Zellen »blind« werden. Er wehrt sich gegen dieses Zuviel, indem er es mit einem Zuwenig wieder ausgleicht.

aus der Harmonie geratenen Kräfte wieder zu beruhigen. Wir leiden in der Regel an einem Zuviel und nicht an einem Zuwenig. Unsere Nahrung hat zu viel Energie, unser Alltag zu viel Stress und Unruhe, wir haben zu viele Ideen und Wünsche und geben zu viel Geld aus, damit nicht zu viel Langeweile aufkommt. Wir setzen uns zu vielen Informationen aus und wundern uns, dass wir zu viele Sorgen und Probleme bekommen, die uns Kopfzerbrechen bereiten. Wir leben und leiden am Überfluss, weil wir meinen, dass wir zu wenig haben.

Eine gesteigerte körperliche oder geistige Aktivität wird die innere Leere jedoch nicht ausfüllen. Genauso ungeschickt ist es, eine schlechte Ernährung oder eine schlechte Verdauung durch die Gabe von künstlichen Vitaminen und Spurenelementen ersetzen zu wollen. Ein Mangel hat immer verschiedene Gründe; und wenn wir die Zeichen unseres Körpers erkennen wollen, müssen wir uns mit ihm auseinander setzen und den Ursachen auf den Grund gehen.

Wenn wir uns nachfolgend mit den drei Lebenskräften Kapha, Pitta und Vata auseinander setzen, sollten Sie dabei immer bedenken, dass Krankheiten und Beschwerden fast immer das Resultat von einem Zuviel sind und nicht von einem Zuwenig. Kapha, Pitta und Vata können uns gesund, kreativ und fröhlich stimmen; aber wenn diese drei Grundenergien erhöht sind, machen sie krank, depressiv und (zer)stören Körper und Geist.

Betrachten wir zunächst die drei Zustände, in denen Kapha, Pitta und Vata in unserem Körper vorkommen. Man kann keine messerscharfe Grenze ziehen zwischen den Aktivitäten von Tri-Dhatus, Tri-Doshas und Tri-Malas. Alle drei sind Teil einer einzigen Kraft und gehören somit zusammen. Sie arbeiten miteinander und beeinflussen sich gegenseitig. Die Übergänge dieser drei Zustände sind fließend. Trotzdem ist die Unterscheidung in die drei verschiedenen Zustände wichtig, damit das Entstehen und Beseitigen von Krankheiten klarer wird.

Die Tri-Dhatus: Die Leben spendende Kraft

Die Tri-Dhatus sind die drei sichtbaren und messbaren Grundgewebe des Körpers. Sie entsprechen den drei Keimblättern des
Embryos. Wie bereits erwähnt, entwickelt die befruchtete Eizelle
schon nach wenigen Tagen drei Keimblätter, aus denen alle
Organe und Zellen des Menschen entstehen. Jedes Keimblatt produziert jedoch nur ganz bestimmte Körpergewebe. Den einzelnen
Keimblättern werden folgende Körpergewebe zugeordnet:

Äußeres Keimblatt (Ektoderm)

Nervensystem, Gehirn
Haut, Sinnesorgane   entspricht Vata-Dhatu
Schleimhaut von Mund und Anus

Inneres Keimblatt (Entoderm)

Verdauungskanal
Atemtrakt   entspricht Pitta-Dhatu
Hormone und Drüsensystem

Mittleres Keimblatt (Mesoderm)

Blutgefäße
Muskeln, Sehnen   entspricht Kapha-Dhatu
Bindegewebe

Durch die drei Lebenskräfte Kapha, Pitta und Vata wird zum
Zeitpunkt der Empfängnis Ihre persönliche, individuelle Konstitution festgelegt. Wie Ihr Körper von der Grundstatur her aussieht, welche Augenfarbe Sie haben, welche charakterlichen
Eigenheiten, Stärken und Schwächen Ihnen mitgegeben wurden,
wird mit Ihrer Konstitution für das ganze Leben festgelegt. Im
nächsten Kapitel werden wir auf das Thema Konstitution ausführlich eingehen; hier konzentrieren wir uns zunächst darauf, wie
die drei Lebenskräfte Kapha, Pitta und Vata in unserem Körper als
Leben spendende Kräfte wirken.

Vata-Dhatu: Der Impuls des Lebens

Vata-Dhatu ist die Bezeichnung aller Körpergewebe, die im gesamten Organismus Energie und Motivation erzeugen. Dazu zählen die Haut, das Nervensystem und das Gehirn sowie deren Nebenprodukte und Tätigkeiten. Die Nerventätigkeit wird von Vata-Dhatu gesteuert und von Vata-Dosha durchgeführt. Sie ist eine sehr subtile, allgegenwärtige Funktion, die für die Kommunikation im gesamten Körper zuständig ist. Ohne Nervenreiz kann sich kein Muskel zusammenziehen, kein Organ könnte seine für den Körper lebensnotwendigen Funktionen erfüllen, das Herz könnte nicht schlagen, die Lungen könnten das Atmen nicht steuern, die Verdauung würde nicht ablaufen, das Gehirn könnte nicht denken, die Sinnesorgane würden nichts wahrnehmen, und wir wären völlig bewegungsunfähig.

Vata-Dhatu gibt also zu jeder Zeit, an jeder Stelle im Körper den Impuls, weiterzuarbeiten und somit weiterzuleben. Vata-Dhatu ist der Biokatalysator aller Lebensprozesse. Nur durch seine Gegenwart können die Lebensprozesse ablaufen. Er ist sozusagen der Funke, der das Lebensfeuer immer wieder entzündet, oder der Odem, der den Körper immer wieder mit neuer Lebenskraft beseelt. Vata-Dhatu ist zudem Träger des lebenswichtigen Sauerstoffs, den er an alle Stellen des Körpers transportiert. Auf mentaler Ebene bewirkt Vata-Dhatu Motivation, Enthusiasmus, Lebensfreude, Inspiration, Neugierde und Begeisterung. Vata-Dhatu ist die mächtigste der drei Kräfte im Körper. Es ist überall und allgegenwärtig. Es reguliert alle Vorgänge im Körper, steuert unser Gehör und den Tastsinn und sorgt dafür, dass alle Körperkanäle offen sind, damit die Nähr- und Abfallprodukte ungehindert passieren können.

Pitta-Dhatu: Der Transformator des Lebens

Pitta-Dhatu ist die Bezeichnung für alle Gewebe, die für die Verdauung zuständig sind. Der Körper gewinnt in erster Linie aus der Verdauung Energie für den Gewebsaufbau und die Aufrechterhaltung aller Körperfunktionen. Neben sämtlichen Verdauungsorganen und Verdauungssäften gehören das hormonelle System und das Blut zu Pitta-Dhatu. Pitta-Dhatu ist damit der große Transformator unseres Körpers. Alle Nahrungsmittel, alle Sinnesreize, alle Gedanken müssen nicht nur aufgenommen und weitergeleitet werden (Vata-Dhatu), sondern danach auch verarbeitet, sprich verdaut werden. Verdauen aber bedeutet »dem Körper ähnlich machen«. Dadurch kann dieser die Informationen überhaupt erkennen und dementsprechend darauf reagieren. Diese transformative Kraft von Pitta-Dhatu wird im Ayurveda mit der wandelnden Kraft des Feuers gleichgesetzt. Nicht umsonst fällt auch die Regelung des Wärmehaushaltes unter seine Regie. Auf mentaler Ebene steht Pitta-Dhatu für Leidenschaft, Sehnsucht, Klarheit, Selbstvertrauen, Würde, Intelligenz und Mut.

Kapha-Dhatu: Der Regenerator des Lebens

Kapha-Dhatu bezeichnet alle Gewebe, die dem Körper Kraft geben, ihn regenerieren und immer wieder neu aufbauen. Darunter fallen die Strukturen, die dem Körper Stabilität und Halt geben (Knochen, Muskeln und Bindegewebe), aber auch die Gewebe, die den Körper versorgen, jung und frisch halten (Blutgefäße, Fettgewebe, Schleimhäute und das Immunsystem). Kapha-Dhatu reguliert auch die Fortpflanzungsorgane und ist für die Fruchtbarkeit zuständig. Es ist die Kraft, die für den Zusammenhalt des Organismus verantwortlich ist. Kapha-Dhatu schmiert die ständigen Bewegungen von Vata-Dhatu, kühlt das Feuer von Pitta-Dhatu und bewahrt dadurch den Körper vor vorzeitiger Alterung und Zerstörung. Es ist sozusagen der »Controller« im menschlichen Körper, der die abbauenden Kräfte von Vata und Pitta immer wieder bändigen muss. Auf der mentalen Ebene steht Kapha-Dhatu deshalb auch für Frieden, Glück, Ruhe, Weisheit, Toleranz, Harmonie, Beständigkeit, Ausdauer, Geduld, Bescheidenheit und Integration.

Das Zusammenspiel von Tri-Dhatu und Tri-Dosha

Die Tri-Dhatus sind Teil der stabilen Körpergewebe, während die Tri-Doshas energetischer Natur sind und die körperlichen Aktivitäten ausführen. Die Tri-Doshas sind instabil, wechselhaft und haben die Neigung, sich im Körper anzusammeln. Der Organis-

Tri-Dhatu:
Stabiles Gewebe.
Tri-Dosha:
Instabile Energie.

mus ist daher immer wieder gezwungen, die Tri-Doshas auszugleichen und unter Kontrolle zu halten. Gelingt ihm dies nicht, so
entstehen Störungen und Krankheiten.

Ein Beispiel: Unser Blutzuckerwert ist relativ instabil und unterliegt permanenten Schwankungen. Ist er zu niedrig, so kommt
es zu körperlichen Beschwerden wie Schwindel, Zittern und
Schwäche bis hin zur Ohnmacht. In Extremfällen kann es sogar
zu einem lebensbedrohlichen so genannten hypoglykämischen
Schock (Unterzucker) kommen, der sofort behandelt werden muss.

Zu hohe Blutzuckerwerte dagegen führen auf Dauer zum ge-
fürchteten Diabetes mellitus (Zuckerkrankheit). Dadurch werden
Blutgefäße, Organe und Nerven geschädigt, außerdem erhöht sich
der Blutdruck. Bei einem sehr hohen Blutzuckerspiegel kann es
ebenfalls zu einem lebensbedrohlichen Zustand (diabetisches Ko-
ma) kommen. Der Organismus ist somit ständig gefordert, seinen
Blutzucker auf einem einigermaßen konstanten Niveau zu halten,
da er sonst Gefahr läuft, ernsthaft krank zu werden. Damit er den
Blutzucker stabil halten kann, reguliert er ihn in einem komplexen
Regelkreis, an dem viele Organe – darunter die Bauchspeicheldrüse, die Leber, die Nieren und das hormonelle System – beteiligt sind.

Das effektivste Gegenmittel bei hohem Blutzucker ist das körpereigene Hormon Insulin, das von der Bauchspeicheldrüse aus-
geschüttet wird. Insulin ist der Stoff, der Zucker aus dem Blut in
die Zelle befördert, wo Zucker als Energielieferant gebraucht und
deponiert wird. Der Gegenspieler von Insulin ist das Glucagon,
das bei zu niedrigen Blutzuckerwerten den Zucker aus der Zelle
wieder ins Blut befördert. Der Körper steht also ständig vor der
schwierigen Aufgabe, die richtige Menge Insulin oder Glucagon
auszuschütten, um den Blutzucker auf stabilem Niveau zu halten.

Das hört sich leichter an, als es ist. Zucker ist *der* Energielieferant für den Körper. Wenn wir uns sportlich betätigen, sprich viel
Energie verbrennen, brauchen wir mehr Zucker, als wenn wir
ruhen. Wenn wir aufgeregt und nervös sind, benötigen wir ebenfalls mehr Energie in Form von Zucker. Unzählige Faktoren beeinflussen zu jeder Zeit unseren Energieverbrauch und somit unseren
Blutzuckerspiegel. Jede Nahrungsaufnahme erhöht ebenfalls den
Blutzuckerwert. Wenn wir unregelmäßig und öfter am Tag Mahlzeiten zu uns nehmen, kommt es zu ständigen Schwankungen des

Blutzuckergehalts. Hier sehen Sie die Komplexität und Dynamik eines lebenden Organismus anhand eines Regelsystems, dem Blutzuckerspiegel. Jeder Faktor, jeder Wert des Körpers ändert sich in jedem Augenblick, und der Organismus hat die schier unlösbare Aufgabe, angemessen auf diese Veränderungen einzuwirken. Daher passiert es leicht, dass der Körper mehr Insulin oder Glucagon ausschüttet, als er noch vor wenigen Augenblicken gebraucht hat, da sich bis zur eigentlichen Ausschüttung vielleicht wieder entscheidende Veränderungen ergeben haben, die einen anderen Blutzuckerwert erforderlich machen. Diese Überproduktionen des Körpers werden zwar in der Regel schnell wieder beseitigt, aber sie führen dennoch zu Reaktionen im Stoffwechsel, die eine potenziell krank machende Wirkung haben können.

Das Produzieren und Ausschütten der sensiblen Tri-Doshas funktioniert nach demselben Schema. Der Körper benötigt etwas und produziert es – doch bis es dort angelangt ist, wo es gebraucht wird, hat sich die Situation oft schon wieder geändert, sodass er vielleicht nur noch einen Teil davon braucht. Die Konsequenzen sind Überproduktionen und Anhäufungen von Körperstoffen (Tri-Doshas), die möglichst schnell wieder beseitigt werden müssen, damit sie keinen Schaden anrichten. Die Tri-Doshas sind ein Synonym für alle wechselhaften, ständig benötigten Körperprodukte, die die Neigung haben, sich im Körper anzusammeln, und dadurch Störungen verursachen.

Zu viel produzierte Doshas müssen möglichst schnell wieder beseitigt werden, denn eine biologisch aktive Energie kann nicht einfach »arbeitslos« herumsitzen und auf den nächsten Einsatz warten. Ein brennendes Feuer wird immer die Neigung haben, sich auszubreiten, damit es an anderer Stelle neue Nahrung findet. Dasselbe geschieht mit den Tri-Doshas. Wenn der Körper für sie keine Verwendung hat, dann suchen sie sich eben selbst eine Tätigkeit und breiten sich irgendwo aus. Nur leider wird diese selbstständige Jobsuche dem Körper eher schaden als nützen.

Man könnte das Zusammenspiel von Tri-Dhatus und Tri-Doshas mit der Funktion eines Autos vergleichen. Das Auto (Tri-Dhatu) kann nur mit Treibstoff (Tri-Dosha) fahren. Doch es kommt immer noch auf die Fahrweise an – und manche ist nicht gerade schonend für den Motor:

1. Wenn Sie Ihr Auto einseitig belasten, indem Sie es mit zu hoher Drehzahl oder zu niedriger Drehzahl fahren, dann führt das zu hohem Spritverbrauch und großem Verschleiß. Wenn Sie einseitig leben, führt das ebenfalls dazu, dass sich ein oder gar zwei Doshas mit der Zeit erhöhen und Ihre Körpergewebe (Tri-Dhatus) schädigen. Krankheiten und gesundheitliche Störungen sind die Folge.

2. Wenn Sie Ihr Auto unrhythmisch benutzen, sprich ständig vom Gas gehen und wieder Gas geben, dann entstehen viele unverbrannte Rückstände im Motor, die Ihrem Auto nach kurzer Zeit Probleme bereiten werden. Wenn Sie genauso unrhythmisch leben, werden ebenfalls viele Schadstoffe in Ihrem Körper entstehen, die gesundheitliche Störungen nach sich ziehen. Sie provozieren damit Ihre Tri-Doshas und veranlassen sie, sich anzusammeln und im Körper auszubreiten.[42]

Wieder sei ein Beispiel zur Illustration herangezogen: Es ist Mittagszeit, Sie haben Hunger. Sie haben aber auch Stress, und deshalb nehmen Sie sich keine Zeit zum Essen. Der Hunger wird also – soweit es geht – verdrängt oder mit heißem Kaffee gestillt. Das Dosha, das zu dieser Zeit am aktivsten ist, ist Pitta-Dosha. Es wartet bereits ungeduldig darauf, dass es endlich etwas zu essen gibt, denn Pitta-Dosha will verbrennen, und jetzt ist die richtige Zeit dafür. Wenn Pitta-Dosha jetzt kein Brennmaterial in Form eines kräftigen, warmen Mittagessens bekommt oder sogar mit Kaffee noch angefacht wird, muss es seine Aktivität eben anderweitig nutzen.

Die Energie wird andere Wege suchen und finden, wie es seine zerstörerische, sprich verbrennende Kraft austoben kann. Pitta-Dosha wird sich dann zum Beispiel über spezielle Körperkanäle ausbreiten und Teile des Körpers regelrecht »verbrennen« oder verdauen. Eine typische Krankheit dafür ist die Magenschleimhautentzündung (Gastritis) oder deren fortgeschrittenes Stadium, das Magengeschwür (Ulcus ventriculi). Anstatt Nahrung zu verbrennen, greift Pitta-Dosha den eigenen Magen an und beginnt ihn zu verdauen. Es gibt natürlich viele Gründe, wie es dazu kommen kann, aber diese Erkrankungen gehen immer mit einer erhöhten oder unausgewogenen Aktivität von Pitta-Dosha einher.

Die Tri-Doshas: Die instabile Kraft, die Krankheiten provoziert

Kapha, Pitta und Vata sind als Tri-Dhatus stabil und erhalten den Körper. Als Tri-Doshas dagegen sind sie wechselhaft und können den Körper schädigen. Wenn sie sich ansammeln, bringen sie das biologische System des Organismus aus dem Gleichgewicht und machen ihn empfänglich für Krankheiten. Die Tri-Doshas sind die ausführenden Energien des Körpers und an allen biologisch aktiven Prozessen beteiligt. Sie lassen sich von ihrem Charakter her mit einem kleinen neugierigen Kind vergleichen: Sie sind lebhaft und wollen beschäftigt werden, und wenn ihnen zu langweilig wird, können sie sehr unangenehm werden. Daher müssen sie auch unter Kontrolle gehalten werden, damit sie keinen Unsinn anstellen. Kapha, Pitta und Vata haben im gesunden Zustand genaue Bereiche und Aufgaben im Körper.

> Dosha heißt wörtlich übersetzt »das, was den Körper verdirbt oder krank macht«.

Das Vata-Dosha: Die unruhige, bewegende Kraft

Jedes Dosha hat seine natürlichen Entstehungsorte. Die Doshas wirken zwar im ganzen Körper, aber sie sind an gewissen Stellen besonders stark vorhanden.

Die natürlichen Entstehungsorte von Vata-Dosha sind

- Dickdarm und Enddarm
- Blase
- Lendenbereich
- Beine, Füße, Knochen

Der Sitz von Vata-Dosha ist vor allem der Bereich vom Dickdarm abwärts bis zum Enddarm. Störungen des Vata-Dosha werden sich zunächst in diesen Körperbereichen bemerkbar machen, zum Beispiel als Verstopfung oder als Rücken- und Gliederschmerzen.

Vata-Dosha ist die Manifestation der beiden Elemente Luft und Raum. Es ist somit von seiner Natur her kalt, leicht, beweglich, trocken und bitter. Vata-Dosha ist der Unruheherd im Körper. Es ist die ausführende Energie von Vata-Dhatu und an allen Bewegungen und Abläufen des Organismus beteiligt. Erwähnens-

Merkmale von Vata-Dosha:

- leicht
- trocken
- beweglich, unruhig
- wechselhaft
- kalt
- bitter

wert ist hier besonders seine Beteiligung an der Nerventätigkeit. Der gesamte Organismus ist vernetzt mit einem dichten Nervensystem. Allein an einer Fingerkuppe befinden sich mehrere tausend Nervenrezeptoren, die für das Tast- und Temperaturempfinden zuständig sind. Die Nervenbahnen übermitteln dem Körper in jedem Augenblick unzählige Impulse, die zum zentralen Nervensystem weitergeleitet werden. Es ist ein ständiges Hin und Her an Informationen und Befehlen, die alle durch Vata-Dosha ausgeführt werden.

Die Möglichkeiten von Fehlinformationen und Störungen sind hierbei ganz offensichtlich. Wie empfindlich und schnell Vata-Dosha reagiert, weiß jeder, der zum Beispiel eine gefährliche Situation oder einen Beinahe-Unfall erlebt hat und danach erst einmal starkes Herzklopfen, Angstschweiß und Zittern spürt oder gar einen Schock erleidet. Da Vata-Dosha im ganzen Körper zu jeder Zeit aktiv ist, ist es auch für die Entstehung der meisten Krankheiten verantwortlich. Bei Störungen des Vata-Doshas kommt es nicht nur zu körperlichen Problemen wie Schwäche, Schmerzen und Verstopfung, sondern auch zu vielen geistigen Problemen wie Angstzuständen, Schreckhaftigkeit, Unruhe, Sorgen und Depressionen.

Die fünf Vata-Vayus:

Der nachfolgende Abschnitt über die Vayus gehört zu den komplexen Teilen und ist für diejenigen gedacht, die noch intensiver in die ayurvedische Medizin einsteigen wollen. Sie können diesen Abschnitt jedoch auch überspringen und bei Pitta-Dosha weiterlesen.

Jedes Dosha ist in fünf Untergruppen unterteilt. Diese fünf Gruppen haben eigene Aufgaben und befinden sich in speziellen Bereichen des Körpers. Sie heißen beim Vata-Dosha Vata-Vayus: *Prana, Udana, Samana, Apana* und *Vyana.* Das wichtigste ist Prana, das auch mit Lebenskraft übersetzt wird. Prana wird über den Atem von außen in den Körper eingebracht.[43]

Prana: Die Lebenskraft des Atems.

Prana befindet sich im Kopf-, Hals- und Brustraum. Es kontrolliert den Atem, die Sinnesfunktionen und die mentalen Tätigkeiten. Prana ist eine von außen nach innen gerichtete Kraft, das heißt, es befördert alles, was vom Körper aufgenommen wird (wie Atemluft, Gerüche, Geschmack, Nahrung und Informationen), nach innen und ist verantwortlich dafür, dass diese Reize richtig verarbeitet werden. Prana ist der Teil des Vata-Doshas, der alle Reize von den Rezeptoren über die Nervenbahnen zum zentralen Nervensystem weiterleitet. Es steuert zudem große Teile der mentalen Funktionen im Gehirn. Störungen von Prana verursachen Allergien, Asthma, Lähmungen, Taubheit und andere Nervenkrankheiten mit. Im geistigen Bereich kommt es zu Wahrnehmungsstörungen aller Sinne, Konzentrationsschwierigkeiten und Unruhe. Prana ist auch an allen psychischen Krankheiten wie Neurosen, Psychosen, Depressionen und Schizophrenie beteiligt.

Udana dagegen ist von innen nach außen gerichtet. Seine Wirkungsstätte ist der Bereich vom Kehlkopf bis zum Nabel. Es steuert das Ausatmen, die Sprache, den Willen und die Handlungskraft des Menschen. Es ist die einzige nach oben gerichtete Kraft und somit zum Beispiel auch für das Erbrechen zuständig. Außerdem ist Udana verantwortlich für den gesunden Glanz der Haut. Bei Störungen des Udana sind meist das Atem- und Sprachzentrum und die Handlungskraft eines Menschen behindert. Er will etwas, aber er kann es nicht umsetzen – ein Problem, das man bei sprachgestörten Kindern oft beobachten kann.

> Udana: Steuerung von Willen, Sprache und Handeln.

Samana ist im Bereich des Nabels lokalisiert und stellt die Nervenkraft des Dünndarms dar. Ihm kommt die wichtige Aufgabe der Regulierung des Verdauungsfeuers Agni zu. Sein Einfluss harmonisiert und kontrolliert Agni. Es reguliert darüber hinaus mit Agni zusammen den Säftehaushalt im Körper und das Schwitzen. Samana trennt den Nahrungsbrei in Nährstoffe und Ausscheidungsstoffe. Bei Störungen des Samana leidet der Patient unter einer wechselhaften Verdauung. Mal ist er verstopft, dann hat er wieder Durchfälle, dann wieder Verstopfung usw. Eine Verbesserung der Verdauung ohne Behandlung von Samana wird nie von Dauer sein.

> Samana: Nervenkraft der Verdauung.

Apana wirkt vom Nabel bis zum Fuß. Sein Sitz ist der Dickdarm. Es ist für die Ausscheidungen (Stuhl, Urin, Menstrualblut, Gase) und alle anderen nach unten gerichteten Aktivitäten zuständig.

> Apana: Steuerung aller Ausscheidungen.

Die Unterdrückung von Ausscheidungen haben besonders negative Auswirkungen auf Apana. Probleme beim Wasserlassen, der Menstruation oder chronische Verstopfung sind Hinweise auf ein gestörtes Apana. Da die ausscheidende Aktivität von Apana für den Körper lebensnotwendig ist, beeinträchtigt eine Störung in diesem Bereich alle anderen Untergruppen von Vata-Dosha. So wie ein gestörtes Prana Energiedefizite des gesamten Körpers nach sich zieht, wird ein unausgeglichenes Apana die Entsorgung des Körpers blockieren und dadurch die Bildung giftiger Stoffe im Organismus ermöglichen. Der Behandlung von Apana kommt daher größte Bedeutung zu.

Vyana sitzt vornehmlich im Brustbereich. Es steuert die Verteilung des Grundplasmas und Blutes. Dadurch werden alle Nährstoffe vom Herz über den Blutkreislauf bis in die Peripherie des gesamten Körpers transportiert und können danach in jede Zelle gelangen. Außerdem ist Vyana für das Schwitzen und für die Ejakulation zuständig. Probleme von Vyana zeigen sich in Durchblutungsstörungen, einer Mangelversorgung aller Körpergewebe, in Herzproblemen und Störungen der Schweißsekretion des Körpers.

Vyana: Verteilung aller Körpersäfte.

Ein erhöhtes Vata-Dosha zeigt sich durch:
Kälte, Unruhe, Taubheit, Schwäche, Behinderung, Krämpfe, Trockenheit aller Gewebe, Durst, Zittern, Heiserkeit, Auszehrung, Steifheit, schneidende, durchdringende, wechselhafte, stechende, krampfartige, hämmernde und chronische Schmerzen sowie schwarze und rosa Verfärbungen von Haut, Schleimhaut und Ausscheidungen.

Das Pitta-Dosha: Die scharfe, hitzige Kraft

Die natürlichen Entstehungsorte von Pitta-Dosha sind

- Magen und Dünndarm
- Leber und Milz
- alle Körpersäfte wie Blut, Galle, Verdauungssäfte, Lymphe und Schweiß

Der Sitz von Pitta-Dosha im Speziellen ist der Magen und der Dünndarm. Hier zeigen sich Störungen von Pitta-Dosha zuerst, beispielsweise als Sodbrennen, Durchfälle oder Störungen im Leberstoffwechsel. Pitta-Dosha besteht aus dem Element Feuer und dem öligen Anteil des Wassers. Es ist somit von seiner Natur her heiß, ölig, leicht, scharf, schneidend, durchdringend und sauer. Es reguliert den Wärmehaushalt des Körpers und die Verdauung. Pitta-Dosha ist eng mit dem »Verdauungsfeuer« Agni gekoppelt und manifestiert sich besonders in der Mitte des Körpers, also im Dünndarm, der Leber, der Galle, dem Magen; darüber hinaus aber auch im Blut, der Lymphe, dem Schweiß und den Augen. Pitta-Dosha ist das einzige Dosha, das erwärmt. Neben seiner herausragenden Bedeutung für die Verdauung hat es einen großen Einfluss auf die Zusammensetzung des Blutes, der Verdauungssäfte, der Hormone und auf die Fähigkeit des Sehens.

> Merkmale von Pitta-Dosha:
> - heiß
> - scharf, schneidend
> - leicht
> - ölig
> - sauer

Störungen und Krankheiten in diesen Bereichen haben immer etwas mit einer Anhäufung von Pitta-Dosha zu tun. Beschwerden wie Sodbrennen, saures Aufstoßen, Brandgefühle, Hitzewallungen, Sehstörungen, Gelbfärbungen von Augen, Stuhl oder Urin sowie Hautunreinheiten weisen auf ein erhöhtes Pitta-Dosha hin. Im geistigen Bereich unterstützt ein gesundes Pitta-Dosha die Funktionen Intelligenz, Selbstvertrauen, Würde, Stolz und die Fähigkeit, Entscheidungen zu treffen. Ein erhöhtes Pitta-Dosha zeigt sich in Hass, Aggression, Hochmut, Arroganz, Eifersucht, Fanatismus, Pedanterie und Konkurrenzdenken.

Die fünf Pitta-Vayus:

Auch dieser Abschnitt über die Unterformen von Pitta ist sehr speziell und kann übersprungen werden. Sie können dann bei Kapha-Dosha weiterlesen.

Wie bei Vata-Dosha gibt es auch bei Pitta-Dosha fünf weitere Untergruppen: *Pachaka, Ranjaka, Sadhaka, Alochaka* und *Bhrajaka*.

Pachaka ist für die Verdauung zuständig und befindet sich in der Nabelregion, also dem Dünndarm. Es steuert zusammen mit dem Verdauungsfeuer Agni und der Nerventätigkeit des Samana-Vay-

> Pachaka: Steuerung aller Verdauungssäfte und Verdauungsenzyme.

us sämtliche Verdauungsprozesse im Magen-Darm-Trakt. Probleme mit dem Pachaka führen daher immer zu Verdauungsstörungen, unvollständiger Verdauung, mangelhafter Bildung aller Körpergewebe und der Bildung von Giftstoffen.

Ranjaka: Regulation des Leberstoffwechsels.

Ranjaka hat eine enge Beziehung zur Leber. Es ist für alle Verfärbungen im Körper zuständig (Stuhl, Urin, Augen). Es ist zudem mit verantwortlich für die Umwandlung des Grundplasmas (*Rasa-Dhatu*) in Blutgewebe.[44] Störungen des Ranjaka haben vornehmlich mit Beschwerden von Leber, Galle und Milz zu tun.

Sadhaka: Verarbeitung von geistigen Prozessen.

Sadhaka hat seine Aufgabe im Gehirn. Es ist für Mut, Intelligenz, Selbstvertrauen, Würde, Entscheidungen und Stolz verantwortlich. Sadhaka ist der Teil von Pitta-Dosha, der die geistige Verdauung, sprich die Verarbeitung und Interpretation von geistigen Impulsen, steuert. Kreativität, Schöpfung, analytisches und logisches Denken werden Sadhaka zugeordnet. Bei Störungen kommt es zum Beispiel zu Angstzuständen und Verzagtheit.

Alochaka: Steuerung des Sehens und Wahrnehmens.

Alochaka sitzt in den Augen und ist in erster Linie für das Sehen und Wahrnehmen zuständig. Jeder Sinnesreiz muss erst aufgenommen (Prana-Vayu) und danach »verdaut« werden, um vom Körper erkannt zu werden. Dieser Vorgang der Informationsverarbeitung aller Sinnesorgane wird ebenfalls von Alochaka gesteuert. Sehstörungen haben zum Beispiel ihre Ursache in der Funktion von Alochaka.

Bhrajaka: Regulation der Haut.

Bhrajaka befindet sich in der Haut und ist für das Aufnehmen und Verdauen aller Stoffe zuständig, die auf die Haut aufgebracht werden. Bei den ayurvedischen Ölmassagen liegt es an der Funktion von Bhrajaka, wie die Kräuteröle vom Körper aufgenommen werden. Außerdem unterliegt ihm die Regulierung der Hauttemperatur und die Pigmentierung der Haut, die beide bei Störungen von Bhrajaka verändert sind. Zusammen mit Udana (Vata-Dosha) ist es für den Glanz der Haut zuständig.

Ein erhöhtes Pitta-Dosha zeigt sich durch:
Brennende Schmerzen, Röte und Entzündungen der Haut, Hitze-empfindungen, Schwitzen, fettige Haut, körperlichen Verfall, Schwäche, Ohnmacht, Vergiftungserscheinungen, Säure und sauren Geschmack sowie alle Verfärbungen von Haut, Schleimhaut und Ausscheidungen (außer weiß, schwarz und rosafarben).

Das Kapha-Dosha: Die träge, befeuchtende Kraft

Die natürlichen Entstehungsorte von Kapha-Dosha sind

— Magen und Brustkorb
— Kopf
— Genick
— Gelenke
— Körperfett

Der Sitz von Kapha-Dosha ist vor allem der Brustkorb und der Magen. Ein erhöhtes Kapha-Dosha wird sich zunächst an diesen Stellen auswirken und unter anderem zu Verschleimungen im Kopf- und Brustbereich oder zu Schwere und Trägheit in den oben genannten Bereichen führen.

Kapha-Dosha besteht aus den Elementen Wasser und Erde. Es ist somit von seiner Natur her kalt, schwer, feucht, langsam, stabil, fest und süß. Kapha-Dosha unterstützt zusammen mit Kapha-Dhatu die Regeneration und den Gewebsaufbau des Körpers. Es manifestiert sich besonders im oberen Bereich des Körpers, also in Nase, Hals, Brust und Lunge, aber auch im Magen, den kleinen Gelenken, dem Fettgewebe und der Muskulatur. Kapha-Dosha befeuchtet alle Körpergewebe und ist verantwortlich für die Stabilität und Kraft des Organismus. Es ist der große Gegenspieler von Vata-Dosha, das wegen seiner Trockenheit ständig befeuchtet und geölt werden muss. Kapha-Dosha steuert die Funktion des Riechens und Schmeckens. Im geistigen Bereich steht ein gesundes Kapha-Dosha für Aufgewecktheit, die geistige Frische, das Langzeitgedächtnis sowie Ruhe und Frieden. Ein erhöhtes Kapha-Dosha allerdings führt zu Neid, Lethargie, Schwere, Unbeweglichkeit, Sturheit, Schwermut, übertriebener Anhänglichkeit und

Merkmale von Kapha-Dosha:

— feucht
— kalt
— schwer
— stabil, fest
— langsam
— süß

Nostalgie. Ansammlungen von Kapha-Dosha führen immer zu einer Vermehrung von Schleim, zu Schwere und Trägheit. Gerade in unserem kalten, feuchten Klima ist darauf zu achten, dass Kapha-Dosha unter Kontrolle gehalten wird.

Die fünf Kapha-Vayus:

Wenn Sie Ihre Grundkenntnisse nicht vertiefen wollen, können Sie bei Tabelle 6 wieder einsteigen.

Auch beim Kapha-Dosha gibt es fünf Untergruppen: *Kledaka*, *Avalambaka*, *Bodhaka*, *Tarpaka* und *Sleshaka*.

Kledaka: Befeuchtung und Schutz der Verdauungsorgane.

Kledaka ist für die Befeuchtung des Magen-Darm-Traktes verantwortlich. Es schützt vor den aggressiven Verdauungssäften des Pitta-Doshas.

Avalambaka: Schutz von Herz, Lunge und Knochen vor Verschleiß.

Avalambaka hat eine ölende Funktion für alle serösen Häute wie Rippen-, Lungen-, Bauch- und Zwerchfell sowie den Herzbeutel. Es schützt diese Organe vor übermäßigem Verschleiß durch ihre ständige Bewegung. Außerdem sitzt Avalambaka in den Hüften und ernährt alle großen Knochen. Es ist das große Reservoir, aus dem alle anderen Untergruppen von Kapha-Dosha gespeist werden.

Bodhaka: Regulation von Geschmack und Speichel.

Bodhaka sitzt im Mund und ist für den Speichel und den Geschmack zuständig. Außerdem schützt es vor zu scharfen, zu heißen oder zu kalten Speisen und Getränken.

Tarpaka: Schutz und Ernährung von Gehirn und Rückenmark.

Tarpaka ist im Kopf lokalisiert. Es erfrischt, ernährt und schützt das Gehirn und die Nerven des Rückenmarks. Es sitzt im Liquor, der Flüssigkeit von Gehirn und Rückenmark. Tarpaka ist für die geistige Frische, Zufriedenheit, Glück und emotionale Ausgeglichenheit zuständig.

Sleshaka: Schutz vor Abnützung der Gelenke.

Sleshaka sorgt für die Schmierung aller Gelenke. Es bildet die Gelenkflüssigkeit, sorgt für geschmeidige Bewegung und schützt vor Abnützung der Gelenke.

Ein erhöhtes Kapha-Dosha zeigt sich durch:
Feuchtigkeit, Verhärtungen, Juckreiz, Kälte, Schwere, Lethargie, Schwellungen, Mangel an Appetit, Verdauungsschwäche, Schläfrigkeit, süßen und salzigen Geschmack, Weißfärbungen von Haut, Schleimhaut und Ausscheidungen sowie Langsamkeit aller Bewegungen.

	Element	Eigenschaften	Natürliche Entstehungsorte
Vata-Dosha	Wind, Raum	Trocken, leicht, kalt, beweglich	Unteres Körperdrittel: Dickdarm/Enddarm, Blase, Knochen, Lendenbereich, Beine, Füße
Pitta-Dosha	Feuer, etwas Wasser	Etwas ölig, leicht, heiß, scharf	Mittleres Körperdrittel: Magen/Dünndarm, Leber/Milz, Blut, Hormone, Lymphe
Kapha-Dosha	Wasser, Erde	Feucht, schwer, fest, kalt, langsam	Oberes Körperdrittel: Brustkorb/Magen, Kopf, Genick, Gelenke, Körperfett

Tabelle 6:
Die Tri-Doshas und ihre Entstehungsorte

Sind die Tri-Doshas im natürlichen Einklang miteinander, so ist Ihr Körper gesund. Sind sie jedoch dauerhaft verändert, so wird der Organismus krank. Ayurveda sieht jede Entstehung von Krankheiten in einem Ungleichgewicht der Tri-Doshas. Äußere Faktoren wie Klima, Bakterien und Viren spielen zwar eine wichtige Rolle, sind jedoch nicht die Ursache einer Erkrankung. Solange die Tri-Doshas einigermaßen im Gleichgewicht bleiben, ist die Immunität des Körpers nicht gefährdet, und kein äußerer Faktor kann dem Körper Schaden anrichten.

Jede übermäßige Anhäufung eines oder mehrerer Tri-Doshas aber führt zu Beschwerden und Krankheiten. Leiden Sie jeden Tag unter Stress und Zeitdruck, so wird Pitta-Dosha mehr und mehr ansteigen. Wenn Sie deshalb Sodbrennen oder Magenschmerzen bekommen, wäre es äußerst unklug, Säureblocker zu nehmen. Die Beschwerden mögen zwar zeitweilig verschwinden, das erhöhte Pitta-Dosha jedoch bleibt und wird immer größeren Schaden in Ihrem Körper anrichten.

Wir meinen oft, unseren Körper austricksen zu können: Haben wir Verstopfung, so nehmen wir ein Abführmittel. Leiden wir unter Kopfschmerzen, so schlucken wir ein Schmerzmittel. Sind wir traurig, so brauchen wir einen Stimmungsaufheller. Aber sind wir danach wirklich gesund? Im Ayurveda geht man nicht diesen bequemen Weg. Jede Beschwerde, jede Krankheit hat nämlich ihren Grund. Jedes Symptom ist ein Alarmzeichen, das uns den Weg zur Gesundung zeigen will. Wenn wir diese Zeichen mit Tabletten einfach verdrängen, dürfen wir uns nicht wundern, wenn wir später ernsthaft krank werden.

Die Aktivität der Tri-Doshas

Jedes Individuum hat von Geburt an seine ganz persönliche Mischung der Tri-Doshas. Diese angeborene Grundmischung ist Teil der Konstitution eines Menschen und bleibt ein Leben lang gleich. Die *aktuelle* Aktivität der Tri-Doshas verändert sich jedoch ständig – je nachdem, was Sie gegessen oder getrunken haben, was Sie denken oder fühlen, wie lange Sie schlafen, wie das Klima gerade ist, ob Sie Stress haben oder meditieren. Es gibt nichts, was Sie tun können, ohne dass zumindest eines der drei Doshas darauf reagieren wird. Es herrscht also ein ständiges Ansteigen oder Absinken der Tri-Doshas. Dies ist auch wichtig und notwendig, damit der Organismus auf die Reize seiner Umwelt reagieren kann.

Probleme tauchen dann auf, wenn durch falsche Lebensweise die angeborene Grundmischung der Tri-Doshas auf Dauer verändert wird. Wir werden im Verlauf der nächsten Kapitel sehen, wie empfindlich die Tri-Doshas auf Reize reagieren und wie leicht ein Tri-Dosha aus der Balance fällt, wenn es eine Zeit lang einseitigen Reizen ausgesetzt ist. Ziel einer gesunden Lebensweise ist es, erhöhte Energien auszugleichen, damit der Körper immer wieder in sein Gleichgewicht zurückfindet.

Um Ihren Körper in Balance zu halten, sollten Sie erhöhte Energien mit gegenteiligen Energien ausgleichen.

Wenn Sie ein sehr scharf gewürztes indisches Essen zu sich nehmen, wird es, je nach Ihrer Konstitution, zu mehr oder weniger starker innerer Hitze, Blutandrang im Kopf und Schwitzen kommen – alles Anzeichen für ein erhöhtes Pitta-Dosha. Wenn Sie dazu viel Alkohol trinken und das Ganze in der Mittagshitze konsumieren, wird Pitta-Dosha weiter ansteigen und zu innerer Unruhe, Gereiztheit, großem Durst, ja sogar zu brennenden Augen führen. Später kommen dann vielleicht noch brennende Durchfälle hinzu.

Anhand dieses Beispiels sieht man, dass sich ein erhöhtes Pitta-Dosha auf allen Ebenen des Organismus auswirkt und sich in Körperorganen wie Blut, Augen, Magen, Leber und Dünndarm besonders bemerkbar macht. Wenn dies nur ab und zu der Fall ist, kann der Körper es ohne Folgen wieder ausgleichen. Sollte das aber öfter vorkommen und noch beruflicher oder privater Stress hinzutreten, so wird sich Ihr Pitta-Dosha im Körper dauerhaft anhäufen. Das natürliche Gleichgewicht der Tri-Doshas wird gestört, erste Beschwerden machen sich bemerkbar. Wenn Sie weiterhin unvernünftig bleiben, werden Sie mit der Zeit Störungen und Krankheiten entwickeln.

Anhand der folgenden Tabelle können Sie ablesen, auf welche Reize die Tri-Doshas in Ihrem Organismus empfindlich reagieren; ab Seite 136 erfahren Sie, wie Sie Ihre Tri-Doshas im natürlichen Gleichgewicht halten können.

Vata-Dosha wird erhöht durch:

Klima	Tätigkeiten	Nahrung	Emotionen
Wind, Kälte	Sport, Sex	Bitter	Angst
Trockenheit	Harte körperliche Arbeit	Herb	Schreck
Herbst, Winter	Arbeit an klimatisierten,	Scharf	Nervosität
Wetterwechsel	kalten oder windigen Orten	Kalt	Ruhelosigkeit
Bergklima	Unrhythmisches Leben	Trocken	Kummer
	Schlafmangel	Leicht	Sorgen

Pitta-Dosha wird erhöht durch:

Klima	Tätigkeiten	Nahrung	Emotionen
Feuer	Beruflicher Stress	Sauer	Wut, Zorn
Hitze	Nachtarbeit an heißen, hellen	Scharf	Ärger
Sonne	Orten und Arbeit mit Feuer	Salzig	Neid
Sommer	und Chemikalien	Heiß	Eifersucht
Ofenwärme	Sport, Sauna, Rauchen	Ölig	Sehnsucht
Tropenklima	Alkohol		Leidenschaft

Tabelle 7:
Wodurch sich die
Tri-Doshas erhöhen

Kapha-Dosha wird erhöht durch:

Klima	Tätigkeiten	Nahrung	Emotionen
Kälte	Bewegungsmangel	Süß	Gier
Feuchtigkeit	Mangel an Sport	Salzig	Faulheit
Winter	Übermäßiger Schlaf	Sauer	Lethargie
Frühling	Übermäßiges Trinken	Kalt	Anhänglichkeit
Meeresklima	Arbeiten an kalten und	Feucht	Traurigkeit
Nebel	feuchten Orten	Schwer	Schwermut
		Ölig	Nostalgie

Die Tri-Malas: Die Vergiftung des Körpers

Tri-Malas: Giftige Pro-
dukte eines ungesunden
Lebens.

Eine ungesunde Lebensweise wird mit der Zeit Konsequenzen für
jeden Organismus haben. Wenn Sie Ihre Wohnung nicht sauber
halten, werden Ihnen irgendwann Müll und Ungeziefer das Leben
schwer machen. Ähnlich wirkt sich eine chronische Vergiftung in
Ihrem Körper aus. Im Gegensatz zur Wohnung kann sich zwar der
Körper täglich selbst reinigen, aber wenn mehr Abfall entsteht,
als beseitigt werden kann, ist die beste »Müllabfuhr« überfordert.
Die Abfallprodukte reichern sich an und drohen den Körper zu
vergiften: Er erstickt förmlich im eigenen Müll. Wenn man dann
noch die allgegenwärtigen Folgen der Umweltverschmutzung,
Dünge- und Pflanzenschutzmittel in der Nahrung, Ozonloch, sauren Regen und die globalen Klimaveränderungen hinzurechnet,
verwundert es nicht, dass das Immunsystem vieler Menschen kol-
labiert. Allergien, Asthma und andere chronische Krankheiten
sind die Folge. Wenn sich durch ungesunde Lebensweise die Tri-
Doshas im Körper immer weiter ansammeln, entstehen deren Abfallprodukte, die *Tri-Malas*. Diese sind Schleim, Galle und Blut-
schlacken sowie Gasansammlungen im Dickdarm.

Schleim: Das Tri-Mala von Kapha-Dosha

Eine erhöhte Schleimansammlung im Körper macht sich besonders im Brust- und Kopfbereich bemerkbar. Es beginnt mit einem
vermehrten morgendlichen Schleimauswurf, beispielsweise durch

Husten oder Absonderungen aus der Nase. Bei weiterer Schleimbildung verstärken sich die Probleme tagsüber und nachts. Es
kommt zum chronischen Husten und/oder zu chronischen Problemen der Nasennebenhöhlen, die immer häufiger von akuter Bronchitis oder Erkältungen unterbrochen werden. Parallel dazu greift
die erhöhte Schleimbildung auch auf den Magen über und führt
zu Appetitmangel, süßlichem Mundgeruch und träger Verdauung
mit eventueller Übelkeit und Erbrechen. Eine erhöhte Eiweiß-
ausscheidung im Urin kann ebenfalls als Zeichen von erhöhtem
Schleim hinzukommen. Wenn auch jetzt noch keine Lebensumstellung stattfindet, können schließlich ernsthafte Krankheiten
entstehen wie beispielsweise Lungenschwäche, Asthma, Lungen-
entzündung, Nierenkrankheiten, Diabetes mellitus (Zuckerkrankheit), Atemnot und Angina pectoris (Herzenge). Weitere
Komplikationen in anderen Bereichen des Körpers sind ebenfalls
zu erwarten.

Galle und Blutschlacken: Das Tri-Mala von Pitta-Dosha

Ein erhöhtes Pitta-Dosha wirkt sich zunächst auf die Verdauungsorgane aus, besonders auf die Leber. Es kommt zu einer vermehrten
Gallebildung, die sich auf den Dünndarm und auf die Blutzusam-
mensetzung auswirken. Galle ist die aggressivste Säure im Körper.
Sie führt zu brennenden Beschwerden, chronischen Durchfällen
und einer Hellfärbung des Stuhls und beginnt mit der Zeit, Dünndarm, Magen und später den Dickdarm anzugreifen, was Entzündungen und Geschwüre verursacht. Gleichzeitig kommt es durch
die überschüssige Galle zur Bildung von giftigen Schlackenstoffen
im Blut, die sich am Anfang in den Venen und später im gesamten
Blutkreislauf zeigen. Venenstauungen, Krampfadern, Venenent-
zündungen und Thrombosen (Venenverschluss) sind die Folge.
Im weiteren Verlauf können Leber- und Milzstauungen, Gelbsucht (Ikterus), Leberentzündung (Hepatitis), Magen- und Darm-
Schleimhautentzündung (Gastritis und Kolitis), Gallensteine,
Blutkrankheiten mit erhöhter Blutungsneigung, entzündliche Erkrankungen an Organen, Herz-Kreislauf-Erkrankungen und entzündliche Hautkrankheiten entstehen.

Gasansammlungen im Dickdarm:
Das Tri-Mala von Vata-Dosha

Das Tri-Mala von Vata-Dosha äußert sich zu Beginn durch Aufblähungen, Flatulenz (vermehrte Winde) und Darmkoliken und geht meist mit chronischer Verstopfung einher. Der Stuhl wird hart und trocken, der Stuhlgang kann schmerzhaft sein. Hämorrhoiden und Analfissuren entstehen und machen die Stuhlausscheidung zum Drama. Mit der Zeit entstehen chronische Schmerzzustände im Hüft- und Kreuzbereich, so etwa Ischialgie, Hexenschuss und chronische Steifheit. Wenn die Gase sich nach oben ausbreiten, kommt es zu vermehrtem Aufstoßen und Schluckauf. Oft wird dann das Herz in Mitleidenschaft gezogen. Es entstehen Herzrhythmusstörungen, Tachykardien (Beschleunigung des Herzschlages), Nervosität und Schlafstörungen. Wenn das große Ausscheidungssystem Darm seine lebensnotwendige Aufgabe nicht mehr erfüllen kann, kommt es zur chronischen Vergiftung des gesamten Körpers; daher sollte man gerade auf diesen Bereich immer wieder sein Augenmerk richten und auftauchende Probleme schnell beseitigen.

Wenn es zur Bildung von Tri-Malas kommt, ist es notwendig, therapeutisch einzugreifen, um Krankheiten zu verhindern. Stark angesammelte Abfallprodukte im Körper sollten am besten in Form einer ayurvedischen Kur unter der Leitung eines erfahrenen Therapeuten ausgeleitet werden, während eine leichte Ansammlung der Tri-Malas ambulant mit ayurvedischen Heilpflanzen kontrolliert und behoben werden kann.[45]

Resümee

Kapha, Pitta und Vata sind die biologischen Kräfte unseres Körpers. Sie existieren als:

- Feste Organe und Gewebe (Tri-Dhatus), die den Körper gesund und seine Funktionen aufrechterhalten.
- Feinstoffliche Energien (Tri-Doshas), die einerseits alle Körperfunktionen steuern, sich aber andererseits auch schnell ansammeln können und den Körper dadurch krank machen.
- Abfallstoffe (Tri-Malas), die den Körper vergiften und daher ausgeschieden werden müssen.

Jeder von uns hat es im Prinzip selbst in der Hand, ob er seinen Körper unterstützt, gesund zu bleiben, indem er eine gesunde Lebensweise gemäß seiner Konstitution lebt. An einem einfachen Beispiel sei demonstriert, wie schnell sich ein krankhafter Prozess durch eine unvernünftige Lebensweise entwickeln kann.

Beispiel:

Das erste Eis an einem heißen Sommertag kühlt den Körper und bringt ihm Frische und Feuchtigkeit. Das zweite Eis macht ihn kalt, schwer und träge; der Appetit schwindet. Das dritte Eis schließlich lässt uns frieren; Mund und Hals füllen sich mit Schleim. Müdigkeit kommt auf, und am Abend liegen wir mit Schnupfen und Halsschmerzen im Bett. Durch diese kleine Unvernunft entsteht aus einer gesunden Stärkung von Kapha-Dhatu nach dem ersten Eis ein provoziertes Kapha-Dosha nach dem zweiten Eis und zuallerletzt das Tri-Mala, das Verschleimung und Krankheit nach sich zieht. In jedem Stadium jedoch war dieselbe Kraft tätig – Kapha: zuerst gesund und aufbauend, dann erhöht und provozierend und am Ende giftig und krank machend.

Lassen wir einen alten ayurvedischen Text dieses recht komplexe Kapitel noch einmal zusammenfassen:

»Kapha, Pitta und Vata repräsentieren die fünf Elemente Erde, Wasser, Feuer, Luft und Raum. Als Tri-Dhatu erhalten sie den Körper, als Tri-Dosha verderben sie die Körpergewebe und als Tri-

Mala verstopfen und verschmutzen sie die Körperkanäle. In ihrem Dhatu-Stadium sind sie ausgeglichen und fördern Gesundheit und Immunität. In ihrem Dosha-Stadium sind sie unausgeglichen und machen den Körper anfällig für Krankheiten. Im Mala-Stadium sind sie so aggressiv, dass Heilung nur durch eine Reinigung von den Abfallprodukten möglich ist.«[46]

(Aus der Bhrat sariram)

V. DIE »NATUR« DES EINZEL- NEN: DIE KONSTITUTION (PRAKRITI)

Dieses Kapitel gehört zu den wesentlichen Grundlagen.
Es erklärt, wie der Ayurveda die einzelnen Menschentypen beschreibt.
So können Sie für sich herausfinden, welcher Konstitution Sie angehö-
ren und wie Sie Ihr Leben in Einklang mit Ihrer Natur leben können.

Warum das Wissen um die eigene Konstitution so wichtig ist

In praktisch jeder Naturheilkunde werden Menschen in so genannte Menschentypen, die Konstitutionen, eingeordnet. Diese Einteilung ist der Versuch, die Vielfalt der menschlichen Individuen in verschiedene Hauptgruppen einzuordnen, um dadurch die therapeutische Praxis zu erleichtern. Wie wir im vorherigen Kapitel festgestellt haben, ist der menschliche Organismus von einer solch unüberschaubaren Komplexität, dass man als Therapeut praktisch gezwungen ist, Vereinfachungen zu finden, die den tatsächlichen Vorgängen des Körpers möglichst nahe kommen. Man hat in vielen Naturheilkunden schon früh beobachtet, dass Menschen in Körperbau, Haar- und Augenfarbe, aber auch in psychischen Charaktermerkmalen Ähnlichkeiten aufweisen.

Wenn wir unsere Mitmenschen näher betrachten, könnten wir sie beispielsweise in drei große Gruppen einteilen:

1. Die Schlanken, die viel essen können, aber trotzdem eher zu Untergewicht neigen.
2. Die Mittelstarken, die zunehmen, wenn sie viel essen, aber auch schnell wieder abnehmen.
3. Die Kräftigen, die sprichwörtlich nur an einer Suppe riechen müssen, um zuzunehmen, und auch bei längeren Hungerkuren nur wenig abnehmen.

Diese drei Körpermerkmale sind angeboren und somit Teil unserer Konstitution. Natürlich können die Ausprägungen dieser drei Merkmale je nach Alter, Jahreszeit und Klima variieren; aber auch wenn man als Jugendlicher naturgemäß mehr Körperfett verbrennt und schlanker ist als im Alter, ist die Zugehörigkeit zu einer der drei oberen Gruppen bereits mit der Geburt festgelegt.[47]

Jeder von uns verfügt über sein eigenes persönliches Genpro-
gramm, die DNA. Unsere individuelle Mischung der Gene entsteht bei der Befruchtung der Eizelle durch das Spermium und
erhält einen Teil der Gene von der Mutter, den anderen Teil vom
Vater. Daraus entsteht eine neue DNA, die die Grundlage für den
werdenden Menschen bildet. Diese neue DNA mischt sich schein-
bar zufällig und legt fest, ob der werdende Mensch blaue oder grüne
Augen bekommt, ob er männlich oder weiblich ist, groß oder klein
wird usw. Durch diese entstehende Neukombination von Genen
ist gesichert, dass sich alle Nachkommen voneinander unterscheiden und ihren eigenen individuellen Charakter haben. Selbst ein-
eiige Zwillinge mögen sich zwar zum Verwechseln ähnlich sehen,
sind jedoch in Feinheiten voneinander verschieden und keine
identischen Klone.

Aus ayurvedischer Sicht ist die Mischung der mütterlichen
und väterlichen Gene zu einem neuen Menschen jedoch keineswegs zufällig, sondern folgt den Gesetzen der Natur. In der Natur
geschieht nichts Zufälliges: Nur weil wir Menschen mit unserem
begrenzten Verstand keinen Zusammenhang erkennen können,
heißt das nämlich noch lange nicht, dass alles Unerklärbare automatisch ein Zufall ist. Bei der Empfängnis spielen viele Faktoren
eine Rolle, die über das Aussehen, spezielle Merkmale und den
Charakter des entstehenden Menschen entscheiden. Unter welchen Umständen ein Kind gezeugt wird, hat einen großen Einfluss
auf die Konstitution eines Menschen: So wirken sich Klima, Emotionen, Tageszeit, Konstitution und momentane Verfassung der
Eltern, Ort, Mond- und Sonnenstand und schließlich die geistige
Einstellung der Eltern im Augenblick der Zeugung – zum Beispiel,
ob das Kind gewollt ist oder nicht – auf die Konstitution und somit auf die DNA des neuen Lebens aus.[48]

Die sieben Konstitutionen

Wie wir bereits wissen, setzt sich jedes Lebewesen aus den fünf Elementen Raum, Luft, Feuer, Wasser und Erde zusammen. Aus den fünf Elementen entwickeln sich die drei biologischen Lebenskräfte Vata, Pitta und Kapha. Die Konstitution wiederum wird bestimmt aus der individuellen Mischung dieser drei Körperkräfte. Man unterscheidet im Ayurveda sieben Konstitutionstypen, je nachdem, welches der Tri-Doshas das Vorherrschende ist. Es gibt die drei Grundkonstitutionen Vata, Pitta und Kapha, bei denen nur ein Dosha bestimmend ist. Bei den drei gemischten Konstitutionen Pitta-Vata, Pitta-Kapha und Vata-Kapha sind zwei Doshas gleich stark ausgeprägt, während bei der sehr seltenen siebten alle drei Doshas gleich stark vertreten sind.[49]

Zunächst seien die drei Grundkonstitutionen Vata, Pitta und Kapha erläutert, damit Sie eine Vorstellung und ein Gefühl für die drei Grundtypen bekommen. Ich habe sie bewusst etwas überzogen dargestellt, um sie klarer voneinander abzugrenzen. Da jeder von uns alle Doshas in sich trägt, werden Sie sich in allen Grundkonstitutionen zum Teil wieder finden. Ihre Konstitution ist aber diejenige, bei der die meisten Merkmale für Sie zutreffen.

1. Die Vata-Konstitution

Stellen Sie sich einen schlanken Menschen mit schwacher Muskulatur vor, dessen Knochen, Gelenke und Adern sichtbar hervortreten. Er wirkt schon in jungen Jahren älter, als er ist. Seine Haut ist trocken und wird früh faltig und welk. Er neigt zu Hauteinrissen, die Wundheilung ist nicht gut. Seine Haare sind dünn, brüchig und schütter. Die Augen eines Vata-Menschen sind dunkel und unruhig. Sein Blick ist unstet, manchmal auch ängstlich. Vata-Menschen sind unruhige und nervöse Zeitgenossen. Etwas an ihnen ist immer in Bewegung, und selbst wenn sie ruhig dasitzen, kreisen ihre Gedanken unaufhörlich weiter. Vata-Menschen sind wechselhaft. Wenn sie voller Freude und Begeisterung sind, reden sie wie ein Buch, aber nur kurze Zeit später kann die Laune wieder umschlagen, und sie sind voller Kummer und Sorgen.

Wichtige Merkmale der Vata-Konstitution:

- Schlanker Körperbau
- Trockenheit
- heisere Stimme
- Angst, Unruhe
- immer in Eile und Bewegung
- Nervosität
- Instabilität
- lernt schnell, aber vergisst es ebenso schnell
- braucht oft Veränderungen
- geringe Kraft und Ausdauer
- Schlafprobleme
- Mangel an Lebenswärme
- empfindlich gegen Wind und Kälte

Vata-Menschen sieht man ihre momentane Gemütsverfassung meistens an, denn sie können sie nur schlecht verbergen. Sind sie jedoch in ihrer körperlichen Mitte, so gehören sie zu den interessantesten, einfallsreichsten und kreativsten Menschen, die den Anschein haben, als würden sie über unerschöpflich viel Energie verfügen. Wenn es so richtig aus ihnen herausprudelt, überschlägt sich oft ihre Stimme: Sie denken so schnell, dass der Mund nicht mehr hinterherkommt. Leider können Vata-Menschen diesen energetischen Zustand nicht lange aufrechterhalten. Ihr Enthusiasmus kann genauso schnell wieder verfliegen und einem tiefen Energieloch weichen. Dann müssen sie auftanken, meistens durch viel Ruhe und Schlaf. Der Schlaf ist ohnehin ein wichtiger Verbündeter für Vata-Menschen, da er ihnen Kraft und Erholung gibt. Daher weisen Einschlafprobleme oft auf eine beginnende Vata-Störung hin. Das Denken kann einfach nicht abgestellt werden, und so liegt man oft stundenlang wach. Auch morgens erwachen Vata-Menschen frühzeitig und können nicht mehr liegen bleiben. Es gibt einfach zu viel zu tun.

Meistens wissen sie aber gar nicht, womit sie anfangen sollen. Sie beginnen mit der einen Sache, unterbrechen sie mit einer anderen und sind in Gedanken schon bei der nächsten. Am liebsten würden sie alles gleichzeitig tun, da es ihnen viel zu langsam vorangeht. Deshalb haben sie es oft eilig und erscheinen ungeschickt und hektisch. Sie lassen Teller und Tassen fallen, stoßen sich an Möbeln oder rennen von einem Zimmer ins nächste und wissen dann nicht mehr, was sie dort eigentlich tun wollten. Apropos vergessen! Ihr Gedächtnis ist wahrlich nicht das beste. Die Denkmaschine rattert unaufhörlich, aber schon nach kurzer Zeit verliert sie den Faden und hat den Gedanken von vorhin schon wieder vergessen. Vata-Menschen begreifen zwar neue Informationen sehr schnell, aber ihr Langzeitgedächtnis ist schwach. Sie sind so wechselhaft und unruhig wie der Wind.

Ihre Instabilität wird durch ihre Empfindlichkeit gegenüber äußeren Einflüssen nur noch verstärkt. Wind, Durchzug, Kälte, Trockenheit, Wetterwechsel und auch Klimaanlagen setzen ihnen schwer zu und lassen den ohnehin chronisch frierenden Vata-Typen überhaupt nicht mehr warm werden. Ihre Sensibilität führt schnell zu allerlei Beschwerden und Beeinträchtigungen. Ohnehin verlegen sich Vata-Menschen oft aufs Jammern und Leiden: Einmal zwickt es hier, dann wieder dort, und im nächsten Moment gibt wieder etwas anderes Grund zur Klage.

Die Toleranzgrenze eines Vata-Menschen ist schnell erschöpft. Ihn kann manchmal die Fliege an der Wand in den Wahnsinn treiben. Gerüche, Geräusche, emotionale Disharmonien, Hektik und Belastungen führen bei Vata-Menschen sehr schnell zu Nervosität und Gereiztheit. Ihre Schwierigkeiten, Störungen zu tolerieren, bringen sie immer wieder aus der Mitte. Wenn sie dann nicht Acht geben, geraten sie weiter ins Ungleichgewicht. Vata-Menschen müssen insbesondere auf die Einhaltung der natürlichen Rhythmen aufpassen, also zeitig schlafen gehen, die Essenszeiten einhalten, kurze Ruhepausen tagsüber einlegen, sich regelmäßig einölen und massieren lassen und sich immer wieder selbst etwas Gutes tun.

Vata-Menschen sind schnell genervt von Gerüchen, Geräuschen, Stimmungen und Hektik.

Vata-Menschen müssen mehr auf sich achten als die anderen Konstitutionen. Sie sind gezwungen, aktive Gesundheitsvorsorge zu betreiben und bei Störungen schnell Gegenmaßnahmen einzuleiten. All das ist für Vata-Menschen eine große Herausforderung. Sie lassen sich nicht gern in ein Schema pressen. Sie lieben ihre Freiheit über alles und glauben, dass es besser für sie sei, nach ihrem Rhythmus zu leben (will heißen: ohne Rhythmus). Sie wollen essen, wann und was sie wollen, und anstatt einmal eine Pause einzulegen, suchen sie schon nach der nächsten Abwechslung. Trotz ihrer Offenheit und Sensibilität können Vata-Menschen sehr dickköpfig sein. Man vergleicht im Ayurveda ihre Widerborstigkeit mit der eines Esels.

Viele Vata-Menschen scheinen ein grundsätzliches Problem mit Prinzipien und Regeln zu haben. Es fällt ihnen oft nicht schwer, einmal beschlossene Vereinbarungen kurzerhand zu brechen, wenn es ihrer Meinung nach notwendig ist. Sie sind sehr einfallsreich, wenn es darum geht, Ausreden oder Rechtfertigungen zu finden, warum sie die Dinge so tun, wie sie es für richtig halten. Man könnte sie als clever oder raffiniert beschreiben. Aber all das führt meistens zu mehr Problemen – und davon haben Vata-Menschen, wenn sie nicht aufpassen, ohnehin mehr als genug.

Freiheitsliebend, lässt sich nicht gern in ein Schema pressen.

Oft haben sie nämlich Geldsorgen, da sie das Geld gern für Ramsch vom Flohmarkt, Diskothekenbesuche, neue Kleidung,

Gibt sein Geld für Unwichtigkeiten aus.

Fernreisen oder Umzüge ausgeben. Sie sind sofort begeistert von neuen oder schönen Dingen und entscheiden oft spontan und unüberlegt. Kreditkarten sind für Vata-Menschen nicht wirklich ein Segen: Sie können damit durch ein paar leichthin geleistete Unterschriften schnell in einen Strudel von Problemen geraten. Der Wind entwickelt sich zum Sturm und bläst das wenige weg, was da ist, sodass die ohnehin schwachen Energiereserven schnell aufgebraucht sind. Vata-Menschen haben keine Substanz, von der sie zehren könnten.

Wenn sie sich nicht in den Griff bekommen, verfallen sie zusehends, körperlich wie geistig. Ängste, Nervosität oder Depressionen nehmen sie in Beschlag. Manche sehen im Medikamenten- oder Drogenmissbrauch den letzten Ausweg. Daher ist eine geistige Orientierung für Vata-Menschen sehr wichtig. Yoga, Meditation und Religion sind Themen, denen sich Vata-Menschen gern öffnen. Sie haben zwar oft nicht das Durchhaltevermögen, dabei zu bleiben, aber je mehr sie sich in diesen Disziplinen üben, umso ausgeglichener und besser werden sie sich fühlen. Der Vata-Mensch braucht als Luftmensch seine Anbindung an die Erde. Wenn er dies schafft, steht ihm seine große Kreativität zur Verfügung; zum Nutzen für sich und andere Menschen.

Empfehlungen für die Vata-Konstitution:

- Tagesrhythmus einhalten
- öfter mal entspannen
- Meditation, Yoga
- warme Nahrung
- süße, saure und salzige Nahrung
- kalte, windige und trockene Orte meiden

Vata-Menschen sollten grundsätzlich darauf achten, sich vor Wind, Kälte und Klimaanlagen zu schützen. Essen Sie heiße, kräftige Mahlzeiten und trinken Sie warme Getränke. Das wird Ihnen ebenso gut tun wie ausreichend Schlaf und Ruhe. Und das Wichtigste: Führen Sie ein rhythmisches, ausgeglichenes Leben.

Häufige gesundheitliche Probleme von Vata-Konstitutionen:
Schlaflosigkeit, Schmerzzustände aller Art, Migräne, Neuralgien, Steifheit, Muskelverspannungen, nervöse Zuckungen und Tics, Herzrhythmusstörungen, Bluthochdruck oder zu niedriger Blutdruck, Kreislaufschwäche, trockenes Asthma, Knochenkrankheiten (wie Arthritis, Osteomyelitis, Osteoporose), Rheuma, Schwäche, Auszehrung, chronisches Frieren, Nervenkrankheiten (wie Alzheimer, multiple Sklerose, Taubheit, Lähmungen), Bewegungs- und Koordinationsstörungen, Gedächtnisprobleme, nervöse Störungen, Krämpfe, Koliken, viele psychische Probleme (wie Angstzustände, Depressionen, Psychosen), Trockenheit von Haut,

Schleimhäuten, Augen und anderen Körpergeweben, Gallen- oder Nierensteine, Darm- und Blasenschwäche, Organsenkungen, Unfruchtbarkeit, vorzeitige Alterung, Blähungen und Verstopfung.

2. Die Pitta-Konstitution

Pitta-Menschen sind körperlich zwischen den schwächlichen Vata- und den kräftigen Kapha-Menschen angesiedelt. Sie können bei ungehemmter Ernährungsweise durchaus dick werden, aber ihre Fettpolster konzentrieren sich dann auf den Bauch- und Hüftbereich. Bei Pitta-Menschen fällt zunächst ihre gute Durchblutung auf. Sie fühlen sich warm an, haben einen rötlich-rosafarbenen Hautteint mit Sommersprossen und Leberflecken. Ihre Augen erscheinen oft leicht gerötet und sind sehr empfindlich gegen Licht, Sonne, Hitze und Staub. Sie haben einen durchdringenden, stechenden Blick. Die Haare sind weich und neigen frühzeitig zum Ergrauen oder fallen bei Männern gleich ganz aus.

Pitta-Menschen beeindrucken oft durch ihr Auftreten. Entweder sind sie charmant, witzig und geistreich, oder sie dominieren andere und schüchtern sie ein. Irgendwie hat man Pitta-Menschen gegenüber oft das Gefühl, dass man sich zur Wehr setzen oder klein beigeben muss, um ihrer Autorität auszuweichen. Gerade bei Kindern mit ihrem natürlicheren Verhalten kann man die naturgegebene Dominanz von Pitta-Typen gut erkennen. Sie kennen die rothaarigen, sommersprossigen, kleinen Teufelchen mit ihren frechen Antworten, die keinerlei Respekt vor Erwachsenen zeigen. Meistens sind sie die »Chefs« der Familie und bei ihren Altersgenossen. Sie sind überaus intelligent, entwickeln sich schnell und stehen gern im Vordergrund. Sie haben oft dumme Streiche im Kopf und müssen jedes neue Spielzeug in seine Einzelteile zerlegen, um genau zu wissen, wie es funktioniert. Pitta-Kinder sind von Beginn an sehr begierig, Wissen anzuhäufen. Sie verschlingen Wissen wie andere Kinder Gummibärchen. Auch die Erwachsenen brauchen ständig etwas zum Verbrennen: Essen, Trinken, Bücher, Wissen, Forschen und Entdecken sind ihre Leidenschaften.

Nicht umsonst sind sie die geborenen Wissenschaftler, Entdecker, Pioniere, aber auch Anführer, die mit ihren Visionen die Welt erobern wollen. Kampf, Leidenschaft, Sehnsucht, Eifer-

Wichtige Merkmale der Pitta-Konstitution:

- Warme Haut
- schwitzt leicht
- Sommersprossen und Leberflecken
- brennende Beschwerden
- frühes Ergrauen
- Wut, Aggression
- Macht, Autorität
- Disziplin, Stolz, Pedanterie
- Erfolg
- Wissensdurst
- Nachtmenschen
- viel Hunger und Durst
- empfindlich gegen Hitze, Licht und Sonne

Pitta-Menschen sind oft Forscher, Entdecker, Visionäre, Anführer und Helden.

sucht, Liebesdrama und Fanatismus sind die Themen, die Pitta-Menschen ihr Leben lang begleiten. Sie sind mutig, gehen keiner Auseinandersetzung oder Herausforderung aus dem Weg und glauben an sich und ihre intellektuellen Fähigkeiten. Alle großen Feldherren und Politiker hatten ein gehöriges Maß an Pitta-Kraft. Selbstzweifel, die bei Vata-Menschen selbstverständlich sind, werden bei Pitta-Typen nur in schwachen Momenten auftauchen. Sie sind sich und ihrer Sache sicher, manchmal zu sicher.

Fanatismus

Wenn Pitta-Typen von einer Idee begeistert sind, können sie schnell zum glühenden Fanatiker werden. Sie wollen ihr Ziel um jeden Preis erreichen – nach dem Motto: »Der Zweck heiligt die Mittel.« Dabei können sie sich völlig in etwas hineinsteigern und den Bezug zur Realität verlieren. Pitta-Menschen sind von Natur aus begabte Redner, aber auch verführerische Demagogen. Sie können andere mit ihrer Überzeugungskraft faszinieren und mit-reißen – auch in den Abgrund.

Pedanterie

Aber es gibt auch genügend Pitta-Menschen, die im Kleinen wirken und leben. Nicht immer äußert sich ihre Veranlagung durch Größenwahn. Im Alltag beobachtet man bei Pitta-Konstitutionen oft eine strenge Disziplin und übersteigerte Ordnung bis hin zur Pedanterie. Die Pitta-Mutter – die eigentlich Karriere machen wollte und sich jetzt als Hausfrau wieder findet – kann ganz in autoritären Regeln und Prinzipien aufgehen: Ihre Kinder müssen zum x-ten Mal ihre Zimmer aufräumen, bekommen eine Gardinenpredigt zu hören, weil die Schulaufgaben nicht ordentlich gemacht sind, und dürfen nicht mit ihren Freunden spielen, weil sie eine Drei in Mathe geschrieben haben. Strenge und Härte gegen sich und andere ist oft eine Kompensation von unerreichten Wünschen und Zielen; und die findet man bei Pitta-Menschen zuhauf.

Sie verlieren auch nicht gern und bekommen dann schon mal einen Tobsuchtsanfall. Wut, Ärger, Zorn und Eifersucht sind bei Pitta-Menschen oft zu beobachten, aber sie können sich auch schnell wieder abkühlen und sind in der Regel nicht nachtragend. Das sind im Grunde Kleinigkeiten für sie. Was zählt, ist das Wesentliche! Und somit können sich Pitta-Typen auch schnell wieder abregen und auf die eigentlich wichtigen Dinge konzentrieren: den Beruf, Zukunftspläne schmieden, Projekte entwerfen, Bücher schreiben, Sport treiben, Kreuzworträtsel lösen und natürlich – essen. Lassen Sie Pitta-Menschen ja nicht zu lange hungern: Sie werden schnell gereizt und böse und geben so lange keine Ruhe, bis sie endlich etwas zu beißen bekommen. Von einer Fastenkur für Pitta-Konstitutionen ist aus zwischenmenschlichen Gründen eher abzuraten – es sei denn, die Umwelt brächte eine Engelsgeduld und eine Extraportion Verständnis für sie auf.

Pitta-Menschen müssen dennoch öfter gebremst werden. Sie stürzen sich sonst in einen Rausch von Arbeit und Projekten, die bei ihnen auf Dauer große gesundheitliche Probleme auslösen können, da sie beginnen, förmlich auszubrennen. Eigentlich sind Pitta-Typen körperlich und emotional stabiler als Vata-Typen, aber sie überschätzen sich und ihre Kräfte gern. Sie hetzen von einem Termin zum nächsten, immer auf der Jagd nach einem guten Geschäft oder Börsentipp. Daher ärgern sie sich maßlos, wenn sie irgendwo zu spät kommen (und erst recht, wenn andere zu spät kommen und sie warten lassen), wenn sich ihnen etwas in den Weg stellt oder wenn sie versagt haben. Pitta-Menschen sind »Erfolgsjunkies« und wie Jäger, die ihre Beute erlegen müssen, sonst sind sie nicht zufrieden.

Beruflicher Erfolg und Ruhm sind wichtig.

Wenn sie nicht in ihrem Erfolgswahn gestoppt werden, meldet sich irgendwann der Körper zu Wort: Pochende Kopfschmerzen kennt er schon lange, auch ein brennender Schmerz in der Magengegend kommt immer wieder mal vor, aber seit kurzem hat er so ein Ziehen in der Herzgegend, das bis in den linken Arm hineinstrahlt. Spätestens dann wird es dringend Zeit, das Herz untersuchen zu lassen. Alle Konstitutionen können einen Herzinfarkt bekommen, aber jeder aus anderen Gründen. Pitta-Menschen bekommen den typischen Manager-Herzinfarkt: Stress, Bluthochdruck, zu viel Arbeit, zu viel und zu fettes Essen. Mit ayurvedischer Diagnostik kann man dies schon viele Jahre vorher feststellen und durch eine Lebensumstellung einen Herzinfarkt vermeiden. Das ist bei Pitta-Typen auch gut möglich, denn sind sie einmal von ihrem Therapeuten überzeugt, so folgen sie ihm und setzen seine Anweisungen um, so gut es geht (sprich: soweit es ihr Beruf zulässt). Die Herzinfarktvorsorge ist effektiv und einfach. Doch auch wenn es zum Herzinfarkt gekommen ist, hält der Ayurveda für die Nachsorge einzigartige Medikamente bereit, die denen der Schulmedizin in einigen Bereichen überlegen sind.

Empfehlungen für die
Pitta-Konstitution:

- Kühle, frische
  Atmosphäre
- Schwimmen
- abschalten vom
  Berufsalltag
- kühle Getränke
- süße, bittere und
  herbe Nahrung
- Hitze, Sonne, Feuer
  und saure Nahrung
  meiden

Pitta-Menschen sollten auf folgende Dinge grundsätzlich achten: Zu viel Sonne, Sauna, Hitze und Solarium sind für sie nicht geeignet. Achten Sie lieber auf eine kühle, frische Umgebung mit vielen Pflanzen und einem kleinen Brunnen. Alkohol, scharfe Gewürze und saure Nahrung werden Sie langsam, aber sicher um Ihre Gesundheit bringen. Wenn Sie beruflichen Stress haben, kümmern Sie sich um einen entspannenden Ausgleich. Sport beruhigt auf Dauer nicht, sondern erhöht das Pitta-Dosha weiter. Wenn Sport unbedingt sein muss, sollten Sie schwimmen oder Rad fahren, aber ohne olympische Höchstleistungen erbringen zu wollen. Gönnen Sie ihrem überdrehten Geist öfter eine Erholung, beispielsweise durch Spaziergänge oder Meditationen. Sie sollten ständiges Essen vermeiden und nicht immer überall der Beste sein wollen.

Ihre Familie hat nun schon wenig von Ihnen, nach einem Herzinfarkt – wenn Sie Pech haben – vielleicht gar nichts mehr. Setzen Sie sich bescheidenere Ziele oder suchen Sie sich eine soziale Aufgabe, die Ihnen »nur« immateriellen Gewinn einbringt, nämlich die Dankbarkeit hilfsbedürftiger Menschen und tiefe Zufriedenheit. Sie verfügen über außergewöhnliche Talente. Lassen Sie Ihre Familie und andere Menschen ruhig öfter daran teilhaben.

Häufige gesundheitliche Probleme von Pitta-Konstitutionen:
Augenprobleme, Augenbrennen, Blutkrankheiten, Venenschwäche, Entzündungen der Magen- und Darmschleimhaut (Gastritis und Kolitis), Sodbrennen, Magen- und Zwölffingerdarmgeschwüre, Leber- und Milzkrankheiten, brennende Schmerzzustände, akute Durchfälle, Hautkrankheiten (wie Schuppenflechte, Akne, Ekzeme, Ergrauen der Haare oder Haarausfall), vermehrtes Schwitzen und Nachtschweiß, Hitzewallungen, Erröten, stressbedingte Krankheiten, entzündliche und fiebrige Erkrankungen.

3. Die Kapha-Konstitution

Kapha-Menschen sind von allen drei Hauptkonstitutionen auf körperlicher wie auf emotionaler Ebene die stabilsten. Zwar nicht gerade die Mutigsten und Temperamentvollsten, sind sie doch beständig, treu und zuverlässig. Sie gehören zu den eher bescheidenen Menschen: Das bedeutet, dass sie es dank ihrer Körpermasse nicht nötig haben, laut zu werden oder einzuschüchtern. Sie wirken allein schon durch ihre dominante Erscheinung und ihre ruhige Art, mit den Dingen umzugehen. Kapha-Menschen strahlen nach außen hin Stärke und Selbstvertrauen aus, aber eigentlich sind sie von Natur aus eher schüchtern. Sie brauchen am längsten, um dem oder der Auserwählten den Hof zu machen, dafür trennen sie sich auch nie mehr.

Kapha-Typen sind vorsichtig und rennen nicht gleich jeder neuen Idee oder Modewelle hinterher. Unbekanntem begegnen sie mit Skepsis. Sie sind alles andere als spontan. Traditionen und Überlieferungen sind für sie sehr wichtig. Wenn sie jemand von einer anderen Meinung überzeugen will, dann prallt sie an ihnen einfach ab. Dank ihrer Körperfülle bringt sie ohnehin nichts so schnell aus dem Gleichgewicht. Probleme oder Widersprüchlichkeiten sitzen sie mit ihrer stoischen Dickköpfigkeit so lange aus, bis sich das Thema von selbst erledigt. Apropos: Kapha- und Vata-Menschen können beide sehr stur sein. Aber während bei Vata-Typen eher eine prinzipielle Bockigkeit dahinter steht, handelt es sich bei Kapha-Typen um eine mangelnde körperliche und geistige Flexibilität. Für sie gehen die Uhren eben langsamer. Vata-Menschen könnten zwar anders, haben aber keine Lust und fühlen sich schnell in ihrer Freiheit eingeschränkt. Kapha-Menschen würden sich vielleicht auf Neues einlassen, aber sie müssen sich erst an die neue Situation gewöhnen und darüber nachdenken, bevor sie sich in Bewegung setzen.

Kapha-Menschen sind arbeitsam, fleißig und bescheiden. Das heißt nicht, dass sie geborene Workaholics sind wie der Pitta-Typ; aber wenn ihnen etwas aufgetragen wird, dann tun sie es, auch wenn es meist ein bisschen länger dauert. Unter Stress darf man Kapha-Typen allerdings nicht setzen. Dann fangen sie schnell an zu schwitzen und zu keuchen. Sie werden griesgrämig und behar-

Wichtige Merkmale der Kapha-Konstitution:
- Feuchtkalte Haut
- schwitzt leicht
- Neigung zu Übergewicht
- fester, kräftiger Körperbau
- ruhige, nette Ausstrahlung
- phlegmatisch, faulenzt gern
- Abneigung gegen Sport
- Schwermut
- Besitzdenken bis hin zur Habgier
- Familienmensch
- gutes Langzeitgedächtnis
- empfindlich gegen feuchte Kälte

Ausdauernd, beständig und langsam

ren auf ihrem eigenen Tempo. Deshalb ist ihnen jede körperliche Anstrengung, besonders natürlich Sport, ein Gräuel. Sie hätten sowieso nur eine Chance als Gewichtheber oder Schwergewichtsboxer. Ihre Stärke ist vielmehr ihre Ausdauer: Sie sind zwar keine guten Marathonläufer, aber sie können konstant und lange arbeiten, ohne zu ermüden. In Indien bezeichnet man die hoch geschätzten Elefanten als typische Kapha-Tiere, denn sie sind gutmütig, freundlich, arbeiten ausdauernd und vergessen niemals etwas. Das Gedächtnis eines Elefanten ist sprichwörtlich phänomenal. Einen Menschen, der ihm viele Jahre vorher etwas Böses getan hat, wird er jederzeit wieder erkennen und angreifen. Ein Kapha-Mensch handelt ähnlich, nach dem Motto: »Einmal Freund – immer Freund. Einmal Feind – immer Feind.« Also verscherzen Sie es sich nicht mit einem Kapha-Typen. Er wird es Ihnen lange nachtragen.

Festhalten: Kann sich schwer von etwas trennen.

Kapha-Menschen haben gern von allem etwas mehr, denn »man gönnt sich ja sonst nichts«. Alles möchten sie an sich heranziehen und festhalten: Familie, Freunde, Geld, Besitz und Essen. Sie umgeben sich mit vielen materiellen Gütern, denn man weiß ja nie, was morgen ist. Morgen könnte sie irgendetwas unvorbereitet treffen, daher ist ihnen das Gestern doch viel lieber und sicherer. Sie schwärmen also gern von den guten alten Zeiten und wie schön ruhig und gemütlich es früher war. Auch hängen sie sehr an alten Sachen, die sie leidenschaftlich sammeln, um immer wieder in Erinnerungen zu schwelgen. Ein Kapha-Mensch leidet sehr, wenn ein Familienmitglied oder Freund stirbt oder weggeht. Er kann einfach nicht loslassen, und so trauert er oftmals ein Leben lang. Traurigkeit, Schwermut und Lethargie können ihn leicht völlig in Beschlag nehmen.

Er hat nah am Wasser (Kapha) gebaut, auch wenn man es ihm oft nicht so leicht ansieht: Kapha-Menschen haben viel Feuchtigkeit und fühlen sich feucht und kühl an. Ihre Haut ist blass, ihre Haare sind eher hell, ihre Augen oft blau. Kapha-Menschen müssen nicht dick sein, aber sie sind auf jeden Fall kräftig oder muskulös gebaut. Ihre Knochen und Gelenke sind stark, aber werden von viel Fleisch oder Gewebe gut abgedeckt. Ihr Kopf ist meistens quadratisch. Die Nase ist rund, weich und stupsig, die Ohren sind dick und fleischig, die Augen groß, strahlend und warmherzig (während Pitta-Menschen stechende, durchdringende und Vata-Menschen unruhige, kleine, oft eingesunkene Augen haben). Ihr Haar ist voll und kräftig, wie ihre Augenbrauen und Wimpern.

Kapha-Menschen sind oft religiös und tief in ihrem Glauben verwurzelt; sie engagieren sich auch gern sozial. Mitgefühl, Mitleid und Fürsorge für andere sind für sie selbstverständlich. Liebe, Demut und Hingabe fallen ihnen leicht, wenn sie eine Sache oder einen Menschen lieben. Treue, Pflichtbewusstsein und Verantwortungsgefühl sind Teil ihrer Natur. Sie können auch gut mit Widersprüchen umgehen. Der Kapha-Mensch kann irgendwie alles integrieren, und sei es auch noch so unlogisch. Er ist tolerant und geduldig. Der Vata-Typ verträgt vieles nicht, während der gutmütige Kapha-Typ viele Dinge gut ertragen kann.

Religion und soziale Aufgaben sind sehr wichtig.

Sein größtes Problem ist seine immer latent vorhandene Trägheit. Es scheint so, als warte sie nur auf den Moment, da er sich einfach nur mal kurz ausruhen möchte – und schon klebt sie an ihm wie ein zäher Kaugummi. Es fällt ihm sehr schwer, aus dieser Trägheit wieder herauszukommen. Er muss sein Leben lang dagegen ankämpfen. Zu viel Schlaf, zu wenig Bewegung, zu viel gegessen und getrunken – und schon muss er ans Fasten denken. Zum Glück fällt ihm das nicht allzu schwer, wie man generell sagen muss, dass Kapha-Menschen eigentlich gar keinen großen Appetit haben. Das Essen muss zwar pünktlich um zwölf Uhr auf dem Tisch stehen, aber große Portionen können sie nicht verschlingen. Ihre Verdauungskraft ist einfach zu schwach, da ihr Feuer wegen der vielen Feuchtigkeit im Körper nur langsam brennt. Sie lieben es zwar, in jedem Zimmer irgendetwas Essbares zu verstecken, von dem sie ab und zu naschen können, aber von der Essensmenge her können sie den Pitta-Menschen nicht das Wasser reichen.

Der Kapha-Mann liebt die Natur, Pflanzen, Kunst, Antiquitäten, schöne Autos, Häuser und eine schöne Frau, die ihm viele Kinder schenkt. Sein Sexualtrieb ist stärker als der von Pitta- oder Vata-Typen. Er legt größten Wert auf Stabilität, Harmonie und Frieden in seiner Umgebung. Dabei könnte eine unruhige Pitta-Frau ihm ruhig mal ab und zu einheizen, damit sein Stoffwechsel wieder angekurbelt wird.

Liebt schöne Dinge, Harmonie und Natur.

Empfehlungen für die Kapha-Konstitution:

- Sport, Bewegung
- warme, leichte Nahrung
- scharfe, bittere und herbe Nahrung
- süßes und schweres Essen meiden
- kalte und feuchte Orte meiden
- nicht zu lange oder tagsüber schlafen

Daraus resultieren auch seine gesundheitlichen Probleme. Er hat einfach zu viel und erstickt förmlich an seiner Masse und Trägheit. Er sollte daher regelmäßig entschlacken, scharfe Speisen essen und sich ausreichend bewegen. Dann würde ihm so manches Gebrechen erspart bleiben. Aber insgesamt muss er sich am wenigsten Sorgen um seine Gesundheit machen. Er wird nicht selten alt und kann so manche schwere Krankheit überstehen. Vorsorglich hat er ja Reserven angelegt, denn man weiß ja nie, was morgen kommt …

Häufige gesundheitliche Probleme von Kapha-Konstitutionen:
Übergewicht, Atemnot, Zuckerkrankheit (Diabetes mellitus), Gefäßverkalkung (Arteriosklerose), koronare Herzkrankheiten, Bluthochdruck, feuchtes Asthma, chronische Erkältungen, Nasennebenhöhlenprobleme oder Bronchitis, Verschleimungen im Brust-, Hals- und Kopfbereich, Stirnkopfschmerz, erhöhte Cholesterinwerte, Rheuma mit geschwollenen Gelenken, Albuminurie (Eiweiß im Urin), Nierenkrankheiten, teigige, feste Ödeme, Verfettung von Organen, Lethargie, Depressionen und träge Verdauung.

4. Die Mischkonstitutionen

Aus den drei vorangegangenen Konstitutionen bilden sich die Mischkonstitutionen – das heißt nicht nur eine, sondern zwei oder alle drei Körperkräfte sind hierbei dominant vorhanden. Die Mischkonstitutionen kommen am häufigsten vor und sind schwieriger zu behandeln als die reinen Grundkonstitutionen, da leicht beide dominierenden Körperkräfte aus dem Gleichgewicht geraten können. Wenn Sie sich bei den oben beschriebenen Konstitutionsbildern nicht eindeutig für eine Konstitution entscheiden konnten, sind Sie wahrscheinlich eine Mischkonstitution, beispielsweise eine Mischung aus Pitta und Kapha.

- Vata-Pitta-Konstitution: Vata und Pitta spielen die Hauptrolle, Kapha dagegen nur die Nebenrolle.
- Pitta-Kapha-Konstitution: Pitta und Kapha sind dominant, Vata ist nur gering vorhanden.

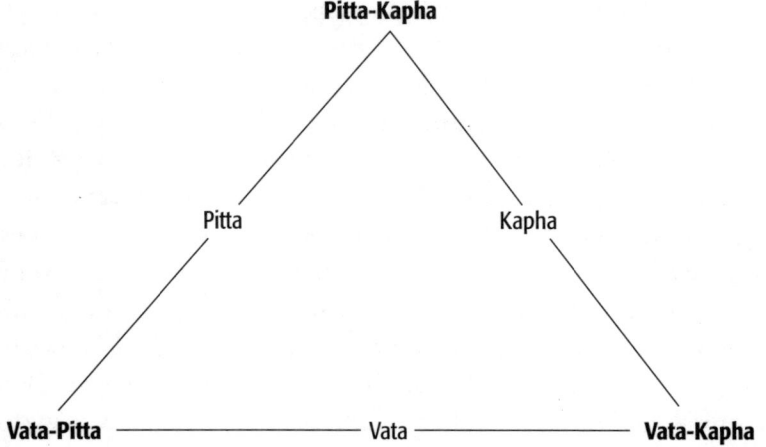

- Vata-Kapha-Konstitution: Vata und Kapha dominieren, während Pitta nur wenig ausgeprägt ist.
- Vata-Pitta-Kapha-Konstitution: Alle Doshas sind gleich verteilt. Diese wünschenswerte Kombination kommt leider so gut wie nie vor.

Anhand der vorangegangenen Erläuterungen haben Sie sich ein Bild von den Konstitutionen machen können. Vielleicht haben Sie sich in der einen oder anderen Konstitution wieder erkannt, vielleicht haben Sie auch in mehreren Typen Anteile von sich gefunden. Anhand der Tabelle am Ende dieses Kapitels (siehe Seite 128) können Sie Ihre persönliche Konstitution genauer bestimmen. Sehen Sie einfach nach, in welcher Spalte die meisten Merkmale mit Ihren Eigenschaften übereinstimmen: Der betreffende Typ entspricht am ehesten Ihrer Konstitution. Doch Vorsicht! Sie sollten nicht den Fehler machen, dieses Ergebnis als endgültig zu betrachten. Eine wirklich zuverlässige Bestimmung Ihrer Konstitution kann nur ein geschulter Ayurveda-Therapeut vornehmen, der eine jahrelange Ausbildung hinter sich hat. Für Sie kann die Konstitutionstabelle lediglich als Orientierung dienen. Mindestens genauso wichtig für Ihr tägliches Wohlbefinden ist die Checkliste Ihrer momentanen Verfassung; Sie finden sie auf Seite 202.

Die Konstitution bildet sich bereits mit der Empfängnis für die Dauer des ganzen Lebens. Im Unterschied zu vielen anderen

Naturheilkunden – und auch im Gegensatz zu vielen Fehlinterpretationen der ayurvedischen Lehre – verändert sich laut Ayurveda die Konstitution im Laufe des Lebens nicht. Sie ist eine der wenigen Konstanten in unserem Dasein. Das menschliche Aussehen wandelt sich zwar im Laufe des Lebens, seine Konstitution bleibt jedoch immer gleich. Diese Unterscheidung ist sehr wichtig. Ein Mensch, der sich in seiner Konstitution befindet, dessen körperliche und geistige Kräfte also im Gleichgewicht sind, kann nicht krank werden. Krankheit entsteht aus einem unharmonischen Zustand heraus, der weit vom natürlichen Gleichgewicht der Konstitution (Prakriti) entfernt ist. Man nennt diesen unharmonischen Zustand krankhafte Verfassung oder *Vikriti*. Mit Vikriti ist jeder Zustand außerhalb der Konstitution gemeint, der durch geeignete therapeutische Maßnahmen behandelt werden sollte.

Beispiel:

Nach einer feuchtfröhlichen Nacht wachen Sie morgens auf und haben Kopfschmerzen. Dies ist natürlich kein gesunder, harmonischer Zustand. Der Alkohol ist ein Zellgift und hat Ihre Körpersäfte durcheinander gebracht. Sie befinden sich nicht mehr in Ihrer Konstitution (Prakriti), sondern in einer gestörten Verfassung (Vikriti), einem krankhaften Zustand. Wenn Sie auf sich Acht geben, werden die Selbstheilungskräfte des Körpers das Ungleichgewicht bald wieder ausgleichen. Wenn Sie jedoch am nächsten Tag Ihre Finger wieder nicht vom Alkohol lassen können, wird sich das Ungleichgewicht weiter verschieben. Sie rutschen geradewegs in einen kranken Zustand hinein. Mit der Zeit wird Ihr Körper immer größere Schwierigkeiten haben, wieder von selbst ins Gleichgewicht zurückzukommen. Wenn er es nicht mehr schafft, befinden Sie sich in einer manifesten Vikriti, das heißt, Ihre Selbstheilungskräfte sind geschwächt, Ihre Leistungsfähigkeit lässt nach, und Ihre mentale Ausgeglichenheit schwindet. Sie werden anfällig für Krankheiten, und je nach Schwere dieser Krankheiten werden Sie sich weiter von Ihrer natürlichen Konstitution entfernen und immer tiefer in einen chronisch kranken Zustand geraten.

Ziel der ayurvedischen Behandlung ist es, die Selbstheilungskräfte so zu aktivieren, dass der Körper wieder zurück in sein natürliches Gleichgewicht findet. Dieses Hin- und Hergleiten von Prakriti in Vikriti und umgekehrt findet ständig in unserem Körper statt. Daher ist die Gesundheitsvorsorge im Ayurveda so wichtig. Jeder von uns kann kleinere Schwankungen seines natürlichen Gleichgewichts mit einfachen Maßnahmen schnell wieder ins Lot bringen – vorausgesetzt, er weiß, was und wie er es zu tun hat, um gesund zu bleiben.

Die geistige Konstitution

Auf der geistigen Ebene finden sich ebenfalls drei Grundenergien, die unsere mentalen und charakterlichen Fähigkeiten steuern. Es sind die drei universalen Eigenschaften (Gunas) Sattva, Rajas und Tamas, die bereits erwähnt wurden. Sattva, Rajas und Tamas sind die drei Wesenszüge, die jedem Lebewesen, auch Tieren und Pflanzen, zu Eigen sind. Diese drei mentalen Energien sind Teil unserer Identität und steuern unseren Antrieb, unser Verhalten, unsere Motivationen und unsere Emotionen. Die geistige Konstitution ist im Gegensatz zur körperlichen jedoch beeinflussbar und kann durch eine entsprechende Lebensweise verändert werden. Laut dem Ayurveda ist es sogar erstrebenswert, seine geistigen Fähigkeiten zu erweitern und einen ausgeglichenen, erfüllten Geisteszustand anzustreben.

Sattva: »Nicht von dieser Welt«

Sattva bedeutet Makellosigkeit und ist im Ayurveda der einzig reine Geisteszustand. Er umfasst alle Eigenschaften, die ein Mensch anstreben sollte. Ein Mensch mit hohem Sattva-Anteil ist wahrheitsliebend, mutig, friedfertig, glücklich, demütig, religiös, geduldig, sauber, ordentlich, reich und frei von Gier, Egoismus, Wut, Eifersucht, falschem Stolz und Intoleranz. Er kümmert sich um seine Mitmenschen und lebt ein erfülltes und glückliches Leben. Eine Unterhaltung mit einem Sattva-Menschen wird zu einem liebevollen, interessierten Austausch in gegenseitiger Anerkennung und Respekt. Er wird darum bemüht sein, sein Wissen weiterzugeben und nicht für sich zu behalten. Man fühlt sich von einem solchen Menschen bereichert.

Merkmale von Sattva:

- Freude, Heiterkeit
- Toleranz
- Intelligenz
- Kreativität
- Moral und Ethik
- Reinheit
- Spiritualität
- Mitgefühl
- auf den Rat anderer hören
- auf eine gesunde Lebensweise achten

Sattva-Menschen sind die Feingeister unter uns. Sie würden niemals einem Lebewesen ein Leid antun und streben nach höheren Bewusstseinssphären, in dem Versuch, ihrem Leben einen tieferen Sinn zu geben. Sie können aber auch lustig, beschwingt, gesellig und voller Freude sein. Musizieren etwa erhöht den Sattva-Anteil in Ihnen (vorausgesetzt, es ist Musik, die fröhlich, heiter und erhebend ist). Sattva-Menschen müssen also nicht unbedingt Heilige sein, die wie Yogis asketisch in ihren Höhlen hausen. Und trotzdem hat man bei ihnen das Gefühl, dass es besondere Menschen mit edlem Charakter sind. Nächstenliebe, Verzeihen und Mitgefühl sind bei ihnen besonders ausgeprägt.

Es gibt viele Tätigkeiten, die Sattva erhöhen. Neben dem Musizieren ist es das Tanzen, das Dichten, das Praktizieren von Yoga und Meditation, das Wandern in einer schönen Landschaft, die Beschäftigung mit Kunst und schönen Dingen wie Blumen, Düften (Räucherwerk, ätherische Öle), Stoffen oder Farben, soziale Arbeit, selbstloses Dienen, (nicht-fanatische) Religiosität, Heilen, Lachen und anderen eine Freude bereiten.

Auch durch unsere Ernährung können wir zur Erhöhung unseres sattvischen Anteils beitragen. Empfohlen wird vor allem frische Kost, am besten gekocht auf dem Gasofen oder über dem offenen Feuer, da dies die natürlichste Form der Zubereitung ist und die meiste Energie in der Nahrung belässt. Auch einzelne Nahrungsmittel werden als sattvisch eingestuft, beispielsweise: warme Milch (Milch sollte ohnehin immer warm getrunken werden), Ghee (geklärtes Butterschmalz), Honig (niemals erwärmen oder in heißen Tee geben) und viele Gewürze wie Kreuzkümmel, Kurkuma, Lorbeerblätter, Ingwer[50] sowie ayurvedische Heilpflanzen wie Ashwagandha, Gokshura, Shatavari, Arjuna, Brahmi, Kalmus, langer Pfeffer, Lotus und viele andere[51].

Rajas: »Immer auf der Suche«

Rajas bedeutet Veränderung und Bewegung. Unser Rajas-Anteil sorgt dafür, dass wir nach etwas streben, uns weiterbewegen und entwickeln. Ein übermäßiges Ansteigen dieser geistigen Energie führt jedoch zu übertriebenem Ehrgeiz, zu Konflikten, Neid, Konkurrenzdenken und Aggression. Ein Rajas-Typ ist meist ein unruhiger, sprunghafter Zeitgenosse. Er ist mit nichts lange zufrieden und braucht ständige Abwechslung und Anregung. Er lebt in Extremen und fühlt sich angetrieben, etwas zu tun oder zu erreichen. Eine Unterhaltung mit solchen Menschen führt meist zu sehr emotionalen Auseinandersetzungen, da der Rajas-Typ immer darauf besteht, es doch besser zu wissen. Es fällt ihm schwer, sich unterzuordnen oder zuzugeben, dass er etwas nicht weiß oder kann. Rajas-Menschen sind zwar intelligent und scharfsinnig, werden jedoch ihr Wissen nie weitergeben, wenn sie sich dadurch keine Vorteile für sich selbst versprechen. Ein Rajas-Lebensmotto heißt »Wie du mir, so ich dir«.

Sie kennen sicher Menschen, bei denen immer etwas in Bewegung ist. Entweder zappeln sie mit den Händen, wippen mit den Füßen, rutschen auf dem Stuhl herum oder rennen die ganze Zeit umher. Besonders bei Kindern kann man diese Unruhe von Rajas beobachten. Rajas scheint ohnehin die momentan dominierende Energie unserer Gesellschaft zu sein: Alles wird schneller, hektischer und kurzlebiger. Der Wettlauf um neue Trends, neue Erfindungen, neue Technologien prägt unseren Alltag. Niemand hat mehr Zeit, und Langeweile gilt als »tödlich«. Die Suche nach Ablenkung, riskante Hobbys und die Erfüllung immer neuer Wünsche und Begierden zeigt die Präsenz von Rajas.

Rajas wird besonders erhöht durch aufputschende Nahrung und Getränke: Dazu zählen säurehaltige Getränke mit weißem Zucker wie Cola oder so genannte »Energy Drinks«, Kaffee und andere koffeinhaltige Getränke, Alkohol, Fleisch (besonders rotes Fleisch), Meeresfisch. Auch Speisen mit durchdringendem, intensivem und irritierendem Geschmack, wie Kartoffelchips, Chili und Meerrettich, haben eine starke Wirkung auf Rajas. Allgemein wird das Kochen auf dem Elektroherd als Rajas erhöhend eingestuft. Aufputschende Drogen wie Amphetamine, Kokain oder LSD wirken extrem Rajas steigernd. Auch intensive Gerüche von beißenden Chemikalien (Klebstoffe, Formaldehyd, Aceton, Säuren), schrille Geräusche oder elektromagnetische Strahlen (Handy, Mikrowelle, Funkmasten) führen zu einer Erhöhung von Rajas.

Merkmale von Rajas:

- Unruhe, Hyperaktivität
- übertriebener Ehrgeiz
- Konkurrenzdenken
- Egoismus
- Streitsucht
- Übertreibungen
- Arroganz
- Grausamkeit
- gibt sein Wissen nur aus Eigennutz weiter

Tamas: »Keine Lust zu gar nichts«

Merkmale von Tamas:

- Interesselos
- lethargisch
- ängstlich
- unterwürfig
- unintelligent
- niedergeschlagen
- unmoralisch
- unsauber
- nicht religiös
- eigennützig
- nimmt den Rat anderer nicht an
- kümmert sich nicht um die eigene Gesundheit

Tamas bedeutet Passivität und Trägheit. Es hat eine bremsende Wirkung auf Rajas. Tamas ist die geistige Energie, die uns zum Beispiel abends müde werden lässt und in den Schlaf versetzt. Wenn sich der Tamas-Anteil jedoch stark erhöht, wird der Mensch faul, eigensinnig, sehr auf sich bezogen und hat nur noch die Erfüllung seiner primären Bedürfnisse im Sinn. Er widmet sich keinerlei geistigen oder höheren Zielen, ist feige, träge, uninteressiert, gierig, ungepflegt und legt oft ein abstoßendes Verhalten an den Tag. Moralisch-ethische Grundwerte sind bei ihm kaum vorhanden. Er kann sogar kriminell, pervers, grausam und skrupellos werden. Um sich Vorteile zu verschaffen, ist er bereit, alles zu tun. Tamas in Reinkultur ist einfach widerwärtig: Dies sind kranke Seelen, die sich in eine eigene Welt voller Schmutz und Chaos zurückziehen. Nicht selten enden sie in Geisteskrankheiten.

Sie können so träge werden, dass sie ihre Wohnung überhaupt nicht mehr verlassen und die Welt nur noch über das Fernsehen und den Pizza-Service wahrnehmen. Sie lesen nicht, bilden sich nicht weiter und dämmern nur noch dahin. Niemand würde sich gern mit einem Tamas-Menschen identifizieren, aber jeder von uns weiß wohl aus eigener Erfahrung, was diese Energie manchmal kurzzeitig in uns bewirkt. Gegen Faulenzen ist im Grunde nichts einzuwenden; wenn es aber zur Gewohnheit wird, hemmt es unsere Entwicklung und unsere Fähigkeiten.

Auch die Art und Weise, wie Sie sich ernähren, entscheidet über den Grad von Tamas. Mikrowellennahrung, mehrmals aufgewärmtes Essen, Tiefkühlkost, Fastfood, H-Milch, verdorbene oder alte Nahrung und das Fleisch von kranken oder nicht artgerecht gehaltenen Tieren werden Ihren Tamas-Anteil steigern – von abstumpfenden Drogen wie Haschisch, Ecstasy oder Heroin ganz zu schweigen. Auch das Verschlingen von großen Mahlzeiten und die Einnahme von gegensätzlichen Nahrungsmitteln macht schwer und träge und verstärkt Tamas. Nahrungsmittel, die Tamas ebenfalls erhöhen, sind beispielsweise Avocados, Pilze, Knoblauch, Zwiebeln, Hartkäse oder alter Käse.

Die Beziehung der mentalen Gunas zu Vata, Pitta und Kapha

Jeder von uns wird, wie gesagt, mit seiner eigenen Konstitution, sprich seiner individuellen Mischung von Vata, Pitta und Kapha, geboren. Diese drei Lebenskräfte haben neben körperlichen auch psychische Merkmale, die Ähnlichkeiten zu den mentalen Gunas aufweisen. Vata-Konstitutionen sind von Natur aus eher unruhig, wechselhaft und nervös. Sie haben daher meist einen hohen Rajas-Anteil, ebenso wie gestresste Pitta-Menschen. Bei Kapha-Konstitutionen dagegen überwiegt Ruhe, Langsamkeit und eine gewisse Schwerfälligkeit; sie haben von Natur aus meist einen höheren Tamas-Anteil. Da wir unsere geistigen Energien jedoch im Gegensatz zu den körperlichen Energien verändern können, kann jede Konstitution selbst entscheiden, welche geistigen Gunas sie verstärken und welche sie senken möchte. Die Ausgangssituation mag zwar für jeden unterschiedlich sein – so wird es einem Vata-Menschen eher schwer fallen, dauerhaft ruhig und ausgeglichen zu werden –, aber der Weg zu einem erfüllten Leben steht jedem gleichermaßen offen.

In der nachfolgenden Tabelle können Sie ablesen, wie sich die Erhöhung eines mentalen Gunas in den einzelnen Konstitutionen auswirkt. Sattva unterstützt die besonderen Fähigkeiten und Talente, über die jede Konstitution verfügt.

Konstitution	Sattva	Rajas	Tamas
Vata	Klarheit	Unruhe, Hektik	Orientierungslosigkeit
	Kreativität	Hyperaktivität	Depression, Verwirrtheit
	Enthusiasmus	Paranoia	Skrupellosigkeit
Pitta	Weisheit	Arroganz	Jähzorn, Hass
	Verständnis	Konkurrenzdenken	Eifersucht, Neid
	Demut	Machtstreben	Zerstörungswut
Kapha	Liebe	Gier	Debilität, Perversität
	Mitgefühl	übertriebene Anhänglichkeit	Depression
	Hingabe	Triebhaftigkeit	Verwahrlosung

Tabelle 8:
Die mentalen Gunas
und die Tri-Doshas

Geistige Gesundheit

Die geistigen Gunas sind also veränderbar – je nachdem, womit Sie sich beschäftigen, wie Sie leben und wie Sie sich ernähren. Jeder Mensch trägt die Verantwortung für seine Entwicklung zu einem Großteil selbst. Sie sind die Quelle Ihrer geistigen Möglichkeiten und bestimmen, ob Sie diese ausschöpfen oder nicht. Jeder von uns kann selbst dazu beitragen, sein Leben glücklicher und erfüllter zu gestalten. Folgende Punkte können Sie dabei unterstützen:

Ein schönes Umfeld

– Achten Sie darauf – ob zu Hause oder im Büro –, dass sich eine gemütliche Atmosphäre positiv auf Ihr Wohlbefinden auswirkt. Blumen und andere Pflanzen, Farben und Düfte tragen dazu ebenso bei wie wohlklingende, angenehme Musik.

Bücher, Seminare, Veranstaltungen

– Einen entscheidenden Einfluss auf Ihre geistigen Energien haben die Themen, mit denen Sie sich beschäftigen. Lassen Sie die Krimi- oder Kriegsromane mal eine Zeit lang weg und lesen Sie Bücher, die Kreativität, Inspiration und Ausgeglichenheit fördern. Vielleicht probieren Sie auch das eine oder andere Seminar in dieser Richtung aus und warten ab, wie es sich in Ihrem Leben auswirkt.

Freizeitbeschäftigung

– Wer in seiner Freizeit immer unterwegs ist, kann schwerlich ruhiger werden. Sportliche Betätigung ist in Ordnung, wenn Sie nicht Ihre Grenzen überschreiten und ab und zu eine Ruhepause einlegen. Aber Sie können Ihre kostbare Zeit auch anders nutzen. Vielleicht, indem Sie öfter mal die Stille der Natur genießen. Schauen Sie mit neuen Augen auf die kleinen Wunder unseres Planeten, indem Sie meditativ und entspannt durch den Wald spazieren oder sich einer kreativen Tätigkeit hingeben. Vielleicht tut sich eine ganz neue Welt vor Ihnen auf …

Fernsehen

– Auch beim Fernsehen entscheidet die Devise: Die Themen, mit denen Sie sich beschäftigen, werden sich in Ihrem Geist festsetzen. Wenn Sie sich öfter Horror- oder Psychofilme anschauen, brauchen Sie sich nicht zu wundern, dass Ihr Schlaf und Ihre Träume unruhig sind. Außerdem werden sich die negativen Gefühle in Ihnen erhöhen und auf Ihren Alltag auswirken.

– Alles, was Ihrem Geist Ruhe und Zufriedenheit schenkt, wird **Meditation**
Ihr Leben bereichern. Meditation bessert die Konzentrationsfähigkeit, das Selbstbewusstsein, die Fähigkeit zur Intuition
und das Vertrauen in den eigenen inneren Glauben. Meditation ist für Ihren Geist wie Urlaub vom Alltag. Alle Sorgen, Probleme und belastenden Gedanken können dadurch
erleichtert werden und lösen sich mit der Zeit sogar ganz auf.

– Erfolg im Beruf und Geld spielen in unserer Gesellschaft eine **Lebensinhalte,**
bedeutende Rolle. Viele von uns kommen jedoch irgendwann **Lebensziele**
an den Punkt, wo sie sich die Frage nach dem Warum stellen.
Die Frage nach dem Sinn des Lebens hat sehr wohl ihre Berechtigung; erlauben Sie sich deshalb schon frühzeitig, ihr
nachzugehen. Finden Sie heraus, was Ihr Herz wirklich erfüllt,
und gehen Sie diesen Tätigkeiten mit ganzer Intensität nach.
Vielleicht sind es soziale, ehrenamtliche Aufgaben oder künstlerische Inspirationen, die Sie rufen. Vertrauen Sie einfach
Ihrem Herzen. Es ist weniger wichtig, *was* Sie tun, sondern
wie.

Resümee

Die drei biologischen Körperkräfte Vata, Pitta und Kapha legen
mit der Empfängnis unsere individuelle Konstitution fest. Sie
bleibt unser ganzes Leben lang unverändert. Solange wir in unserer Konstitution sind, können wir nicht krank werden. Daher ist
es wichtig, unser Leben im Einklang mit unserer Konstitution zu
führen, das heißt unsere Anteile von Vata, Pitta und Kapha immer wieder in ihr natürliches Gleichgewicht zu bringen. Auf geistiger Ebene dagegen können wir unsere Konstitution beeinflussen.
Da im Grunde jeder Mensch ein erfülltes Leben voller Freude und
Liebe anstrebt, sollten wir die geistige Energie Sattva stärken und
durch eine ausgeglichene, friedvolle Lebensweise zum Wohle unserer Mitmenschen zum Ausdruck bringen.

Tabelle 9: Die Konstitutionen			
Merkmale	**Vata**	**Pitta**	**Kapha**
Körperbau	Dünn, schwach, schlaksig	Fein bis muskulös	Kräftig, stämmig, Fettpolster
Körpergewicht	Untergewichtig (schwankt)	Mittelschwer	Übergewichtig (konstant)
Haut	Trocken, kalt, rissig, dünn	Warm, feucht, Pigmentierungen	Hell, feucht, kalt, weich, dick
Haare	Wenig, trocken, brüchig, stumpf	Fein, weich, frühes Ergrauen, Glatze	Viel, dick, ölig, lockig
Kopf	Klein, unregelmäßig	Mittelgroß	Groß, quadratisch
Gesicht	Zerfurcht, schief, hohlwangig	Spitz, rötlich	Rund, blass, weich, volle Wangen
Augen	Unruhig, dunkel, klein, trocken	Stechend, grün, rötlich, empfindlich	Groß, freundlich, ruhig, blau, ölig
Nase	Schief, lang, gebogen, trocken	Mittel, scharfkantig, spitz	Weich, rund, Stupsnase, feucht
Lippen	Dünn, trocken, rau, rissig	Rötlich, entzündet	Dick, sinnlich, groß
Zähne	Klein, Zahnlücken, schief, Karies	Mittel, weich, leicht, Zahnfleischbluten	Groß, weiß, stark, gleichmäßig
Nägel	Brüchig, trocken	Weich, rosa	Kräftig, dick, fest
Hände	Dünn, kalt, rissig, trocken, schief	Mittel, warm, feucht	Kalt, dick, klobig, feucht
Appetit	Wechselhaft	Immer stark	Mäßig (konstant)
Verdauung	Unregelmäßig, Verstopfung, Gase	Schnell, regelmäßig, öfter am Tag	Träge, langsam, Verstopfung
Stuhl	Hart, trocken, dunkel, Gase, schmerzhaft	Weich, hell, sauer, Tendenz zu Durchfall, brennend	Weich bis fest, klebrig, schleimig
Schweiß	Spärlich, ohne Geruch	Reichlich, saurer Geruch	Kalt, süßlich bei Anstrengung
Kreislauf	Wechselhaft	Gut	Langsam
Aktivität	Schnell, hektisch, leichtsinnig	Zielgerichtet, geplant, klar	Langsam, konstant
Empfindlichkeiten	Wind, Kälte, Herbst, Trockenheit	Sonne, Hitze, Sauna, Sommer	Feuchtigkeit, Kälte, Winter, Frühling
Negative Gefühle	Angst, Sorgen, Selbstzweifel, ruhelos, nervös	Wut, Hass, Eifersucht, Arroganz, streitsüchtig	Gierig, anhänglich, sentimental, schwermütig
Stimmungen	Schwankend, übertrieben	Ärgerlich, gestresst, aufbrausend	Stabil, friedlich, freundlich, ruhig
Verstand	Schnell, flexibel, unentschlossen	Intelligent, kritisch, hinterfragend	Langsam, dumpf, unflexibel
Gedächtnis	Begreift schnell, vergisst aber wieder	Scharf, gut, verlässlich	Begreift langsam, vergisst aber nicht
Sprechweise	Schnell, hektisch, undeutlich, geschwätzig	Überzeugend, klar, dominierend	Ruhig, langsam, hält sich zurück
Träume	Albträume, unruhig, vom Fliegen und Reisen	Krieg, Gewalt, intensiv, leiden-schaftlich, wacht davon auf	Romantisch, schön, von Natur, Wasser

Zur Konstitutionstabelle:

Die Ermittlung Ihrer Konstitution ist nicht so einfach, wie es auf den ersten Blick aussehen mag. Viele von uns befinden sich nicht mehr in ihrer Konstitution (Prakriti), sondern in einem latent kränklichen Zustand (Vikriti). Sie sollten Ihre Ergebnisse daher unter Vorbehalt betrachten und keine Selbstbehandlung auf ihrer Grundlage durchführen. Für Ihre Gesundheit ist es mindestens ebenso wichtig, die tägliche Checkliste auf Seite 202 zu berücksichtigen, damit Sie Ihr tägliches Wohlbefinden immer im Auge haben.

VI. GESUNDHEIT: IM EINKLANG MIT UNSEREN ENERGIEN

Dieses Kapitel gehört zu den wesentlichen Grundlagen.
Das Thema Gesundheit spielt eine zentrale Rolle in der ayurvedischen
Medizin. Wir werden uns mit diesem Begriff eingehend auseinander
setzen, damit wir im weiteren Verlauf des Buches verstehen, wie Ge-
sundheit erreicht werden kann.

Was ist Gesundheit?

Wenn man sich die Frage »Was ist Gesundheit?« stellt, müssen viele Menschen erst einmal genauer nachdenken. Gesundheit scheint für viele von uns so selbstverständlich, dass wir es gar nicht gewohnt sind, uns darüber Gedanken zu machen. Die Antworten fallen dann meist auch unterschiedlich aus. So antworten viele: »Gesundheit ist, wenn ich keine Probleme oder Schmerzen habe!« Andere dagegen sagen: »Gesundheit ist, wenn mein Körper in Ordnung ist« oder »Wenn ich mich wohl fühle und fit bin«. Die wenigsten berücksichtigen dabei die Psyche, indem sie Gesundheit als einen glücklichen oder gar freudvollen Zustand beschreiben.

»Gesundheit ist nicht alles, aber ohne Gesundheit ist alles nichts.«

(Arthur Schopenhauer)

Es scheint, dass sich viele Menschen zunächst nicht so ganz klar darüber sind, wie sich Gesundheit genau anfühlt, und wenn dann nach einigem Überlegen doch etwas mehr Klarheit kommt, habe ich festgestellt, dass Gesundheit oft sehr oberflächlich beschrieben wird: so, als dürfe man nur nicht zu euphorisch darüber reden, sonst könnte man danach umso tiefer abstürzen, sprich krank werden. Hinter all dem steckt meiner Meinung nach die große Angst vor Krankheiten, die Angst, dass man auch selbst davon betroffen sein könnte. Ist es nicht bemerkenswert, dass uns die Definition von Krankheit – vor der wir uns doch alle im Grunde so sehr fürchten – viel leichter fällt als die Beschreibung von Gesundheit, obwohl wir genau diesen Zustand als so wünschenswert erachten?

Auch in der modernen Medizin herrscht keineswegs Einigkeit darüber, wie Gesundheit eigentlich genau aussieht. Eine häufige Antwort auf diese Frage lautet: »Gesundheit ist die Abwesenheit von Krankheit und Beschwerden.« Der Pschyrembel, das klinische Wörterbuch der Medizin, formuliert dies ähnlich: Danach »kann Gesundheit verstanden werden als das subjektive Empfinden des Fehlens körperlicher, geistiger und seelischer Störungen bzw. Veränderungen«.[52] Aber wie fühlt sich eigentlich das *Fehlen* von körperlichen, geistigen und seelischen Störungen an? Wenn jemand Sie fragen würde, warum Sie so gute Laune haben, würden Sie dann antworten: »Weil das Fehlen von Traurigkeit und Schmerz mich glücklich macht«?

Die Weltgesundheitsorganisation (WHO) ist da einen Schritt weiter. Sie beschreibt Gesundheit folgendermaßen: »Gesundheit ist der Zustand völligen körperlichen, geistigen, seelischen und sozialen Wohlbefindens.« Ausgehend von dieser positiven Definition kann man immerhin schon einmal überlegen, wie sich dieses Wohlbefinden anfühlen könnte. Aber auch hier ist der Begriff Gesundheit immer noch sehr ungenau und nicht so richtig greifbar. Stellen Sie sich einmal vor, Sie seien krank und Ihr Therapeut wüsste nicht genau, wie das Ziel Ihrer Behandlung – nämlich Ihre Gesundheit – genau aussieht. Die Situation erscheint absurd, aber ich befürchte, das ist heutzutage die Realität. Wo endet Gesundsein und wo beginnt Kranksein?

Gesundheit aus ayurvedischer Sicht

Die genaue Definition von Gesundheit ist in der ayurvedischen Medizin eines der wichtigsten Themen überhaupt. Wie sonst könnte man eine umfangreiche und effektive Gesundheitsvorsorge beschreiben, wenn dieser zentrale Begriff nicht klar und eindeutig festgelegt ist? Wir werden uns dem Thema Gesundheit in einfachen Schritten nähern, denn Ayurveda ist nicht nur eine Heilkunde für Gelehrte, sondern eine Volksheilkunde für alle Menschen. Es ist jedoch notwendig, gewisse Grundbegriffe der ayurvedischen Medizin kennen zu lernen, um zu verstehen, wie sie den menschlichen Körper und seine Abläufe beschreibt. Nur dadurch können wir ein umfassendes Verständnis über die Komplexität von Gesundheit erlangen.

Gesundheit ist ein dynamischer Zustand. Wir haben bereits die prinzipielle Funktionsweise unseres Körpers betrachtet und gesehen, dass alle Lebensabläufe eines Individuums in unzählige Regelkreise eingebettet sind, die sich gegenseitig regulieren und beeinflussen. Gesundheit resultiert aus einem Gleichgewicht dieser Regelkreise. Für die Aufrechterhaltung des Lebens ist die Har-

monie aller Kräfte im Körper notwendig. Die allgemeine ayurvedische Definition von Gesundheit lautet daher:

»Gesundheit ist das Gleichgewicht der

1. drei Körperkräfte (Vata, Pitta und Kapha)
2. sieben Körpergewebe (Dhatus)
3. drei Ausscheidungsprodukte (Stuhl, Urin, Schweiß)

in Abhängigkeit eines gut funktionierenden Verdauungsfeuers
(Agni).«

Man könnte das Gleich-
gewicht der Körper-
systeme mit dem
Zusammenspiel eines
Orchesters vergleichen.
Der Dirigent versucht
ständig jeden einzelnen
Musiker so zu leiten,
dass die perfekte Har-
monie der Töne entsteht.
Jeder Abstimmungsfeh-
ler, jeder Misston führt
sofort zur Disharmonie
und stört das ganze Kon-
zert. Der Körper arbeitet
ähnlich wie ein Dirigent,
indem er jederzeit ver-
sucht, unharmonische
Zustände auszugleichen,
um die perfekte Ord-
nung (Gesundheit) zu
erhalten.

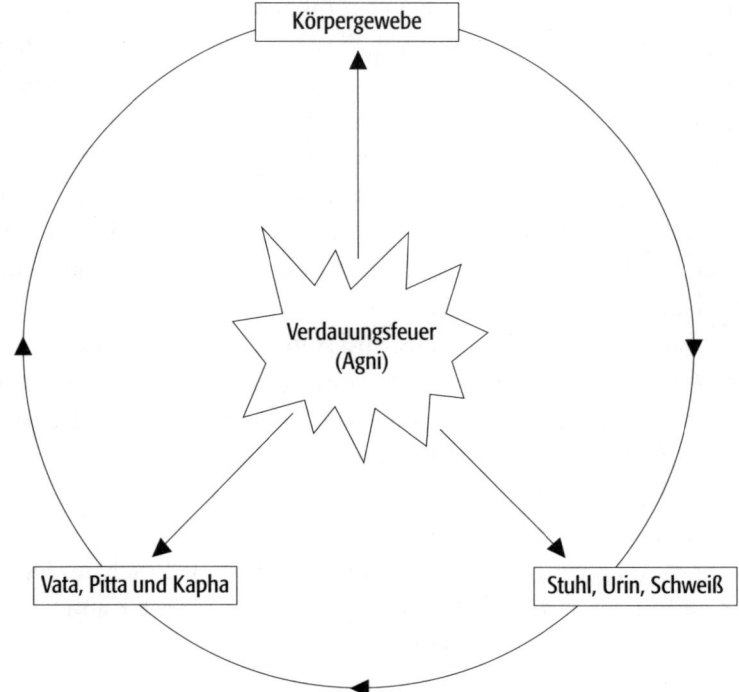

Wenn Vata, Pitta und Kapha, die sieben Körpergewebe (Dhatus)
und die Ausscheidungen miteinander im Einklang sind, ist der
Mensch gesund. Da alle drei aus der Nahrung gewonnen werden,
kann man leicht nachvollziehen, wie wichtig Ernährung und Verdauung für die Gesundheit des Organismus sind. Der entscheidende Faktor dabei ist die Funktion des Verdauungsfeuers (Agni).
Wenn dieser zentrale Bereich des Stoffwechsels nicht einwandfrei
funktioniert, kann auch keine Gesundheit entstehen.

Krankheit entsteht aus dem Ungleichgewicht von Vata, Pitta und Kapha.

Das Gleichgewicht von Vata, Pitta und Kapha

Wir haben bereits das Gleichgewicht von Vata, Pitta und Kapha erläutert. Da jede Krankheit aus dem Ungleichgewicht unserer drei Körperkräfte resultiert, ist für ein gesundes Leben die Wahrnehmung von Zeichen und Störungen unseres Organismus unverzichtbar: Nur so können wir erhöhte Körperenergien wieder ausgleichen. Vata, Pitta und Kapha haben in jedem Menschen ein konstitutionell festgelegtes Mischungsverhältnis. Solange wir uns in diesem Zustand befinden, bleiben wir gesund. Dauerhafte Veränderungen führen jedoch zu Störungen und Krankheiten. Vata, Pitta und Kapha reagieren auf alle Reize, denen der Mensch ausgesetzt ist, und verändern sich dadurch ständig. Wenn man zum Beispiel sehr heiße oder scharfe Speisen zu sich nimmt, erhöht sich Pitta-Dosha, während Kapha-Dosha sinkt. Isst der Mensch viele süße und kalte Speisen, beispielsweise Eis oder Milchshakes, so erhöht sich dagegen Kapha-Dosha, und Pitta-Dosha sinkt. Setzt sich der Mensch kaltem Wind, großer Kälte oder Klimaanlagen aus, so erhöht sich Vata-Dosha.[53]

Ein gesunder Organismus wird ständig versuchen, die drei Körperkräfte so auszubalancieren, wie es der individuellen Konstitution entspricht. Nach starken oder dauerhaften Reizen ist der Organismus jedoch oft überfordert und kann das ursprüngliche Gleichgewicht nicht mehr selbst herstellen. Kommen Fehlernährung, negative Emotionen und ungesundes Leben dazu, so ist es nur eine Frage der Zeit, wann der Organismus Beschwerden und Krankheiten entwickelt. Damit Vata, Pitta und Kapha immer wieder in ihr natürliches Gleichgewicht zurückkehren, ist es notwendig, erhöhte Körperenergien mit gegenteiligen Maßnahmen auszugleichen. Wie das möglich ist, lesen Sie ab Seite 175.

Das Gleichgewicht der sieben Körpergewebe (Dhatus)

Ayurveda beschreibt sieben anatomische Grundgewebe (Dhatus) des Körpers. In der nachfolgenden Tabelle finden Sie die sieben Körpergewebe und ihre Aufgaben:

Körpergewebe	Element	Aufgabe
1. Grundplasma (Rasa-Dhatu)	Wasser	Ernährung aller nachfolgenden Gewebe
2. Blut (Rakta-Dhatu)	Alle Elemente	Sauerstofftransport, Wärmeregelung
3. Muskeln (Mamsa-Dhatu)	Erde	Stabilität, Kraft, Bewegung
4. Fett (Meda-Dhatu)	Wasser und Erde	Schmierung
5. Knochen (Asthi-Dhatu)	Erde und Raum	Stabilität, Stütze, Körperbau
6. Knochenmark, Nerven (Majja-Dhatu)	Wasser und Erde	Physische und psychische Stabilität, Gehirntätigkeit
7. Fortpflanzungsgewebe (Shukra-Dhatu)	Wasser	Fortpflanzung, Regeneration

Tabelle 10:
Die Körpergewebe und ihre Aufgaben

Die sieben Dhatus dienen der Aufrechterhaltung der Körperfunktionen und der Stabilität des Organismus. Sie werden aus der Nahrung immer wieder neu gebildet und dürfen vom Körper nicht angegriffen oder ausgeschieden werden. Dies würde ansonsten einen Verlust der Körperreserven bedeuten, was Auszehrung und schließlich den Tod zur Folge hätte. Die Ausnahme ist der Samen des Mannes, der aus dem Shukra-Dhatu entsteht.

Der Aufbau und die Regeneration der Dhatus ist für den Organismus lebensnotwendig. Ihre Qualität ist abhängig von der Verdauungskraft und hier im Besonderen von der Funktion des Verdauungsfeuers (Agni). Störungen in diesem Bereich führen einerseits zur Bildung von minderwertigem Körpergewebe und andererseits zur Anhäufung von giftigen Stoffen (*Ama*) im Körper, die wiederum den Aufbau von neuem Körpergewebe beeinträchtigen.

Der Körper regeneriert sich und seine Körpergewebe in erster Linie durch Zellteilung. Dabei teilt sich eine alte Zelle und bringt eine neue hervor, die dann die Aufgabe der sterbenden alten Zelle übernimmt. So kommt es im Körper zu einem ständigen Absterben und Entstehen von Zellen.[54] Altern nennt man das Ungleichgewicht, bei dem mehr Zellen absterben, als junge gebildet werden. Die Körperkraft nimmt ab, die Organtätigkeiten werden schwächer, und der Organismus altert mehr und mehr, bis er irgendwann stirbt. Ayurveda versucht diesen fortschreitenden Alterungsprozess durch geeignete Lebensführung und therapeutische Maßnahmen zu verlangsamen. In keiner anderen Naturmedizin gibt es eine so umfangreiche Auswahl an verjüngenden Therapien und Heilpflanzen, die die Regenerationskraft des Körpers unterstützen.[55]

Eine große Rolle spielt dabei natürlich auch eine gesunde Lebensweise. Alle Maßnahmen in dieser Richtung (siehe auch Seite 243 ff.) müssen unter dem Aspekt der Verjüngung und Lebensverlängerung verstanden werden. Die dauerhafte Verschwendung von Körpergewebe stellt den Körper andererseits mit der Zeit vor ernsthafte Probleme. Die vorzeitige Alterung mit all ihren Konsequenzen wie Kränklichkeit, körperliche und geistige Schwäche, Gedächtnisprobleme und Vitalitätsverlust sind die Folge. Sie leben auf Kosten Ihrer Körperreserven und haben später nichts mehr, wovon Sie zehren könnten. Das wäre genauso, als würden Sie keine finanzielle Vorsorge für das Alter treffen: Wenn Sie dann später krank werden oder zu alt zum Arbeiten sind, haben Sie keine Rücklagen, die Ihnen weiterhelfen. Für die Gesundheit gilt dasselbe: Je weniger Sie Ihren Organismus belasten, umso geringer ist das Risiko einer Erkrankung. Das bedeutet jedoch nicht, dass Sie den ganzen Tag nur noch schlafen und jede körperliche und geistige Anstrengung vermeiden sollten. Jede Konstitution hat ihr eigenes Programm für eine gesunde Lebensführung. Für eine Kapha-Konstitution wäre viel Schlaf eine Belastung und viel Bewegung eine Entlastung; für eine Vata-Konstitution ist es jedoch genau umgekehrt.

Alterung ist der Prozess, bei dem mehr Zellen sterben als neue ersetzt werden können. Jeder Mensch unterliegt im Laufe seines Lebens einer natürlichen Alterung. Mit einer gesunden Lebensweise jedoch, die der Konstitution angepasst ist, kann man diesen Prozess auf das normale Maß beschränken und eine vorzeitige Alterung verhindern.

Der Zyklus der sieben Dhatus

Nun sei näher betrachtet, wie der Körper seine Gewebe aufbaut und sie gesund hält. Die sieben Dhatus werden nach jedem Verdauungsakt zeitlich hintereinander gebildet, indem von jedem Dhatu ein Teil so lange weiterbearbeitet wird, bis aus ihm das nächste Dhatu entsteht. Jedes nachfolgende Körpergewebe nimmt dabei von der Quantität her ab und von der Konzentration her zu. Jedes Dhatu wird dadurch immer feiner und spezialisiert sich auf komplexere Aufgaben. Die Zellen des Rasa-Dhatu (Grundplasma) beispielsweise dienen in erster Linie der Ernährung der Gewebe und können keine anderen spezifischen Aufgaben übernehmen. Die Nerven dagegen sind hochspezialisierte Zellen mit vielfältigen Funktionen. Ein Verlust des unspezifischen Grundplasmas kann im Notfall durch Elektrolytlösungen ersetzt werden, um die Versorgung des Körpers weiter zu gewährleisten. Ein Mangel des Majja-Dhatus (Nervengewebe und Knochenmark) dagegen führt zu ernsten, dauerhaften Beeinträchtigungen. Bis heute ist es der modernen Medizin noch nicht gelungen, Nervengewebe künstlich herzustellen und in den Körper einzupflanzen, da sein Aufbau einfach zu komplex ist.

Aus dem zerlegten Nahrungsbrei der Verdauung bildet sich schon nach wenigen Stunden das erste Körpergewebe, das *Rasa-Dhatu* (Grundplasma). Hierin befinden sich alle Nährstoffe für den Körper, die zum Aufbau aller nachfolgenden Dhatus benötigt werden. Es dauert jedoch fünf Tage, bis sich aus einem Teil von Rasa-Dhatu das nächste Gewebe bildet, das *Rakta-Dhatu* (Blut). Aus einem Teil des Blutes entsteht wiederum als Nächstes das dritte Körpergewebe, das *Mamsa-Dhatu* (Muskelgewebe). Daraus bildet sich dann das vierte Gewebe, das *Meda-Dhatu* (Fettgewebe), danach das Knochengewebe *(Asthi-Dhatu)* und aus diesem schließlich das Knochenmark und Nervengewebe *(Majja-Dhatu)*. Als letztes Körpergewebe entsteht nach 30 Tagen das Fortpflanzungsgewebe *(Shukra-Dhatu)*. Das heißt, dass das, was Sie heute essen, erst in 30 Tagen in ihr Shukra-Dhatu gelangt.

Der Aufbau der Körpergewebe ist damit jedoch noch nicht ganz abgeschlossen. Als letzte Substanz aus dem Shukra-Dhatu entsteht eine feinstoffliche Essenz, die Ojas genannt wird. Diese vitale Lebensenergie durchläuft – wie wir später sehen werden – den gesamten Organismus noch einmal und erneuert ihn auf einer feinstofflichen Ebene. Der Zyklus der sieben Dhatus lässt sich also als Vorgang der Umwandlung und Weiterentwicklung beschreiben. Alle Prozesse der Umwandlung im Körper sind wiederum Ausdruck des Elementes Feuer und des Feuer-Prinzips; Agni ist der Repräsentant dieses Feuer-Prinzips im Körper. Nur durch die Kraft von Agni ist es dem Organismus möglich, Nahrung in Körpergewebe umzuwandeln und sie danach immer weiter zu spezialisieren. Somit ist der Zyklus der sieben Dhatus direkt von der Qualität unserer Verdauungsleistung abhängig.

Die einzelnen Körpergewebe und ihre Funktionen

Rasa-Dhatu: Vitalität und Lebensfreude.

Das Grundplasma: Rasa-Dhatu
Die Qualität von Rasa-Dhatu ist abhängig von

1. der Verdauungstätigkeit, im Besonderen der Funktion des Verdauungsfeuers Agni
2. der Qualität der Nahrung und der Nahrungsaufnahme[56]
3. der Atmung, das heißt, wie frei der Atem durch den Körper fließt und die Zellen mit der Lebensenergie (Prana) versorgt[57]

Ein gesundes Rasa-Dhatu hat den gleichen erfrischenden Effekt auf unsere Körperzellen wie kühles Quellwasser an einem heißen Sommertag.

Rasa-Dhatu ist das erste Körpergewebe, das aus der Verdauung entsteht, und das nährende Grundplasma des Körpers, aus dem alle anderen nachfolgenden Dhatus entstehen. In der ayurvedischen Heilkunde wird es als klare, kühle, leichte Flüssigkeit beschrieben. In der modernen Medizin kann man es mit der Lymphe und dem Plasmaanteil des Blutes (Blutserum) vergleichen.[58] Wenn Rasa-Dhatu optimal gebildet wird, hält es die gesamte Energie der Nahrung für uns bereit. All das Gute für unsere Gesundheit, das uns Werbung und Forschung über Vitamine, Spurenelemente, Vollkornprodukte oder rechtsdrehende Milchsäure versprechen, findet sich letztlich hier im Rasa-Dhatu wieder – oder es ist für den Organismus nutzlos. Die beste Ernährung hilft nämlich wenig, wenn der Körper sie nicht verwerten kann, das heißt die Verdauung in all ihren Einzelaspekten nicht bestens funktioniert.

Wenn es zu Störungen in der Verdauung kommt, bildet sich anstelle von gesundem Rasa-Dhatu eine schädliche Substanz, Ama genannt. Dieses Ama hat kalte, klebrige Eigenschaften und verstopft die Versorgungskanäle (*Shrotas*) des Körpers. Je schlechter die Verdauung, desto höher der Anteil von Ama und desto minderwertiger die Qualität von Rasa-Dhatu. Alle nachfolgenden Dhatus sind dadurch ebenfalls betroffen: Sie können dann nur unzureichend gebildet werden. Die Folge ist ein gestörter Gewebezyklus, aus dem mit der Zeit Beschwerden und Krankheiten entstehen.

Auf psychischer Ebene bewirkt ein reines Rasa-Dhatu das Gefühl von Lebensfreude, Glück und Fülle. Stellen Sie sich ein glückliches, wohlgenährtes Baby vor, das vor Freude strahlt. Dieses Strahlen bewirkt ein gesundes Rasa-Dhatu – nicht nur um den Mund, sondern im ganzen Gesicht und auf der ganzen Haut. Der Glanz eines Menschen ist ein wesentlicher Indikator für seine Gesundheit und für ein gesundes Rasa-Dhatu. Als Untergewebe aus Rasa-Dhatu entstehen Muttermilch und Menstrualflüssigkeit sowie als »Abfallprodukt« das Kapha-Dosha. Mit Abfallprodukt ist gemeint, dass bei jedem Umwandlungsprozess eines Dhatus ein gewisser Teil übrig bleibt, der nicht weiter bearbeitet werden kann.

Das Blutgewebe: Rakta-Dhatu

Das Rakta-Dhatu ist der rote Anteil des Blutes. Blut wird seit jeher in der Naturheilkunde gleichgesetzt mit Lebenskraft. Es ist der Träger des lebensnotwendigen Sauerstoffs, der in alle Zellen des Körpers eindringt und die Zellvorgänge aktiviert. Blut reguliert auch das Immunsystem und sorgt für eine wohlige Temperatur im Körper. Auf psychischer Ebene steht Blut für Leidenschaft, Liebe und Aggression – nicht umsonst ist Rakta-Dhatu eng mit Pitta-Dosha gekoppelt. Ein Mensch mit gutem Rakta-Dhatu strahlt vor Lebensenergie, Kraft und Selbstvertrauen. Als Untergewebe entstehen hieraus Blutgefäße und Muskelsehnen sowie als Abfallprodukt das Pitta-Dosha.

Rakta-Dhatu: Lebenskraft und Leidenschaft.

Das Muskelgewebe: Mamsa-Dhatu

Die Muskeln verleihen dem Körper Festigkeit, Kraft und Form. Ohne Muskeln gäbe es keinen Zusammenhalt der Körperteile. Sie beinhalten als Element viel Erde mit ihrer verbindenden, aufbau-

Mamsa-Dhatu: Kraft, Ausdauer, Flexibilität und Integration.

enden Kraft. Eine wichtige Aufgabe des Muskelgewebes ist die Versorgung und Bildung der Haut. Minderwertiges Mamsa-Dhatu zum Beispiel führt zu trockener, faltiger Haut. Wenn man jedoch über ein gutes Mamsa-Dhatu verfügt, wirkt sich dies in Kraft, Ausdauer, Flexibilität und Selbstbewusstein aus. Als Untergewebe werden hier die Haut (besonders die unteren Schichten), die Bänder und Sehnen sowie als Abfallstoff das Ohrenschmalz gebildet.

Das Fettgewebe: Meda-Dhatu

Meda-Dhatu: Schmierung und Ölung für den Körper.

Das Fettgewebe erscheint vielen Menschen in unserer Gesellschaft als unnötiges Übel. Viele würden gern weniger davon haben, wohl weil sie sich der immens wichtigen Aufgabe des Fettgewebes nicht bewusst sind: denn ohne Fett keine Feuchtigkeit und Schmierung im Körper. Alle Gelenke, aber auch die serösen Häute wie Herzbeutel oder Lungenfell würden ohne die ölende Wirkung des Fettgewebes entsetzlich knirschen und schmerzen und bald den Dienst versagen. Allerdings führt ein Zuviel an Fettgewebe, sprich Übergewicht ebenfalls zu Störungen im Körper. Daher sollte man darauf achten, das Fettgewebe weder zu sehr ansteigen zu lassen, noch radikal wegzuhungern.

Meda-Dhatu sorgt darüber hinaus für eine weiche, angenehme Stimme und verleiht das Gefühl von Glück, Zufriedenheit und Sicherheit. Viele Menschen kompensieren daher durch eine Gewichtszunahme Gefühle der Einsamkeit und des Ungeliebtseins. Fett besteht in erster Linie aus dem Wasserelement und etwas weniger aus Erde. Durch viel Trinken wird das Fettgewebe erhöht und führt zu feuchten Ansammlungen im Gewebe (Ödeme). Besonders kalte und süße Getränke haben eine starke Wirkung auf Meda-Dhatu. Als Untergewebe entstehen hier das Unterhautfett, Gelenkflüssigkeit und als Abfallstoff der Schweiß.

Das Knochengewebe: Asthi-Dhatu

Asthi-Dhatu: Körperliche und geistige Stabilität und Stärke.

Das Skelett steht für Form, Stabilität und Halt, aber auch für Flexibilität. Das Knochengewebe ist das einzige Dhatu, das von Vata dominiert wird, da es viel von dem Element Raum enthält. Viele Vata-Krankheiten setzen sich in den Knochen fest. Daraus entstehen beispielsweise Arthritis, Osteoporose und Osteomyelitis. Bei einem guten Asthi-Dhatu verfügt man über Sicherheit, Stabilität und Stehvermögen. Als Untergewebe werden Zähne und als Abfallstoffe Haare und Nägel gebildet.

Das Knochenmark und Nervengewebe: Majja-Dhatu

Dieses komplexe Gewebe besteht aus den Elementen Erde und Wasser. Es verleiht ebenfalls Stabilität und füllt die Hohlräume der langen Knochen sowie des Schädels und der Wirbelsäule. Die Rückbildung von Knochenmark und Nervengewebe geht immer mit einem erhöhten Vata-Dosha einher. Daraus entstehen ernste Nervenkrankheiten wie beispielsweise multiple Sklerose, Parkinson oder Alzheimer, die mit starken Einschränkungen für den Betroffenen verbunden sind. Auf geistiger Ebene führen sie oft zu Angst, Sorge und Unsicherheit. Ein Mensch mit gutem Majja-Dhatu dagegen erscheint ruhig, stabil und erfüllt. Als Untergewebe entsteht hier das Kammerwasser der Augen und als Abfallprodukt die Tränenflüssigkeit.

Majja-Dhatu: Ruhe und Erfülltsein.

Das Fortpflanzungsgewebe: Shukra-Dhatu

Das Fortpflanzungsgewebe ist das letzte und konzentrierteste Gewebe. Dazu zählen nicht nur die Fortpflanzungsorgane von Mann und Frau, sondern auch das Sperma. Das Shukra-Dhatu übernimmt nicht nur die Aufgabe der Fortpflanzung, sondern auch die allgemeine Regeneration des Körpers. Es steht somit für Verjüngung und Heilung. Ein kräftiges Shukra-Dhatu sorgt für ein gutes Immunsystem und für Stärke und Kraft des Körpers. Psychisch steht Shukra-Dhatu für Standfestigkeit, Mitgefühl und Liebe. Als Untergewebe wird hier die feinstoffliche Essenz Ojas und als Abfallstoff das Smegma gebildet, womit alle Absonderungen der Genitalien gemeint sind.

Shukra-Dhatu: Fortpflanzung und Regeneration.

Die vitale Essenz der Dhatus: Ojas

Nachdem alle Gewebe ernährt und erneuert wurden, bleibt eine energetische Essenz übrig, die Ojas genannt wird. Ojas bedeutet im Sanskrit »Lebenssaft« oder »Lebenskraft« und wird als klare, neutrale Flüssigkeit beschrieben, die die eigentliche vitale Energie des Menschen ist. Ojas kommt nur in äußerst geringen Spuren im Körper vor. Es erfrischt und regeneriert ihn auf einer feinstofflichen Ebene, reguliert alle Lebensvorgänge im Organismus und

»Ojas ist die Essenz der Körpergewebe, so wie der Honig die Essenz der Früchte und Blüten ist, die die Bienen sammeln.« (Caraka-Samhita, Sutrasthana, Kapitel 30, Vers 7)

ist für die Abwehrkraft des Menschen verantwortlich. Der Sitz von Ojas ist das Herz. Von hier aus durchströmt es den gesamten Körper über spezielle Kanäle.[59]

Ojas ist die Energie, durch die Leben entsteht. Bei der Befruchtung der Eizelle durch die Spermazelle ist Ojas dafür verantwortlich, ob die beiden Zellen verschmelzen und neues Leben entsteht. Ojas ist auch die Energie, die das Herz des Embryos am 22. Tag nach der Empfängnis von selbst schlagen lässt. Ohne Ojas stirbt der Mensch augenblicklich, auch wenn alle anderen Teile des Körpers noch funktionieren würden. Im geistigen Bereich steht es für Liebe, Mitgefühl, Frieden, Kreativität, Glückseligkeit. Ojas lässt sich besonders am Glanz der Augen und Wangen feststellen.

Tabelle 11:
Die Körpergewebe und
ihre Nebenprodukte

Körpergewebe (Dhatu)	Untergewebe (Sub-Dhatu)	Abfallprodukte
1. Grundplasma	Muttermilch, Menstrualblut	Kapha
2. Blut	Blutgefäße, Muskelsehnen	Pitta
3. Muskeln	Haut, Bänder	Ohrenschmalz
4. Fett	Unterhautfettgewebe, Gelenkflüssigkeit	Schweiß
5. Knochen	Zähne	Haare Nägel
6. Knochenmark, Nervengewebe	Kammerwasser der Augen	Tränen
7. Fortpflanzungsgewebe	Ojas	Smegma

Das Gleichgewicht der drei Ausscheidungsprodukte (Malas)

Die Entgiftung des Organismus ist eine wichtige Voraussetzung für die Gesundheit. Alle Stoffe, die vom Körper nicht weiterverarbeitet werden können, müssen ausgeschieden werden. Die drei großen Ausscheidungsorgane sind der Darm (Stuhl), die Nieren (Urin) und die Haut (Schweiß). Daneben gibt es noch weitere Arten der Entgiftung in Form von Absonderungen über Augen, Nase, Mund, Ohren und den Genitalbereich. Sie sind jedoch sekundär und spielen hier keine Rolle.

Für eine gesunde Lebensweise ist es unerlässlich, täglich auf die drei Hauptausscheidungsprodukte zu achten: Zeitpunkt, Art, Menge, Aussehen, Geruch und andere Kriterien entscheiden über die Qualität der Ausscheidungen und geben Hinweise auf etwaige Störungen im Organismus. Dabei müssen jedoch auch konstitutionelle Unterschiede beachtet werden, da jede Konstitution von Natur aus verschiedene Merkmale von Stuhl, Urin und Schweiß aufweist (siehe dazu die tägliche Checkliste auf Seite 202).

Der Stuhl

Bei einem gesunden Menschen sollte der Stuhl ein- bis zweimal am Tag, nämlich morgens direkt nach dem Aufstehen und eventuell noch einmal abends ohne Schmerzen oder starkes Pressen ausgeschieden werden. Dabei gilt: Je mehr Toilettenpapier Sie brauchen, umso unvollständiger fand vorher Ihre Verdauung statt. Wichtig ist, dass Sie sich danach vollständig entleert und erleichtert fühlen. Der Stuhl sollte gut geformt sein, also nicht zu weich oder zu hart, und keinen intensiven Geruch haben oder klebrige Spuren nach dem Spülen hinterlassen.

Wenn der Stuhl sich öfter verändert – je nachdem, was Sie gegessen haben –, so ist dies keineswegs normal, sondern ein Zeichen für mangelhafte Verdauung. Auch ein häufigeres Entleeren als ein- bis zweimal am Tag spricht nicht für eine besonders gute, sondern für eine gestörte Verdauung. Man sollte immer vor dem Essen Stuhlgang haben, nicht nach dem Essen. Des Weiteren spielt die Farbe des Stuhls eine wichtige Rolle für die Diagnostik. Wenn sich zum Beispiel Blut und unverdaute Nahrung im Stuhl befinden, sind das wichtige Zeichen für den Therapeuten.

Der Urin

Der Urin ist abhängig von der Trinkmenge. Je mehr Sie trinken, umso reichlicher und blasser wird der Urin. Wichtig ist das Verhältnis von Trink- und Urinmenge. Wenn Sie am Tag eineinhalb Liter Flüssigkeit zu sich nehmen, dann sollten Sie – je nach Jahreszeit und körperlicher Betätigung – etwa einen Liter wieder als Urin ausscheiden. Wenn es mehr ist, kommt es zu Austrocknungs-

Wenn Sie wenig trinken, aber oft auf die Toilette müssen, oder umgekehrt, ist das ein Zeichen für eine Störung.

zeichen im Körper; wenn es weniger ist, zu Wasseransammlungen (Ödeme). Sie erkennen ein Ungleichgewicht daran, dass Sie unverhältnismäßig oft Wasser lassen müssen, obwohl Sie nicht viel trinken, und umgekehrt.

Moderne Mediziner empfehlen meist, dass man mindestens zwei bis drei Liter Flüssigkeit pro Tag trinken sollte, um den Körper von Giftstoffen zu reinigen. Ayurveda sieht das etwas differenzierter. Es mag Umstände geben, zum Beispiel bei alten oder hart arbeitenden Menschen, in denen die Trinkmenge erhöht werden muss. Doch, so überraschend es auch klingt, für den »Normalbürger« ist eine Trinkmenge von einem Liter absolut ausreichend!

Aus ayurvedischer Sichtweise gibt es nämlich einige Gründe, warum eine erhöhte Trinkmenge keine positiven Auswirkungen auf den Organismus hat. Durch viel Trinken erhöht sich zunächst einmal Kapha-Dosha. Somit ist viel Trinken für Kapha-Konstitutionen auf jeden Fall kontraproduktiv. Es erhöht auch das Fettgewebe insgesamt und den wässrigen Anteil der anderen Körpergewebe. Weiches, schwammiges Gewebe sowie ungesunde Ansammlungen von Wasser (Ödeme) sind die Folge. Eine hohe Flüssigkeitsaufnahme mindert auch das Verdauungsfeuer Agni und somit die Verdauungskraft. Die Nahrung wird nicht mehr richtig verbrannt, Giftstoffe (Ama) entstehen, und die Umwandlung der Dhatus wird gestört. Die Qualität der einzelnen Dhatus nimmt somit ab, auf Kosten einer ungesunden Quantität, da die Körpergewebe regelrecht »verwässert« werden (bedenken Sie, dass die Umwandlung von einem Dhatu zum nächsten mit Hilfe des Feuer-Prinzips vonstatten geht, das jedoch durch viel Trinken »gelöscht« wird).

Die Niere ist kein schmutziger Lappen, den man mit viel Wasser auswringen muss, sondern ein hochsensibles Organ, das Schaden nimmt, wenn man es zu vermehrter Arbeit zwingt.

Durch zu viel Flüssigkeit werden die Nieren zu verstärkter Arbeit angeregt. Dies erscheint vielleicht zunächst positiv, hat aber in der Praxis einige schwerwiegende Nachteile. Die Nieren haben schon im Normalzustand einen ungeheuren Arbeitsaufwand zu bewältigen. Sie machen zwar nur 0,5 Prozent des Gesamtkörpergewichts aus, ihr Anteil an der Gesamtdurchblutung beträgt jedoch in körperlicher Ruhe 23 Prozent; auch ist ihr Energieverbrauch so hoch, dass 13 Prozent der Gesamtkörperenergie in Ruhe nur für die Arbeit der Nieren benötigt wird.[60] Alle fünf Minuten läuft das gesamte Blut einmal durch die Nieren (etwa 300-mal am

Tag) und wird von ihnen gereinigt. Die Nieren gehören zu den empfindlichsten Organen. Wenn Sie Kummer oder Sorgen haben, geht Ihnen das »an die Nieren«. Einen Schock, der meistens mit einem rapiden Abfall des Blutdrucks einhergeht, vergisst die Niere ein Leben lang nicht. Meistens kann man die Schäden erst Jahre später feststellen und eine Nierenfunktionsschwäche nachweisen.

Wir haben es hier also mit einem sehr komplexen Organ zu tun, dem vermehrtes Trinken nicht bei der Arbeit hilft, sondern es stört! Die Niere ist bei der Ausscheidung von Giftstoffen auch auf andere Organe angewiesen, besonders auf die Leber. Die Naturheilkunde weiß, dass die Leber Giftstoffe »harnfähig« macht. Vermehrtes Trinken verdünnt vielleicht den Urin, aber es führt nicht zu einer vermehrten Ausscheidung von Giftstoffen. Hinzu kommt, dass sich – wie bereits erwähnt – durch das Löschen des Verdauungsfeuers ohnehin mehr Giftstoffe im Körper bilden als vorher. Vermehrtes Trinken führt auch nicht unbedingt zu einer Befeuchtung trockener Körpergewebe. Wenn Sie Ihre Lippen ständig mit Wasser befeuchten, werden sie immer trockener und nach dem Baden fühlt sich die Haut ebenfalls ausgetrocknet an. Eine sinnvolle Befeuchtung für den Körper kann nur mit ölenden Maßnahmen wie entsprechender Ernährung und Ölanwendungen erreicht werden.

Der Schweiß

Der Schweiß ist in unserer heutigen Gesellschaft eher ein unangenehmes Thema. Schwitzen wird oft als peinlich empfunden, und eine ganze Armada von Deodorants versucht mit immer ausgefeilteren Methoden, Anblick und Geruch schwitzender Menschen zu beseitigen. Die Schweißbildung ist – neben konstitutionellen Faktoren – von der Trinkmenge, aber auch vom Körpergewicht und von nervlichen Zuständen abhängig. Im Ayurveda ist es ein Zusammenspiel von Kapha- und Pitta-Dosha. Vermehrtes Schwitzen ist zwar kein natürlicher Zustand, sollte aber auch nicht durch Deodorants unterdrückt werden. Auch hier muss man der Ursache nachgehen. Schweiß mit starkem Geruch ist zudem ein Hinweis auf Giftstoffe im Organismus, die auf diesem Weg den Körper verlassen.

Schweiß ist ein natürliches Ausscheidungsprodukt des Körpers und sollte nicht unterdrückt werden. Besonders die handelsüblichen Deodorants sollten Sie meiden. Fast alle enthalten Aluminium, das vom Körper aufgenommen wird und Überempfindlichkeiten wie Vergiftungserscheinungen hervorrufen kann. Über Naturkosmetik- und Bioläden können Sie gute Alternativen beziehen.

Das Verdauungsfeuer (Agni)

Die Verdauung ist Dreh- und Angelpunkt der körperlichen Gesundheit. Eine schlechte Nahrungsverwertung wirkt sich auf alle wichtigen Systeme des menschlichen Körpers negativ aus: Vata, Pitta und Kapha, die sieben Dhatus und die Ausscheidungen geraten dann aus dem Gleichgewicht und bereiten den Boden für Krankheiten und Störungen. Um Ihnen einen Eindruck von der Bedeutung einer gesunden Verdauung zu geben, beschäftigen Sie sich doch einmal mit der – buchstäblich – banalen Frage: Wie schafft es der Körper eigentlich, aus einer soeben gegessenen Banane eine Muskelzelle zu bilden?

Eine Banane ist eine Banane und keine Muskelzelle. Sie essen die Banane und schlucken sie, aber was passiert dann? Als Banane kann der Körper sie nicht einfach ins Muskelgewebe transportieren und darauf warten, dass daraus irgendwann Muskelzellen entstehen. Er muss also die Banane auf eine bestimmte Art und Weise umwandeln, bevor sie nutzbar gemacht werden kann. Diese Umwandlung von der Banane zur Muskelzelle bezeichnet man als Verdauung. Verdauung ist der Verarbeitungsprozess, der ein Nahrungsmittel so verändert, dass es dem Körper ähnlich genug wird, um es verwerten zu können. Der Verdauungsprozess verläuft ganz allgemein in drei großen Abschnitten:

1. der Phase des Ähnlich-Machens (Assimilation)
2. der Phase der Energiegewinnung und Umsetzung in Körpergewebe (Dissimilation)
3. der Ausscheidung der übrig gebliebenen Abfallstoffe (Elimination)

Jedes Nahrungsmittel wird im Verdauungstrakt so zerkleinert und verändert, dass am Ende nur noch drei Hauptbestandteile übrig bleiben: Kohlehydrate, Fette und Eiweiße. Erst dann ist es dem Körper ähnlich und kann verwertet werden. Das Zerlegen der Nahrung erfolgt in erster Linie im Verlauf eines Verbrennungsvorgangs und wird vom Feuer-Prinzip gesteuert. In jeder Naturheilkunde spricht man daher von einem »Verdauungsfeuer«, das in der ayurvedischen Medizin Agni genannt wird. Es ist heiß, trocken, leicht, scharf und durchdringend.

Agni ist von Natur aus bei jedem Menschen unterschiedlich stark entwickelt. Es ist abhängig von der Konstitution (Prakriti) und der momentanen Verfassung (Vikriti). Bei der Kapha-Konstitution spricht man von einem von Natur aus schwachen Agni (*Manda-Agni*), bei der Pitta-Konstitution von einem naturgemäß starken Agni (*Tiksha-Agni*) und bei der Vata-Konstitution von einem labilen, wechselhaften Agni (*Vishama-Agni*). Der beste oder harmonischste Zustand von Agni heißt *Sama-Agni*; er besteht, wenn Vata, Pitta und Kapha im konstitutionellen Gleichgewicht und Appetit und Verdauung regelmäßig und ausgeglichen sind.

Ein wichtiges Ziel jeder ayurvedischen Behandlung ist daher das Erreichen von Sama-Agni. Dabei haben Pitta-Konstitutionen mit ihrem starken Verdauungsfeuer die besten Voraussetzungen, während bei Vata-Konstitutionen die Stabilität und bei Kapha-Konstitutionen die Stärkung von Agni unterstützt werden muss. Wie gut Agni funktioniert, ist jedoch in erster Linie von unserer Lebensweise und Ernährung abhängig. Somit steuert jeder Mensch selbst, ob seine Verdauung gut oder schlecht ist.

Agni unterliegt gewissen natürlichen Schwankungen – ähnlich wie Vata, Pitta und Kapha. So ist Agni am Mittag am stärksten, während es morgens und abends nur schwach ausgeprägt ist. Im Winter zeigt sich Agni stark, im Sommer schwach. Eine gesunde Ernährung muss daher auf diese Rhythmen eingehen – was bedeutet, dass man in den schwachen Zeiten besser leichte Kost zu sich nimmt und die kräftigen Mahlzeiten zu den starken Zeiten von Agni.[61]

Agni ist am stärksten am Mittag und im Winter, während es morgens und abends sowie im Sommer naturgemäß schwach ist.

Der Ablauf der Verdauung

Der gesamte Verdauungsvorgang läuft auf drei verschiedenen Ebenen ab:

1. Zentrale Verdauung im Magen-Darm-Trakt
2. Verdauung der Elemente in der Leber
3. Verdauung und Weiterentwicklung der Dhatus in den Körpergeweben

In jeder Ebene ist – wie wir später noch näher sehen werden – ein eigenes, spezifisches Agni für die Verdauung zuständig. Die zent-

rale Verdauung im Magen-Darm-Trakt ist der erste Verdauungsvorgang: Die Nahrung wird dabei von den Verdauungssäften des
zentralen Agnis (Jathar-Agni) in seine kleinsten Bestandteile zerlegt. Diese werden dann zur Umwandlung und Energiegewinnung
in die Leber weitertransportiert, wo sie in die fünf Elemente geteilt
und für den Körperaufbau genutzt werden. Der dritte Teil der
Verdauung findet in den Körpergeweben selbst statt, wie wir am
Zyklus der Dhatus bereits gesehen haben.

1. Die zentrale Verdauung im Magen-Darm-Trakt:

Die zentrale Verdauung im Magen-Darm-Trakt läuft grundsätzlich
in drei Hauptphasen ab:

Die Kapha-Phase (Mund und Magen)

Kapha-Phase:
Verflüssigung der
Nahrung.

Sobald Nahrung in den Mund gelangt, wird Wasser in Form von
Speichel benötigt: Die Nahrung muss schließlich richtig »ein-
geweicht« werden, damit danach die Aufspaltung im Dünndarm
stattfinden kann. In dieser Phase findet praktisch noch keine
eigentliche Verdauung statt, sondern »nur« die Verflüssigung des
Nahrungsbreis. Diese Aufgabe kann logischerweise nur von
Kapha-Dosha durchgeführt werden, das ja hauptsächlich aus Wasser besteht. Anschließend wird der Nahrungsbrei in kleinen Portionen weitergegeben. Die zweite Phase beginnt, und Pitta-Dosha
tritt in Aktion.

Die Pitta-Phase (Magen und Dünndarm)

Pitta-Phase: Eigentliche
Zerlegung der Nahrung.

Pitta-Dosha ist sauer, und zwar im buchstäblichen Sinne: In der
zweiten Phase kommen nämlich die sauren Verdauungsenzyme im Magen und dann im Dünndarm zum Einsatz. Durch Agni
wird das Verdauungsfeuer auf Höchsttemperatur angefacht, weil
hier die Nahrung komplett in ihre Bestandteile zerlegt wird. Wie
in einem großen Laboratorium finden unzählige chemische Reaktionen und Analysen innerhalb kürzester Zeit statt. Das Ergebnis ist die wunderbare Wandlung etwa eines rohen, für den
Körper nicht verwertbaren Tomatensalats in seine kleinsten
molekularen Bestandteile Kohlehydrate, Fett und Eiweiß. Hier
findet auch die Trennung zwischen Nährstoffen und Abfallstoffen
(Mala) statt.

Die Vata-Phase (Dickdarm)

Im Dickdarm werden die Abfallstoffe geformt und gebildet und die Elemente Luft und Raum vom Körper aus den noch verwertbaren Nahrungsresten herausgezogen. Der Rest wird weitertransportiert und später als Stuhl ausgeschieden. Aus der hier gewonnenen Energie entsteht das Vata-Dosha.[62]

2. Die Verdauung der fünf Elemente:

Dieser Verdauungsabschnitt findet in der Leber statt. Dort wird die Nahrung durch die *Bhut-Agnis* in die fünf Elemente zerlegt, die für den Aufbau des Körpers genutzt werden: das Element Erde für die erdigen Anteile im Körper wie Muskeln und Knochen, das Element Wasser für die wässrigen Anteile wie Lymphe, Säfte und Fett, Feuer für die Enzyme und den roten Teil des Blutes, Luft für die Knochen und Nerven und Raum für das Funktionieren des Geistes.

3. Die Verdauung der sieben Körpergewebe (Dhatus):

Wie bereits erwähnt, ist die Entwicklung und Spezialisierung der Körpergewebe ein Verdauungsprozess, der in den Dhatus selbst stattfindet. Jedes Dhatu hat ein eigenes Dhatu-Agni, welches einen Teil seines Körpergewebes umwandelt und zum nächsten Dhatu weiterentwickelt. Dadurch wird jedes nachfolgende Körpergewebe immer weiter spezialisiert und konzentriert und steht für immer komplexere Funktionen zur Verfügung.

Die drei Arten von Agni

Dieser Abschnitt gehört zu den speziellen Grundlagen. Wenn Sie nicht tiefer vordringen wollen, können Sie auf Seite 153 weiterlesen.

Wie wir bereits erfahren haben, unterscheidet man drei Hauptarten von Agni im Körper:

1. Jathar-Agni, zentrales Verdauungsfeuer im Magen-Darm-Bereich
2. Bhut-Agni, Verdauungsfeuer der fünf Elemente in der Leber
3. Dhatu-Agni, das Verdauungsfeuer der Körpergewebe in den Dhatus

1. Das zentrale Verdauungsfeuer: Jathar-Agni

Bei schlechter Funktion von Jathar-Agni kommt es zur Bildung von großem Ama, das Störungen im gesamten Organismus verursacht.

Jathar-Agni ist die Quelle aller Agnis, sodass – wenn bereits Jathar-Agni geschwächt ist – auch alle anderen Agnis darunter leiden werden. Es ist für die allgemeine Verdauung und Bildung aller Enzyme und Verdauungssäfte zuständig. Wenn Jathar-Agni zu schwach ist, entsteht hier das so genannte »große Ama«, ein Schlackenstoff, der sich über den ganzen Körper ausbreitet und große Störungen und Schäden hervorruft.

2. Die fünf Verdauungsfeuer der Elemente: Bhut-Agni

Bei Problemen im Bhut-Agni kommt es zur Bildung von kleinem Ama, das Störungen im Leber-Galle-Bereich verursacht, so etwa Unverträglichkeiten von Nahrungsmitteln.

Da jedes Nahrungsmittel von den fünf Elementen aufgebaut wird, muss es auch wieder in diese zerlegt werden. Dafür sind die Bhut-Agnis zuständig, wobei jedem der fünf Elemente ein Bhut-Agni zugeordnet wird. Die Bhut-Agnis befinden sich in der Leber. Bei schwacher Funktion entsteht hier das »kleine Ama«, das besonders den Bereich der Leber und Galle schädigt. Es kommt dadurch zu Unverträglichkeiten von Nahrungsmitteln und Störungen der Sinnesorgane. Kleine Reize wie ungewohnte Nahrung oder Gewürze lösen große Reaktionen, zum Beispiel Durchfälle, aus.

3. Die sieben Verdauungsfeuer der Körpergewebe: Dhatu-Agni oder Tejas

Ein zu schwaches Dhatu-Agni führt zu viel Gewebe mit minderer Qualität. Ein zu starkes Dhatu-Agni vermindert die Neubildung der Dhatus.

Jedes Dhatu entsteht aus der Verdauung bzw. Weiterreifung des vorherigen Dhatus. Diese Verdauung der Körpergewebe wird ebenfalls von einem bestimmten Dhatu-Agni durchgeführt. Da jedes Dhatu seinen eigenen Reifeprozess durchmachen muss, hat auch hier jedes der sieben Dhatus sein eigenes Dhatu-Agni oder Tejas. Störungen in diesem Agni lassen das feinstoffliche, lokale Ama entstehen. Es bewirkt – je nachdem, an welchem Dhatu es zuerst auftritt – eine mangelhafte Qualität und schädigt den weiteren Aufbau der nachfolgenden Dhatus.

Die Prinzipien des »gesunden Empfindens«

Nachdem wir uns nun eingehend mit dem Gleichgewicht unserer Körpersysteme und dem zentralen Punkt der Verdauung beschäftigt haben, stellt sich die Frage: Wie fühlt sich Gesundheit eigentlich an?

Gesundheit mag von jedem Menschen etwas anders empfunden werden. Viele von uns sind sich aber ihres täglichen Befindens kaum bewusst. Sie achten vielleicht noch darauf, dass Sie täglich Stuhl haben, aber nehmen Sie auch davon Notiz, wie Sie sich nach dem Entleeren fühlen? Ist es uns nicht zur Gewohnheit geworden, uns nach dem Essen schwer und müde zu fühlen? Wer muss nicht nach dem Essen den Gürtel öffnen, weil der Bauchbereich »spannt«? Auf der anderen Seite können wir aber kleine Störungen unserer Gesundheit überhaupt nur feststellen und verändern, wenn wir wissen, wie sich gesundes Empfinden anfühlt. Dieses ist also eine Voraussetzung für gesundes Leben, weshalb wir uns noch ausführlicher damit beschäftigen werden, wie man mit einfachen Maßnahmen große Wirkungen für die Gesundheit erzielen kann.

Ein gesunder Mensch sollte das Empfinden haben von

- vollständiger Entleerung und einem Gefühl der Leichtigkeit nach dem Toilettengang
- Ausgeglichenheit und Harmonie seiner Energien (Kapha, Pitta und Vata) in Körper und Geist
- leichtem, gesundem Aufstoßen und Winden ohne Geruch oder Säure
- Leichtigkeit und Klarheit, besonders in der Herzgegend
- zu den natürlichen Zeiten essen zu wollen
- Klarheit von Geist und Sinnen
- einer allgemeinen Leichtigkeit des Körpers

Jedes Gefühl von Schwere oder Enge im Brustbereich ist ein Alarmzeichen.

Wenn dies nicht der Fall ist, ist der Mensch auch nicht gesund und sollte bei dauerhaften Störungen behandelt werden. Grundsätzlich ist es ratsam, nur dann zu essen, wenn diese Punkte erfüllt sind, da der Körper sonst die Nahrung nicht optimal verwerten kann. Ein sicherlich sehr hoher Anspruch …

Resümee

Wie fühlt sich nun Gesundheit an? Leicht – dies ist ein wichtiges Kriterium: Leichtigkeit im Körper und im Geist, Leichtigkeit morgens beim Aufstehen, nach dem Essen, nach dem Toilettengang und vor allem im Herzen. Das Herz ist Sitz unserer Seele und des Lebenselixiers Ojas. Dort entstehen Freude, Liebe und Mitgefühl. Jeder chronische Ärger, jeder dauerhafte Stress wird sich vor allem negativ auf unser Herz auswirken. Wir sollten uns daher öfter bewusst werden, wie wichtig es ist, körperlich und geistig im Gleichgewicht zu sein und Glück, Freude und Leichtigkeit als dauerhaft natürlichen Zustand zu erleben. Damit erweisen wir unserer Gesundheit den größten Dienst.

Gesundheit steht und fällt mit unserer Verdauung. Die Funktionsfähigkeit eines guten Agni ist mindestens genauso wichtig wie eine gesunde Ernährung. Agni ist nicht nur für die Verbrennung der Nahrung zuständig, sondern auch für die Bildung und Entwicklung unserer Körpergewebe. Agni gibt den Ausschlag für Gesundheit, Energie und Kraft.

VII. Warum wir krank werden: Die Entstehung von gesundheitlichen Störungen

Dieses Kapitel gehört zu den wesentlichen Grundlagen.
Was sagt die ayurvedische Heilkunde über die Ursachen von Krank-
heiten aus? Wie entwickeln sich diese, und was kann man tun, um
das zu verhindern?

Man unterscheidet im Ayurveda zwei Arten von Ursachen, die Krankheiten auslösen können: die allgemeinen und die spezifischen. Letztlich führen beide Ursachen immer zu einer Verschiebung im Gleichgewicht der Tri-Doshas, was somit immer der eigentliche Grund für die Entstehung von Krankheiten ist.

> »Krankheiten fallen nicht vom Himmel. Sie sind das Resultat all der kleinen Sünden, die wir täglich begehen.«
> (Hippokrates)

Allgemeine Ursachen für die Entstehung von Krankheiten

Die Zeit

Damit sind alle Faktoren von Zeit gemeint: Jahres- oder Tageszeit, aber auch das Lebensalter. Die Zeit hat einen starken Einfluss auf das Gleichgewicht unserer inneren Kräfte. Zum Beispiel verursacht ein anstrengender Lauf in der Mittagshitze größere Probleme als ein Lauf am Abend oder am Morgen. Aber auch das Alter bringt natürlicherweise Faktoren mit sich, die Krankheiten leichter entstehen lassen. Die Berücksichtigung der Zeitrhythmen spielt also eine große Rolle in der ayurvedischen Gesundheitsvorsorge.[63]

> Lebensalter, Tages- oder Jahreszeit haben einen starken Einfluss auf die Gesundheit und die Entstehung von Krankheiten.

Die natürliche Intelligenz

Jedes Lebewesen verfügt über eine natürliche Intelligenz, die ihm zu entscheiden hilft, was gut für es ist und was nicht. So zeigt uns auch der Körper meist, was er gerade braucht – wir sollten dem Gehör schenken und es beachten. Wenn Sie umgekehrt aber diese Intelligenz in Ihnen durch unangemessenes Verhalten ignorieren, schädigen Sie sich und können somit Krankheiten provozieren. Dreierlei Arten von »Fehlverhalten« sind möglich: Sie können zu viel, zu wenig oder aber falsch handeln. Wenn Sie zum

> Wenn Sie nicht Ihrer natürlichen Intelligenz folgen, können Sie Krankheiten provozieren.

Beispiel zu viel grübeln, bekommen Sie Kopfschmerzen. Wenn Sie zu wenig schlafen, werden Sie nervös, und wenn Sie zur falschen Zeit essen, stellen sich Verdauungsstörungen ein.

Eine angemessene Lebensweise führt jedoch dazu, dass unsere Handlungen ausgewogen sind und Körper und Geist nicht einseitig belastet werden. Dabei ist es auch wichtig, unsere eigene Natur zu erkennen und zu wissen, was günstig für uns ist und was nicht. Wenn ein Mensch mit einer Pitta-Konstitution beispielsweise wider besseres Wissen nicht die Finger vom Alkohol oder von saurer Nahrung lässt, schädigt er seine Gesundheit. Eine Vata-Konstitution, die ständig Horrorfilme ansieht, wird immer mehr Angst bekommen, und ein Kapha-Mensch, der regelmäßig zu lange schläft, wird immer schwerfälliger und provoziert damit die Entstehung von Krankheiten.

Die Sinnesorgane

Zu viel, zu wenig oder falsche Nutzung der Sinnesorgane schädigt die Gesundheit.

Die Nutzung der Sinnesorgane hat ebenfalls großen Einfluss auf die Gesundheit. Auch hier wird unterschieden in zu viel, zu wenig oder falsche Nutzung. Wenn sie zum Beispiel zu viel lesen, schaden Sie Ihren Augen. Zu wenig Körperkontakt macht traurig, und zu heiße oder zu scharfe Speisen schädigen die Geschmacksnerven.

Die Überflutung unserer Sinnesorgane mit Informationen und Reizen ist ebenfalls ein nicht zu vernachlässigender, krank machender Faktor unserer Gesellschaft. Sie überfordert unsere Sinne und führt zu Störungen von Nervensystem und Geist. Durch unseren hektischen und stressigen Alltag wird diese Überforderung der Sinne noch weiter provoziert. Daher sind Maßnahmen, die die Sinne beruhigen, wie Meditation, Yoga, künstlerische Tätigkeiten und Spaziergänge, für unsere Gesundheit sehr wichtig.

Das Schicksal

Unter Schicksal versteht man alle Ursachen, die von außen auf uns einwirken, zum Beispiel Unfälle, Epidemien, Schicksalsschläge, aber mitunter auch der Einfluss von Geistwesen. Das Schicksal ist aus ayurvedischer Sicht nicht ein bloßer Zufall, sondern das Resultat all unserer Vorleben, auch Karma genannt. Karma ist jedoch nicht etwa eine »Zwangsjacke« oder »Strafmaßnahme«, die uns unschuldig zugemutet wird, sondern vielmehr ein Lernschritt, um zu erkennen, dass alles, was wir tun oder getan haben, Konsequenzen für uns und andere Menschen hat.

Das Leben endet laut den vedischen Schriften nicht mit dem Tod. Leben materialisiert und entmaterialisiert sich nur immer wieder. Wir nehmen einen körperlichen Zustand an, verlassen ihn eines Tages wieder, und irgendwann inkarniert sich unsere Seele erneut. Alle Gedanken, Erinnerungen und Taten nimmt die Seele wieder mit in das neue Leben. Meist können wir uns nicht daran erinnern, aber das heißt nicht, dass diese Informationen nicht doch irgendwo in uns gespeichert sind. Somit müssen uns wir nach dieser Philosophie im neuen Leben mit den Konsequenzen herumschlagen. Man erntet, was man sät!

Spezifische Ursachen für die Entstehung von Krankheiten

Vata, Pitta und Kapha und die Entstehung von Krankheiten

Krankheiten entstehen durch ein Ungleichgewicht von Vata, Pitta und Kapha. Solange die Körperkräfte im Gleichgewicht sind, kann kein Erreger, kein krank machender Reiz und keine andere Ursache Krankheiten produzieren. Ein Ungleichgewicht der Tri-Doshas ist in der Regel hausgemacht, also verursacht durch ein Leben, das nicht der Konstitution entspricht. Falsche Ernährung, falsche Lebensweise und die Beschäftigung mit negativen Emotionen, Einstellungen und Denkweisen führen zu Disharmonien der Tri-Doshas und bereiten den Weg, dass der Körper krank wird.

Die Entwicklung einer Krankheit ist ein längerfristiger Prozess, der theoretisch in jedem Stadium durch geeignete Maßnahmen wieder rückgängig gemacht werden kann. Je weiter dieser Prozess allerdings fortschreitet, umso schwieriger ist die Behandlung, sodass in den letzten beiden Stadien eine vollständige Heilung äußerst langwierig oder sogar unmöglich werden kann.

Die sechs Krankheitsstadien

1. Die Ansammlung:

Die Tri-Doshas sammeln sich an ihren Entstehungsorten an.

Das erste Stadium in der Entstehung von Krankheiten ist die Ansammlung eines oder mehrerer Doshas. Sie findet zunächst dort statt, wo die Tri-Doshas ihren jeweiligen Ursprung haben, also im Dickdarm bei Vata-Dosha, im Dünndarm bei Pitta-Dosha und im Magen bei Kapha-Dosha. Erste Befindlichkeitsstörungen sind Verstopfung oder Blähungen bei Vata-Dosha, Hitze, Durst oder brennende Empfindungen bei Pitta-Dosha und Schwere, Müdigkeit und Appetitmangel bei Kapha-Dosha.

Dieses Stadium entsteht sehr leicht, beispielsweise durch Klimareize, auf Reisen oder durch zu üppiges Essen am Abend. Normalerweise kann sich der Körper von selbst wieder ins Gleichgewicht bringen, wenn wir auf ihn hören. Das üppige Essen vom Vorabend wird durch einen Fastentag ausgeglichen, die Belastung einer Reise durch einen Ruhetag. Denken Sie daran, wie wichtig es ist, einseitige Verhaltensweisen oder Reize durch gegenteilig wirkende Maßnahmen wieder zu beruhigen. Wenn man jedoch weiterhin unvernünftig bleibt, folgt das nächste Krankheitsstadium.

2. Die Provokation:

Die Tri-Doshas häufen sich so stark an, dass sie beginnen, sich über ihre Entstehungsorte hinaus auszubreiten.

Das Ungleichgewicht der Tri-Doshas verstärkt sich. Vata-, Pitta- und Kapha-Dosha sammeln sich weiter an ihren Ursprungsorten an und beginnen sich langsam auszuweiten. Dabei hat Kapha-Dosha die Neigung, nach oben in Lunge und Kopf zu wandern, Pitta-Dosha breitet sich in der Körpermitte aus und gelangt in Magen, Leber und Gallenblase, während Vata-Dosha sich nach unten, in den Bereich des Beckens und der Hüfte, bewegt.

Bei Kapha-Störungen entwickeln sich Verschleimungen in Brust und Kopfbereich, bei Pitta-Störungen kann es zu Sodbrennen oder einem Durchfall mit brennenden Empfindungen kommen; Vata-Störungen wiederum können sich in Rückenschmerzen äußern. Auch dieses Stadium kann durch einfache Verhaltensweisen wieder schnell rückgängig gemacht werden. Dabei ist es wichtig, darauf zu achten, welches Dosha in Unordnung geraten ist und wie man darauf zu reagieren hat.[64] Wenn die Unordnung der Tri-Doshas sich weiter verstärkt, gelangt der Organismus ins dritte Krankheitsstadium.

3. Die Ausbreitung:

Wenn die Tri-Doshas sich ausreichend angesammelt haben, beginnen sie sich von ihrem Entstehungsort aus über die Körperkanäle (Shrotas) auszubreiten. Dieser Prozess lässt sich nicht mehr mit einer Selbstbehandlung rückgängig machen, sondern gehört in die Hände eines ayurvedischen Therapeuten. Er und die überhöhten Doshas müssen entweder durch eine Panchakarma-Kur[65] oder durch geeignete ayurvedische Medikamente wieder aus dem Körper hinausbefördert werden. Sonst besteht die Gefahr von Gewebs- oder Organschädigungen.

Die Tri-Doshas breiten sich im ganzen Körper aus.

4. Die Festsetzung:

Wenn die Tri-Doshas weiterhin ungestört durch den Körper kreisen, suchen sie sich Möglichkeiten, wo sie sich festsetzen können. Sie nisten sich beispielsweise in Organen oder Körpergeweben ein, die von Natur aus oder durch Krankheiten vorgeschwächt sind.

Die Tri-Doshas setzen sich in Körperorganen fest und greifen sie an.

Die Tri-Doshas sind biologisch äußerst aktive Körperenergien, hemmen die Funktion und den Stoffwechsel der angegriffenen Gewebe und schädigen sie damit weiter. Die Krankheit beginnt sich festzusetzen, erste Gewebsveränderungen können entstehen. Die Tri-Doshas verbinden sich auch gern mit Schlackenstoffen (Ama). Diese sehr aggressiven Verbindungen führen oft zu schwer heilbaren Krankheiten.[66] Wenn in diesem Stadium keine effektive Behandlung einsetzt, wird die Krankheit manifest, das heißt, sie entfaltet sich in all ihren körperlichen und geistigen Beschwerden.

5. Die Manifestation:

Hier bricht die Krankheit richtig aus, und ihr gesamtes Ausmaß wird offenbar. Die betroffenen Organe oder Gewebe können ihre Funktionen nicht mehr richtig erfüllen, Schmerzzustände und Einschränkungen beeinträchtigen den Gesamtzustand des Patienten. Er fühlt sich krank und sucht oft erst jetzt einen Therapeuten auf.

Die betroffenen Körperorgane reagieren mit Beschwerden und Schmerzen.

6. Die Schädigung:

Im letzten Stadium kommt es schließlich zu krankhaften Veränderungen der betroffenen Organe, die jetzt auch klinisch messbar sind. Eine vollständige Heilung ist zu diesem Zeitpunkt sehr schwierig und hängt von der Konstitution des Patienten und dem

Die betroffenen Körperorgane werden geschädigt und können ihre Tätigkeit nicht mehr richtig ausüben.

Grad der Zerstörung ab. Meist ist nur die so genannte Defekt-heilung möglich, die ein Weiterleben mit eingeschränkter Belas-tungsfähigkeit zulässt.

Je früher man also eine beginnende Erkrankung behandelt, umso bessere Chancen bestehen für eine rasche und vollständige Gene-sung. Das Vermeiden von Krankheiten ist immer sinnvoller als die aufwändige Behandlung oder das Operieren danach. Durch die ayurvedische Gesundheitsvorsorge kann man die Entwicklung eines Krankheitsverlaufs frühzeitig feststellen und größere Schä-den verhindern. Die beste Form der Therapie ist, den Organismus in seiner Selbstheilung zu unterstützen. Um eine Krankheits-entstehung rechtzeitig wahrnehmen zu können, ist das Erkennen der erhöhten Tri-Doshas entscheidend.

Tabelle 12: Das erhöhte Vata-Dosha

Ein erhöhtes Vata-Dosha zeigt sich durch:	Vata-Dosha erhöht sich durch:	So beruhigen Sie Vata-Dosha:
Frieren	Angst	Achten Sie auf einen geregelten Tag-Nacht-Rhythmus.
Schlaflosigkeit	Schreck, Schock	Gönnen Sie sich tagsüber Erholungspausen.
Energiemangel und Schwäche	Sorge, Kummer, Traurigkeit	Gehen Sie vor 23.00 Uhr ins Bett und schlafen Sie mindestens sieben bis acht Stunden.
Unruhe, Nervosität, geistige Störungen	Sport	
Verstopfung mit hartem, trockenem Stuhl	Fasten	Meiden Sie Sport und anstrengende Tätigkeiten.
Schwindel, Zittern	Schichtarbeit	Halten Sie sich an eine Vata beruhigende Ernäh-rung.
Schmerzzustände aller Art, außer brennend	Arbeiten in kalten, trockenen oder klimati-sierten Räumen	Essen Sie gut gewürzte, warme und kräftige Nahrung, besonders Milchprodukte.
Trockenheit und Alterung der Haut		
Allgemein beschleunigtes Altern	Unregelmäßige Lebens-weise	Meiden Sie kalte, trockene, windige und klimati-sierte Orte.
Abmagerung, Impotenz und Unfruchtbarkeit	Übermäßige Sexualität	Praktizieren Sie Yoga oder meditieren Sie, um Ihren Geist zu beruhigen.
Prämenstruelles Syndrom (PMS) mit Blähungen, Verstopfung, Schmerzen im Unterleib und Krämpfen	Scharfe, bittere und herbe Speisen	Reiben Sie sich täglich mit warmem Sesam- oder Mandelöl ein und nehmen Sie danach ein war-mes Bad.
Chronifizierung von Krankheiten, das heißt hart-näckige Dauerbeschwerden	Kalte, trockene und tief-gekühlte Nahrung	Meiden Sie alles, was Vata-Dosha erhöht.
Erhöhte Empfindlichkeit gegenüber Wind, Kälte, Trockenheit und Klimawechsel		
Ängste, Unsicherheit, Geschwätzigkeit, Nervo-sität, Unruhe, Kummer und Sorgen		

Tabelle 13: Das erhöhte Pitta-Dosha

Ein erhöhtes Pitta-Dosha zeigt sich durch:	Pitta-Dosha erhöht sich durch:	So beruhigen Sie Pitta-Dosha:
Starkes Verlangen nach kalter Luft bei gleichzeitiger Intoleranz von Wärme	Wut, Zorn, Hass	Arbeiten Sie nicht zu lange, besonders nicht nachts.
Verlangen nach kaltem oder kühlendem und häufigem Essen und Trinken	Eifersucht, Neid	Essen Sie nicht öfter als maximal viermal am Tag.
Vermehrtes Schwitzen	Exzessiven Sport	Halten Sie eine Pitta beruhigende Ernährung ein.
Brennende Beschwerden, besonders in Augen, Urin und Magen (Sodbrennen)	Sauna, Sonnenbaden	Essen Sie vorwiegend süße, kühle, bittere und zusammenziehende Speisen.
Durchfälle	Nachtarbeit	Trinken Sie kühle, nicht aber kalte Getränke (aus dem Kühlschrank oder mit Eiswürfeln).
Hautausschläge, Lippenherpes	Arbeiten in der Nähe von Feuer, Öfen, Chemikalien	Meiden Sie Hitze, Sonnenbäder und Sauna.
Fieber	Saure, salzige, scharfe und heiße Speisen	Halten Sie sich zurück mit übermäßigem Sport und Fitnesstraining. Trainieren Sie morgens oder abends. Gehen Sie besser schwimmen als laufen.
Ergrauen oder Ausfall der Haare	Alkohol	
Prämenstruelles Syndrom (PMS) mit Hitzewallungen, Druckgefühlen und Schmerzen in der Brust, Hautausschlägen und Brennen beim Wasserlassen	Rauchen	Spaziergänge, ruhige Musik, Kunst, Yoga und Meditation entspannen und gleichen Stress aus.
Entzündliche Prozesse		Reiben Sie sich mit Kokos-, Oliven- oder Sandelholzöl ein, zumindest abends Kopf und Füße.
Gelbfärbung von Augen, Haut, Stuhl und Urin		Meiden Sie alles, was Pitta-Dosha erhöht.
Krankheiten des Blutes		
Wutanfälle, Zorn, Neid, Eifersucht, übergroßer Ehrgeiz, Pedanterie, Fanatismus, Kritik- und Ordnungssucht		

Tabelle 14: Das erhöhte Kapha-Dosha

Ein erhöhtes Kapha-Dosha zeigt sich durch:	Kapha-Dosha erhöht sich durch:	So beruhigen Sie Kapha-Dosha:
Müdigkeit, Schweregefühl des Körpers, Antriebsschwäche	Gier	Achten Sie auf regelmäßige Bewegung und Sport.
Appetitmangel	Übertriebene Anhänglichkeit	Halten Sie eine Kapha beruhigende Diät.
Träge Verdauung mit weichem Stuhl	Faulheit, Ruhen	Essen Sie warme, trocknende, scharfe, bittere oder zusammenziehende Speisen.
Übelkeit, eventuell mit Erbrechen	Zu viel Schlaf	Trinken Sie wenig, und wenn, dann heiße Getränke, niemals kalte.
Anschwellungen der Gliedmaßen	Zu viel Trinken	
Allgemeine Blässe	Bewegungsmangel	Schlafen Sie nicht tagsüber oder nach dem Essen. Schlafen Sie nachts nicht länger als sechs bis sieben Stunden.
Sofortiges Schwitzen bei Bewegung	Feuchtkaltes Wetter, Regen	Reiben Sie sich mit Sonnenblumenöl oder Senföl ein und schwitzen Sie danach.
Verschleimungen wie Schnupfen, Bronchitis, Nebenhöhlenentzündung, feuchtes Asthma	Süße, saure und salzige Speisen	Bei Übergewicht verzichten Sie auf Körperöle und reiben sich stattdessen mit trocknenden Pulvermischungen ein, zum Beispiel mit Kichererbsenmehl.
Gewichtszunahme oder Übergewicht	Kalte, schwere, feuchte und ölige Nahrung	
Prämenstruelles Syndrom (PMS) mit Schwellungen, Verlangen nach Süßigkeiten, Traurigkeit und emotionaler Überempfindlichkeit		Entschlacken Sie regelmäßig unter therapeutischer Leitung und legen Sie, je nach Jahreszeit, öfter Fastentage ein.
Arterienverkalkung		Meiden Sie alles, was Kapha-Dosha erhöht.
Diabetes mellitus (Zuckerkrankheit)		
Fettige Degeneration von Organen und Geweben		

Agni und die Entstehung von Krankheiten

Die Bedeutung eines gut funktionierenden Verdauungsfeuers wurde bereits erörtert: Wenn Agni zu schwach ist, kann es die Nahrung nur unvollständig verbrennen. Anstelle von Rasa-Dhatu wird nun das Körpergift Ama gebildet.[67] Wenn Agni unregelmäßig ist, arbeitet es manchmal gut und dann wieder schlecht. Dies zeigt sich an einer wechselhaften Verdauung, bei der die Betroffenen chronische Verdauungsstörungen haben, die sich mit Perioden guter Verdauung abwechseln. Die Funktion des Verdauungsfeuers Agni und seiner Unterformen (Bhut-Agni und Dhatu-Agni) entscheiden, ob der Körper die Nahrung verwerten kann oder nicht. Nahrungsmittelallergien oder Unverträglichkeiten sind somit immer Störungen einzelner oder mehrerer Agnis. Eine Stärkung oder Harmonisierung von Agni führt meistens zum Verschwinden solch hartnäckiger Beschwerden. Die Betroffenen können dann auch wieder die Nahrung problemlos zu sich nehmen, auf die sie vorher allergisch reagiert haben. Es ist also sehr wichtig, Agni nicht durch eine falsche Ernährungsweise zu schwächen.

Agni wird geschwächt durch

– zu schwere Nahrungsmittel
– zu viel Nahrung
– zu wenig Nahrung
– Nahrung, die nicht der momentanen Stärke des Agni angepasst ist, das heißt zu viel oder zu schweres Essen
– Essen zu den nicht empfohlenen Zeiten
– Missachtung der Prinzipien für eine gesunde Essensaufnahme[68]

Die Auswirkungen eines schwachen Agnis

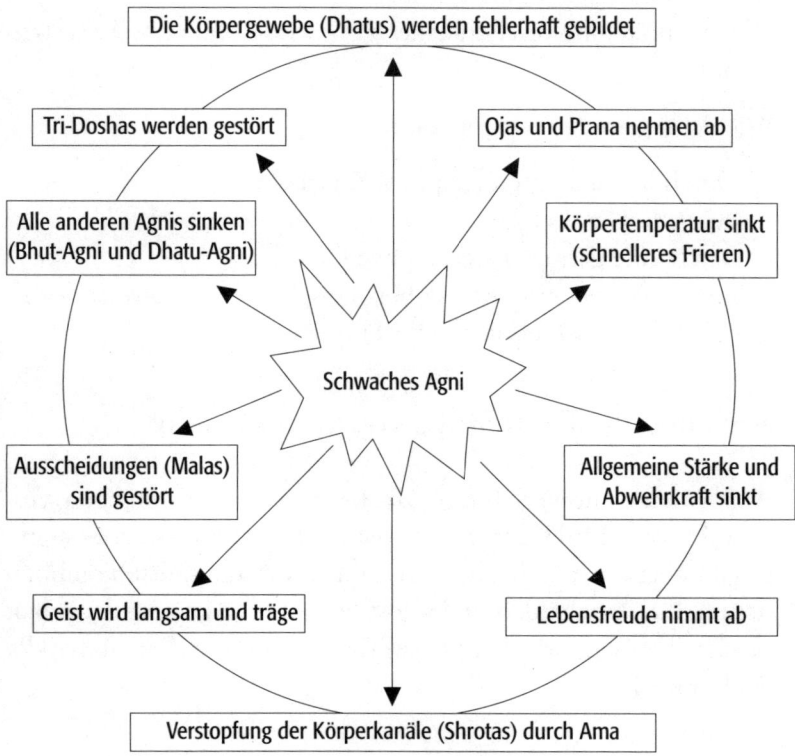

Die Körpergewebe (Dhatus) werden fehlerhaft gebildet

Tri-Doshas werden gestört

Ojas und Prana nehmen ab

Alle anderen Agnis sinken (Bhut-Agni und Dhatu-Agni)

Körpertemperatur sinkt (schnelleres Frieren)

Schwaches Agni

Ausscheidungen (Malas) sind gestört

Allgemeine Stärke und Abwehrkraft sinkt

Geist wird langsam und träge

Lebensfreude nimmt ab

Verstopfung der Körperkanäle (Shrotas) durch Ama

Wenn das Verdauungsfeuer geschwächt ist, wird der gesamte Organismus auf Dauer in Mitleidenschaft gezogen.

Natürliche Zustände, in denen Agni schwach ist:

– Morgens und abends
– im Sommer
– nach einer längeren Fastenkur
– nach starker körperlicher Anstrengung
– nach einer Ölbehandlung, etwa einer Ölmassage
– nach einem heißen Bad oder Saunagang

Deshalb sollte man während oder unmittelbar nach diesen Zeiten keine schwere Nahrung oder größere Mahlzeiten zu sich nehmen.

Krankhafte Zustände, in denen Agni geschwächt ist:

Ama ist kalt, klebrig, zäh, feucht und schwer und somit das Gegenteil von Agni. Ama kann nur entstehen, wenn Agni schwach ist.

- Fieber und fieberhafte Erkrankungen[69]
- bei Anhäufung von Schlackenstoffen im Körper (Ama-Zustände)

Wie Agni gefördert werden kann:

- Durch leichtes Essen (Suppen, Knäckebrot)
- durch trockenes Essen (getoastetes Brot, Zwieback)
- durch eine geringe Essensmenge
- mit Gewürzen und Bitterstoffen, beispielsweise Ingwer, schwarzer Pfeffer, Asafoetida und Enzian

Ama und die Entstehung von Krankheiten

Ama ist eine giftige Substanz, die bei einer unvollständigen Verdauung entsteht. Hauptursache dafür ist ein zu schwaches Agni. Es gibt aber auch Nahrungsmittel oder Nahrungsmittelkombinationen, die Ama bilden und selbst bei gutem Agni nicht verdaut werden können, wie beispielsweise Joghurt mit Früchten oder Fisch mit Milch.[70]

Die Wirkungen von Ama

Wenn Agni nicht richtig arbeitet oder aufgrund falscher Ernährung gestört wird, kommt es im Körper zu schädlichen Ablagerungen, Ama genannt. Der Körper bildet dann Ama anstatt Grundplasma (Rasa-Dhatu). Das Rasa-Dhatu wird mit Ama »verschmutzt« und hat nicht mehr die Qualität, die der Körper braucht, um seine Gewebe optimal zu bilden. Alle nachfolgenden Körpergewebe werden somit geschädigt. Ama ist kalt, klebrig, zäh und schwer.

Ama schädigt den Körper folgendermaßen:

1. Es verstopft sämtliche Kanäle (Shrotas) des Körpers, wie zum Beispiel Arterien (Arteriosklerose), Venen (Thrombosen, Hämorrhoiden), Kapillaren (Durchblutungsstörungen beispielsweise an Händen und Füßen), Lymphe (Ödeme, Wasseran-

sammlungen), aber auch alle anderen Mikrogefäße innerhalb und außerhalb der Zellen.

2. Ama führt auf Dauer zu Störungen im Nährstoffaustausch, mit dem Resultat einer Minderernährung aller Gewebe. Der Aufbau von Körpergewebe wird behindert, und mangelhaftes, ungesundes Gewebe entsteht.

3. Ama schädigt die Tri-Doshas und Tri-Dhatus durch seine Giftigkeit.

4. Ama senkt das Verdauungsfeuer Agni und lässt so weiteres Ama entstehen.

Je mehr Ama entsteht, umso schwieriger wird es für den Körper, diese ungesunden Ablagerungen auszuscheiden, da immer mehr Körperkanäle verstopft sind. Es ist ein Teufelskreis, aus dem der Organismus ohne therapeutische Hilfe nur schwer herausfindet.

Ama erkennt man unter anderem an folgenden Symptomen:

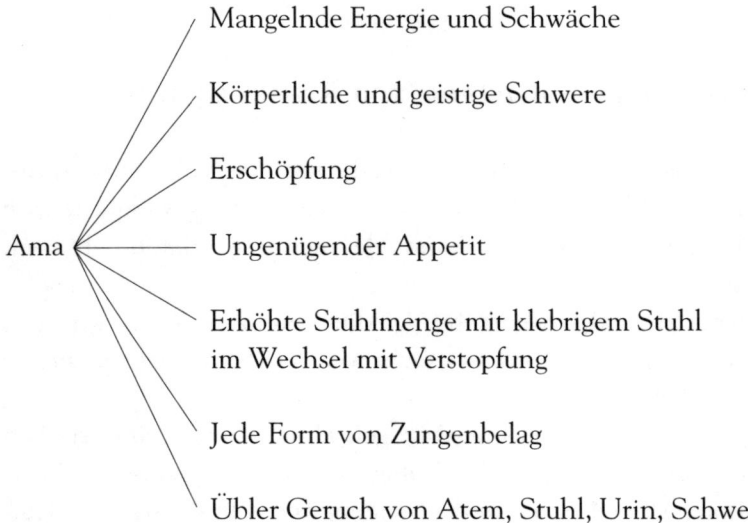

Ama
- Mangelnde Energie und Schwäche
- Körperliche und geistige Schwere
- Erschöpfung
- Ungenügender Appetit
- Erhöhte Stuhlmenge mit klebrigem Stuhl im Wechsel mit Verstopfung
- Jede Form von Zungenbelag
- Übler Geruch von Atem, Stuhl, Urin, Schweiß

Wenn Ama vorhanden ist, muss der Organismus unter therapeutischer Aufsicht gereinigt werden – denn ohne die Ausleitung von Ama ist eine Behandlung nicht sinnvoll. Gleichzeitig muss das Verdauungsfeuer Agni gestärkt und eine individuelle

Ernährung festgelegt werden, damit kein neues Ama entstehen kann. Dadurch kann der Organismus wieder in sein Gleichgewicht gebracht und die Entstehung von Krankheiten vermieden werden.

Die Körpergewebe (Dhatus) und die Entstehung von Krankheiten

Die Dhatus können durch viele Faktoren geschädigt werden. Die Hauptursachen sind die Minderfunktion von Agni, die Bildung von Ama, falsche und einseitige Ernährung und die Schädigung durch die Tri-Doshas aufgrund falscher Lebensweise. Aber auch psychische Faktoren können die Entstehung der Dhatus negativ beeinflussen. Die Ursachen und Zeichen für die Schädigungen der Dhatus fallen in den therapeutischen Bereich und sind sehr komplex. Sie würden den Rahmen dieses Buches sprengen; so sei dem interessierten Leser die weiterführende Literatur im Anhang empfohlen.

Ojas und die Entstehung von Krankheiten

Ojas – jene feinstoffliche Energie, die nach der vollständigen Bildung aller Dhatus im Körper entsteht – beeinflusst wesentlich, ob eine Krankheit entstehen kann oder nicht. Ojas durchfließt nach seiner Produktion noch einmal den ganzen Körper und erfrischt, regeneriert und erneuert ihn. Da diese Substanz nur in winzigen Spuren hergestellt wird, ist es sehr wichtig, sie möglichst zu erhalten und ihre Bildung nicht zu stören.

Die Zeichen eines Ojas-Mangels ähneln denen einer starken Erhöhung von Vata-Dosha. Daher sind die therapeutischen Maßnahmen vergleichbar mit der Senkung von Vata-Dosha. Als Therapie bei zu niedrigem Ojas spielen die drei heiligen Nahrungsmittel Kuhmilch, Ghee[71] und Honig eine wichtige Rolle. Man sollte daher viel Milch und Ghee einnehmen und sie, wenn möglich, in einem Gefäß aus reinem Gold kochen. Man kann auch echten Golddraht benutzen und mit Milch oder Ghee verkochen.

Tabelle 15: Ojas

Aufgaben von Ojas	Ojas wird geschädigt durch:	Störungen und Krankheiten durch einen Mangel an Ojas
Allgemeine körperliche Stärke	Stress, Hektik	Energielosigkeit
Aufbau des Immunsystems	Kummer, Sorgen	Fehlender Glanz von Haut und Augen
Glanz und Ausstrahlung	Chronischen Ärger	Ungesunde Ausstrahlung
Regenerierung und Aufbau	Auszehrendes Leben	Grundlose Angstzustände
der Zellen	Exzessiven Sexualverkehr	Fehlendes Selbstwertgefühl
Mentale Stärke und Stabilität	Drogenmissbrauch	Mangel an Selbstbewusstsein
Liebesfähigkeit und Mitgefühl	Schlechte Ernährung	Schwellungen am ganzen Körper
Enthusiasmus	Mikrowellennahrung	Chronische und degenerative Krankheiten
Zeugungsfähigkeit	Falsche Lebensweise	Auszehrende Krankheiten wie AIDS, Krebs, TBC
	Umweltgifte	Geistige Krankheiten wie Verwirrung, Psychosen,
	Extremsport	Schizophrenie

Medikamente mit einem hohen Sattva-Anteil wie Ashwagandha, Shatavari, Bala, Amalaki und Guduci erhöhen ebenfalls Ojas. Betroffene Menschen müssen sich körperlich und geistig schonen und sollten eine Zeit lang sexuell abstinent leben, dafür aber Meditation, Yoga und andere spirituelle Praktiken in den Alltag integrieren.[72]

Ojas ist unser Lebensnektar, ohne den kein Leben möglich ist. Es reguliert die entscheidenden körperlichen und geistigen Grundfunktionen wie Immunsystem und mentale Stabilität. Wie wichtig diese Substanz für unsere Gesundheit ist, wird sich wohl erst in einigen Jahren zeigen, wenn die medizinische Forschung die Existenz von Ojas nachweisen kann. Unsere heutige Gesellschaft ist gekennzeichnet durch eine Lebensweise, die Ojas mehr und mehr sinken lässt. Wir leben in einer unruhigen, hektischen Zeit, ernähren uns von energieloser Nahrung und verlieren immer mehr den Kontakt zu einer natürlichen Lebensweise. Die Prinzipien eines gesunden Lebens, die wir noch eingehender besprechen werden (siehe Seite 243 ff.), dienen nicht zuletzt dazu, Ojas zu erhöhen und zu stärken.

Die Körperkanäle (Shrotas) und die Entstehung von Krankheiten

Die Kanäle des Körpers werden Shrotas genannt. Damit sind alle Verbindungen gemeint, in denen Nähr- und Abfallstoffe transportiert werden. Es gibt aber auch Shrotas, die als Kanal feinstofflicher Energien betrachtet werden, ähnlich den Meridianen der traditionellen chinesischen Medizin. Shrotas durchziehen den Körper auf allen Ebenen und in allen Größen. Es ist die Infrastruktur des Organismus, die immer störungsfrei, also durchgängig bleiben muss. Nur dadurch kann gewährleistet werden, dass die Transportwege richtig funktionieren und alle Körpergewebe jederzeit ausreichend ver- und entsorgt werden können.

Ab hier folgen spezielle Grundlagen. Sie können sie überspringen und auf Seite 172 weiterlesen (»Die Psyche und die Entstehung von Krankheiten«).

Die einzelnen Shrotas

Man unterscheidet verschiedene Arten von Shrotas.

Die drei großen Shrotas:

Die drei großen Shrotas versorgen den Körper mit den drei Nährenergien:

Atem

Nahrung

Wasser

– Die Prana-Shrotas (*Pranavaha Shrotas*) transportieren die Lebensenergie Prana, die mit dem Atem in den Körper gelangt. Sie sind identisch mit den Kanälen des Atemtraktes (Nase, Bronchien), haben aber auch Verbindungen zum Magen-Darm-Trakt und zum Herzen.[73]

– Die Verdauungskanäle (*Annavaha Shrotas*) sind identisch mit den Kanälen des Verdauungstraktes und leiten die feste Nahrung weiter.

– Die Flüssigkeitskanäle (*Ambuvaha Shrotas*) gehören ebenfalls zum Teil zum Verdauungstrakt und befördern alle Flüssigkeiten im Körper. Sie regulieren den Wasserhaushalt und sind am Zuckerstoffwechsel der Bauchspeicheldrüse beteiligt.

Die drei Ausscheidungsshrotas:

- Die Ausscheidungskanäle des Stuhls (*Purisavaha Shrotas*) haben ihren Sitz im Dickdarm und scheiden den Stuhl aus.
- Die Ausscheidungskanäle des Urins (*Mutravaha Shrotas*) sitzen in den Nieren und den Harnwegen und sammeln und befördern den Urin.
- Die Ausscheidungskanäle des Schweißes (*Svedavaha Shrotas*) sitzen im Fettgewebe und den Talgdrüsen der Haut und transportieren den Schweiß.

Die drei Ausscheidungs-shrotas eliminieren die Abfallstoffe (Malas):

Stuhl

Urin

Schweiß

Die sieben Dhatu-Shrotas:

Jedes Dhatu verfügt über sein eigenes Netz an Transportkanälen zur Ver- und Entsorgung:

Die sieben Dhatu-Shrotas versorgen die sieben Körpergewebe.

- Die Kanäle des Grundplasmas (*Rasavaha Shrotas*) entsprechen der Lymphe und Teilen des Blutkreislaufs.
- Die Kanäle des Blutes (*Raktavaha Shrotas*) sind die Arterien und Kapillaren des Blutkreislaufs.[74]
- Die Kanäle der Muskeln (*Mamsavaha Shrotas*) ver- und entsorgen das Muskelgewebe.
- Die Kanäle des Fettgewebes (*Medavaha Shrotas*) befördern Fette und versorgen das Fettgewebe.
- Die Kanäle der Knochen (*Asthivaha Shrotas*) versorgen die Knochen.
- Die Kanäle von Knochenmark und Nervengewebe (*Majjavaha Shrotas*) versorgen Nerven, Knochenmark und Hirngewebe.
- Die Kanäle des Fortpflanzungsgewebes (*Shukravaha Shrotas*) befördern die Spermien oder die weiblichen Eizellen.

Die drei speziellen Shrotas:

- Die Kanäle, die die Menstrualflüssigkeit befördern (*Artavavaha Shrotas*)
- Die Kanäle, die die Muttermilch der Brust transportieren (*Stanyavaha Shrotas*)
- Die Kanäle, die den Geist (*Manovaha Shrotas*) nähren und für mentale Stabilität sorgen

Von den drei speziellen Shrotas sind nur die Kanäle des Geistes bei beiden Geschlechtern vorhanden.[75]

Störungen der Shrotas

Die häufigste Störung der Shrotas ist die Blockade. Sie kann mechanische Ursachen haben (Unfall, Operation, Verletzung) oder stoffwechselbedingt sein, beispielsweise durch Schlackenstoffe (Ama).[76]

Das Reinigen und Ausleiten der Stoffe, die die Shrotas verstopfen, ist eine wichtige Grundlage ayurvedischer Therapie. Ohne sie kann keine Heilung eintreten. Sie wird durch eine ausleitende, entgiftende Behandlung mit Heilpflanzen und durch spezielle Körpermassagen mit Kräuterölen erreicht. Dabei spielt auch die Stimulation der so genannten Marma-Punkte[77] eine wichtige Rolle. Auch das Schwitzen nach einer ayurvedischen Massage dient der Entgiftung und dem Öffnen der Shrotas. Dabei darf der Kopf allerdings nicht mit erhitzt werden.

Die Psyche und die Entstehung von Krankheiten

Negative Gefühle sind oft die Mitursache für die Entstehung von Krankheiten. Ayurveda beschrieb diese Zusammenhänge schon vor 5000 Jahren; aber auch die moderne Medizin sah in den letzten Jahrzehnten ein, dass die Psyche in die Behandlung von Krankheiten mit einbezogen werden muss. Am Beispiel der Angst kann man die enge Verbindung von Gefühlen und ihren körperlichen Auswirkungen beobachten.

Im Augenblick der akuten Angst schüttet der Körper große Mengen an Stresshormonen (Adrenalin, Kortison) aus.

Jeder von uns kennt das Gefühl der Angst. Wenn man in eine gefährliche Situation gerät, steht einem in Sekunden buchstäblich das Wasser auf der Stirn. Angst ist eine sinnvolle natürliche Reaktion des Organismus auf eine lebensbedrohliche Situation.

Die akute Form der Angst kommt in unserer Gesellschaft selten vor und hat daher keinen großen Effekt auf die Gesundheit.[78] Vielmehr dagegen die chronische oder latente Form der Angst. Viele Dinge machen uns Angst: Krankheiten, Alter, Tod, Verlust des Arbeitsplatzes, die unsichere Rente und vieles mehr. Die körperlichen Reaktionen der latenten Angst sind zwar schwächer als bei der akuten, aber dauerhaft und daher nicht minder gefährlich. Der Organismus gewöhnt sich mit der Zeit an diesen Angstzustand.

Die Konsequenzen wie beispielsweise chronischer Bluthochdruck oder Schlaflosigkeit bleiben jedoch bestehen.

Ein weiteres Beispiel für den offensichtlichen Zusammenhang von Psyche und Krankheit ist das allgegenwärtige Thema Stress. Die meisten Menschen leiden darunter und alle Konstitutionen sind davon betroffen. Stress ist vielleicht der größte krankmachende Faktor unserer Gesellschaft.

Stress ist allgemein gesagt ein höchster Alarmzustand des Körpers, der an sich eine natürliche Reaktion auf eine Bedrohung darstellt. Vergleichbar mit einer akuten Angstsituation schüttet der Organismus große Mengen von Stresshormonen aus und aktiviert sämtliche Energien. Wie eine wild gewordene Armee, die um ihr Überleben kämpft, feuert der Körper Salven von Botenstoffen ab, die ihn in einen geistigen Rauschzustand versetzen und körperlich zu Höchstleistungen anspornen. Viele moderne Wissenschaftler unterscheiden »positiven« und den »negativen« Stress. Dabei ist die positive Form mit Euphorie, Kreativität und großem Arbeitspensum verbunden, während die negative Form zu depressiven Verstimmungen, Nervosität und Ärgersymptomen führt. Aus ayurvedischer Sicht ist diese Betrachtungsweise jedoch unsinnig. Stress führt auf Dauer immer zu Störungen und Krankheiten.

Stress ist ein psychisch-multifaktorelles Syndrom, das alle Bereiche des Körpers beeinflusst. Stress ist verbunden mit Unruhe, Hektik, Nervosität, Arbeits- und Zeitdruck, Versagens- und Existenzängsten, Konkurrenzdenken, Besitzstreben, Neid, Depression, Aggression und besonders mit chronischem Neid, Depressionen, Aggressionen und besonders mit chronischem Ärger.

Diese Vielfalt von negativen Gefühlen wirken sich auf alle Doshas ungünstig aus und führen zunächst zu den sogenannten funktionellen Beschwerden wie Unruhe, Nervosität, Herzrhythmusstörungen, Blutdruckschwankungen, Schlafstörungen und Kopfschmerzen. Da diese Erkrankungen oft nicht klinisch nachzuweisen sind, werden sie meistens mit Beruhigungs-, Schlaf- und Schmerzmitteln bekämpft. Dies ist das Fundament für eine Fülle von manifesten Krankheiten, die mit der Zeit den gesamten Menschen beeinträchtigen.

Psyche und Krankheit sind eng miteinander verbunden. Falsches Denken, negative Emotionen und unintelligentes Verhal-

Stress ist einer der vielen Ursachen für viele unserer Krankheiten. Mit Ayurveda kann man Stress nicht nur vermeiden, sondern auch sehr effektiv behandeln.

Geistige und psychische Störungen können oft nicht klinisch nachgewiesen werden. Sie sollten aber frühzeitig von einem ganzheitlichen Therapeuten behandelt werden, damit spätere körperliche Krankheiten vermieden werden können.

ten sind die Hauptursachen für viele Störungen im Menschen. Aus diesem Grund spielt die Ausgeglichenheit unseres Geistes eine wichtige Rolle in der ayurvedischen Gesundheitsvorsorge.

Vikriti: Der krankhafte Zustand außerhalb der Konstitution

Jeder krankhafte Zustand eines Menschen wird als Vikriti bezeichnet. Vikriti beginnt bereits mit dem Entstehen eines Ungleichgewichtes der Tri-Doshas, also im ersten Stadium der Krankheitsentwicklung. Vikriti ist immer ein unnatürlicher Zustand, der behandelt werden sollte.

Jeder Mensch kann durch eigene Beobachtung feststellen, wenn etwas mit seinem Organismus nicht in Ordnung ist. Meistens sagt uns dann der Körper, was zu tun ist. Bei einer akuten Erkrankung macht er müde und schwach und zwingt uns zur Bettruhe. Bei chronischen Erkrankungen jedoch ist das natürliche Empfinden des Körpers gestört. Er bemerkt gar nicht mehr, dass er krank ist, und hält diesen Zustand für normal. Daher können Sie dann auch nicht mehr darauf vertrauen, dass der Körper Ihnen das Richtige zeigen wird. Ein Diabetiker hat normalerweise ein »gesundes« Verlangen nach Süßigkeiten. Wenn er dem allerdings nachgeht, wird es seinen Zustand erheblich verschlimmern.

Auf Seite 202 finden Sie die tägliche Checkliste, die Ihnen als wichtige Orientierung dient, ob Ihre Grundfunktionen in Ordnung sind oder nicht. Kleinere Unregelmäßigkeiten können Sie damit erkennen und mit einfachen Maßnahmen wieder ausgleichen.

Resümee

Krankheit ist ein komplexer Prozess, der sich auf mehreren Ebenen des Organismus abspielt. Es gibt unterschiedliche Ursachen für die Entstehung einer Krankheit, aber all diese Ursachen bewirken eines gemeinsam: ein Ungleichgewicht der Tri-Doshas. Das sorgfältige Wahrnehmen und Entgegenwirken dieses Ungleichgewichtes kann die Entwicklung einer Krankheit vorzeitig unterbrechen, sodass dem Körper viele gesundheitliche Probleme erspart bleiben.

VIII. So bleiben Sie gesund: Die ayurvedische Vorsorge

Dieses Kapitel gehört zu den wesentlichen Grundlagen.
Nachdem wir uns in den beiden vorhergehenden Kapiteln ausführlich
mit Gesundheit und Krankheit auseinander gesetzt haben, werden wir
uns nun damit beschäftigen, wie ein gesundes Leben im Alltag aus-
sehen kann. Die folgenden Regeln dienen dazu, den Organismus im
Gleichgewicht zu halten und sein Reservoir an körperlichen und geisti-
gen Energien (Ojas, Prana, Agni) zu schonen.

Zunächst einmal sei betont, dass ein gesundes Leben nicht zwingend von Askese, Fasten, vegetarischer Ernährung, ausschließlicher Rohkost oder religiösem Fanatismus geprägt sein muss. Gesundheit ist vielmehr etwas Natürliches. Unser Organismus hat alle Fähigkeiten, unseren Körper gesund und funktionsfähig zu halten. Auch Menschen mit angeborenen Leiden oder Behinderte können sehr wohl ein gesundes Leben im Rahmen ihrer Möglichkeiten führen.

Gesundheit ist nichts, was für alle Zeiten festgeschrieben steht. Ein Mensch mit 80 Jahren kann bei den Olympischen Spielen keine Medaille mehr gewinnen; er kann aber trotzdem gemäß seinem Alter gesund und leistungsfähig sein. Gesundes Leben heißt in erster Linie, im Einklang mit den natürlichen Rhythmen des Körpers und der Umwelt zu leben, Körper und Geist zu beobachten und sich eventueller Störungen bewusst zu werden. Dabei ist jede Einseitigkeit, jede Strenge und jeder Fanatismus völlig fehl am Platz. Ayurveda bietet nichts weiter als eine Möglichkeit, die Sie in Ihr Leben integrieren können – ein Geschenk, das Sie bereichert.

Wie wir gesehen haben, ist Gesundheit die Harmonie der Tri-Doshas, der Körpergewebe und der Ausscheidungen mit einem gut funktionierenden Verdauungsfeuer. Um gesund zu leben, ist es wichtig, in Harmonie zu sein mit Körper, Geist und Seele. Hundertprozentig körperlich und geistig gesund zu leben ist ein hoher Anspruch und fordert ein gewisses Maß an Disziplin und Bewusstsein. Jeder Mensch ist selbst dafür verantwortlich, ob und wie weit er diesen Anspruch für sich erfüllen möchte. Die folgenden Regeln für ein gesundes Leben sind daher mehr als Anregung für Sie gedacht und nicht als Dogma. Sie sollen sie nicht wie ein Gesetzbuch betrachten, an das Sie sich stur halten müssen.

Leben ist Freiheit, aber Freiheit ohne Orientierung ist wie Kochen ohne Rezept. Es mag zwar schmecken, aber beim nächsten Mal kann es mitunter heftige Verdauungsstörungen auslösen.

»Ein Mensch, der gewöhnlich auf der linken Seite schläft, zweimal am Tag isst, sechsmal am Tag Wasser lässt und zweimal am Tag Stuhl hat und der nicht zu viel sexuellen Aktivitäten nachgeht, der bleibt gesund und kann eine Lebensspanne von 100 Jahren genießen.«

(Shri Kshema Sharma [79])

Die Anleitungen für ein gesundes Leben sind auch keine ayurvedische »Erfindung«. Viele Empfehlungen werden Sie vielleicht ohnehin schon leben, andere werden Sie an das erinnern, was Ihre Großeltern Ihnen gesagt oder vorgelebt haben. Gesundes Leben bedeutet natürliches Leben, und frühere Generationen hatten oft noch ein tieferes Verständnis dafür. Gehen Sie liebevoll mit sich um, wenn Sie es am Anfang nicht schaffen sollten, beispielsweise jeden Morgen um 5.00 Uhr aufzustehen. Auch wenn Sie zunächst nur einen Teil der Regeln umsetzen, so machen Sie doch große Schritte in die richtige Richtung. Der Weg ist schließlich das Ziel.

Gesundes Leben bedeutet, in Harmonie zu sein mit

- den Energien und Körperfunktionen (Tri-Doshas, Dhatus, Malas und Agni)
- der Umwelt und den natürlichen Rhythmen (Tages- und Jahreszeit, Alter, Klima, Familie, Beruf)
- der Ernährung und der Konstitution bzw. der momentanen körperlichen Verfassung
- den geistigen und spirituellen Überzeugungen und Zielen des Individuums

Wir werden uns im Folgenden mit den ersten beiden Punkten beschäftigen, wobei auch hier wieder die Tri-Doshas im Mittelpunkt stehen. Der Ernährung ist ein eigenes ausführliches Kapitel gewidmet.[80] Bezüglich des letzten Punkts dagegen seien Ihnen nur einige Denkanstöße vermittelt, da schließlich jeder Mensch seinen eigenen geistigen Weg finden muss.[81]

Der tägliche Zyklus der Tri-Doshas

Alles in der Natur verläuft in Zyklen – so auch unsere Körpervorgänge: Sie spulen sich nach den natürlichen Rhythmen ab wie eine innere Uhr. Die Tri-Doshas haben einen 24-stündigen Rhythmus, bei dem sich die Doshas im Vierstunden-Abstand abwechseln. In dieser vierstündigen Phase ist immer ein Dosha besonders und die beiden anderen weniger aktiv. Der Übergang von einer Dosha-Phase in die nächste ist dabei natürlicherweise fließend, indem die Aktivität des einen Dosha langsam nachlässt und die des nächstfolgenden zunimmt. Der Höhepunkt der Aktivität wird etwa in der Mitte der Dosha-Phase.

Die Dosha-Uhr

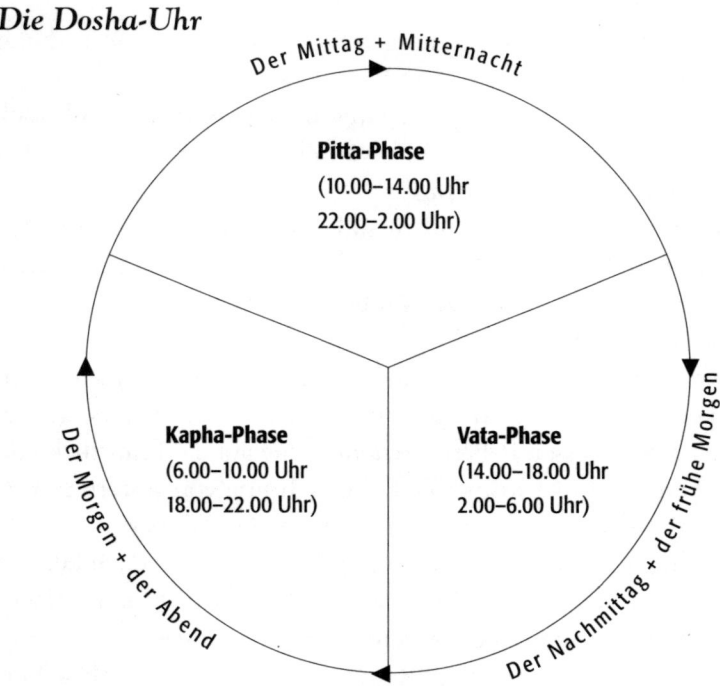

Der Mittag + Mitternacht

Pitta-Phase
(10.00–14.00 Uhr
22.00–2.00 Uhr)

Der Morgen + der Abend

Kapha-Phase
(6.00–10.00 Uhr
18.00–22.00 Uhr)

Vata-Phase
(14.00–18.00 Uhr
2.00–6.00 Uhr)

Der frühe Morgen

Der Nachmittag + der frühe Morgen

Der Morgen (6.00–10.00 Uhr)

Am Morgen werden Sie von Kapha-Dosha begrüßt. Man spürt es in der Natur an der morgendlichen Frische, am Tau auf den Pflanzen und oft an der Verschleimung von Nase, Hals oder Bronchien: Man kennt es von sich selbst oder aber von anderen, das morgendliche Bedürfnis, erst einmal abzuhusten oder sich die Nase zu putzen, um sich vom angesammelten Kapha zu befreien. Sie erkennen ein erhöhtes Kapha am Morgen außerdem an körperlicher Schwere, schwerfälligem Aufstehen, schwerem Kopf und daran, dass Sie eine ganze Weile und viel Kaffee brauchen, um in Schwung zu kommen. Morgens und abends sind die schwersten

Während der Geltungsdauer der Sommerzeit verschieben sich die Dosha-Zeiten um eine Stunde nach hinten.

Zeiten für Kapha-Menschen. Wenn Sie zu Kapha-Störungen neigen oder sich eher als Kapha-Konstitution betrachten, sollten Sie
am Morgen folgende Tipps beherzigen:

– Stehen Sie eine Stunde vor Beginn der Kapha-Phase auf (5.00
  Uhr bzw. 6.00 Uhr in der Sommerzeit).
– Führen Sie regelmäßig morgendliche Nasenspülungen durch
  (siehe dazu auch Seite 183 f.).
– Yoga, Gymnastik oder Bewegungsübungen vor dem Frühstück
  bringen Sie in Schwung und verhelfen Ihnen zu einem erfrischenden Start in den Tag.
– Vermeiden Sie kalte und zu süße Getränke am Morgen. Sie
  erhöhen Ihr Kapha-Dosha noch mehr und machen müde.
  Warme Getränke dagegen kurbeln Ihren Stoffwechsel an und
  machen wach.

**Ausnahme: Honig ist
sehr empfehlenswert ge-
gen Kapha**

– Nehmen Sie ein leichtes, nicht verschleimendes Frühstück ein
  (keine kalte Milch, nichts Süßes!). Wenn Sie am Abend vorher spät gegessen haben, verzichten Sie auf das Frühstück und
  geben Sie Ihrem Körper Zeit, die Nahrung von gestern zu ver-
  arbeiten. Trinken Sie zur Entgiftung heißes Wasser.
– Essen Sie abends nicht zu spät, nicht zu schwer und trinken Sie
  wenig! Je weniger Sie Ihrer Verdauung an Arbeit für die Nacht
  hinterlassen, umso besser werden Sie sich morgens fühlen.
– Hören Sie auf zu rauchen! Rauchen führt grundsätzlich zu Verschleimungen im Hals-, Nasen- und Lungenbereich.

Der Mittag (10.00–14.00 Uhr)

Mittagszeit ist Pittas Zeit und daher Essenszeit. Die Sonne steht
am höchsten, die Wärme ist am größten. Pitta-Dosha ist aktiv,
und auch das Verdauungsfeuer Agni brennt jetzt am kräftigsten.
Was liegt da näher, als die größte Mahlzeit des Tages zu dieser Zeit
einzunehmen? Jetzt kann der Körper sie optimal verbrennen;
danach hat er nicht mehr die Kraft dazu. Pitta und Agni sind in
dieser Zeit immer hoch. Wenn Sie jetzt nicht ausreichend essen,
muss diese Energie sich andere Wege suchen, um etwas zu verbrennen. Pitta-Dosha breitet sich im Körper aus und treibt dort
sein Unwesen. Auch wenn Sie am Anfang meinen, dass Sie gar

keinen Hunger haben und lieber abends essen würden, nehmen Sie sich trotzdem jetzt die Zeit dafür. Auf Dauer wird ihr natürliches Hungergefühl wiederkehren. Wenn Sie zu Pitta-Störungen neigen oder sich eher als Pitta-Konstitution einordnen, probieren Sie folgende Empfehlungen aus:

– Nehmen Sie die Hauptmahlzeit des Tages zwischen 12.00 und 13.00 Uhr ein.
– Lassen Sie sich auf keinen Fall dabei stressen. Suchen Sie sich einen ruhigen Platz und lenken Sie sich dabei nicht mit Radio, Fernsehen oder Zeitung ab.
– Meiden Sie zu scharf gewürzte und saure Nahrung sowie rotes Fleisch (Steaks) und Alkohol.
– Nehmen Sie als Nachtisch unbedingt etwas Bitteres oder Herbes zu sich (Salate, Kräutertees). Das süße Dessert danach ist grundsätzlich nicht empfehlenswert.
– Trinken Sie in dieser Zeit kühle, aber nicht zu kalte Getränke.
– Meiden Sie Sonne, Hitze, Sport und anstrengende Tätigkeiten, besonders unmittelbar vor und nach dem Essen.
– Muten Sie sich nicht zu viel Stress und Ärger zu. Versuchen Sie, immer wieder kurz vom Alltag abzuschalten und zu entspannen, indem Sie aus dem Fenster schauen oder sich an Ihrer Zimmerpflanze erfreuen.

Der Nachmittag (14.00–18.00 Uhr)

Am Nachmittag ist Vata-Dosha am aktivsten. Unruhe, Hektik und eine größere Empfindlichkeit können besonders Vata-Konstitutionen zu schaffen machen. Zum Ausgleich sollten Sie besser einer ruhigeren Tätigkeit nachgehen. Legen Sie körperliche Anstrengungen lieber auf die Zeit nach 18.00 Uhr, wenn wieder das gemütliche Kapha-Dosha wirkt. Sie sind jetzt auch empfindlicher gegen Schmerzen, Lärm und Unruhe. Planen Sie daher »sensible« Termine wie Zahnarztbesuche am Vormittag ein. Auch der Kaffee am Nachmittag provoziert Vata-Dosha; besser ist warme Milch oder Tee. Wenn Sie zu Vata-Störungen neigen oder eher eine Vata-Konstitution haben, sollten Sie am Nachmittag Folgendes beachten:

– Keine Hektik aufkommen lassen. Eine kurze Pause oder ein kleines Schläfchen geben Ihnen neue Energie.
– Ärgern Sie sich nicht darüber, dass Sie jetzt nicht unbedingt zu Höchstleistungen fähig sind. Anstrengende Termine oder Meetings legen Sie besser grundsätzlich auf den Vormittag.
– Gehen Sie Sport und körperlichen Anstrengungen nach 18.00 Uhr nach.
– Trinken Sie warme Getränke, aber verzichten Sie auf Kaffee und andere anregende Getränke.
– Früchte und süße Speisen sind am Nachmittag für Vata-Menschen empfehlenswert.
– Meiden Sie kalte, trockene, windige und klimatisierte Orte.
– Genießen Sie einen Aufenthalt in der Natur oder machen Sie andere angenehm entspannende Dinge, wenn es Ihre Arbeit erlaubt. Ansonsten gilt auch hier: Öfter mal abschalten und an etwas Schönes denken.

Der Abend (18.00–22.00 Uhr)

Am Abend ist wieder Kapha-Dosha aktiv. Es ist die Zeit für körperliche Bewegung und Sport. Auch geistige Tätigkeiten haben Hochkonjunktur, sollten jedoch rechtzeitig vor dem Schlafen wieder eingestellt werden. Für Kapha-Konstitutionen können folgende Empfehlungen hilfreich sein:

– Essen Sie wenig, leicht und gut gewürzt am Abend (dünne Suppen mit Knäckebrot, keine Milchprodukte).
– Finger weg von Naschereien, Knabbereien und späten Mahlzeiten.
– Trinken Sie wenig, und wenn, dann lauwarmes Honigwasser oder heiße Tees.
– Bringen Sie Ihren Kreislauf noch einmal in Schwung mit Fitnessübungen oder Joggen.
– Wiederholen Sie gegebenenfalls die Nasenspülung vom Morgen (siehe nächster Abschnitt) und träufeln Sie danach einige Tropfen Sesamöl in die Nase.

Allgemeine Empfehlungen für einen gesunden Tagesablauf

Die folgenden Empfehlungen dienen der täglichen Gesunderhaltung. Sie fügen sich damit dem natürlichen Rhythmus der Natur und vermeiden unnötigen Stress. Diese Tipps gelten für gesunde Menschen, können also bei Krankheit aus therapeutischen Gründen geändert werden.

Die körperliche Reinigung

– Stehen Sie morgens auf, bevor die Kapha-Zeit beginnt.

– Der erste Weg des Tages führt vom »Bette zur Toilette«. Wenn Sie rechtzeitig aufstehen, haben Sie die besten Chancen, neben Wasser auch Stuhl zu lassen, da Vata-Dosha noch aktiv ist. Der Stuhlgang am frühen Morgen vor dem Frühstück ist ein wichtiges Indiz für eine gesunde Verdauung. Danach sollte man sich wohl und erleichtert fühlen. Wenn Sie unter Problemen bei der morgendlichen Darmentleerung leiden, schlagen Sie einfach auf Seite 232 ff. nach.

Stuhlgang am besten vor dem Frühstück.

– Bei der anschließenden körperlichen Reinigung sollten Sie neben dem Zähneputzen auch die Zunge mit einem Zungenspatel oder Löffel reinigen. Auf der Zunge bildet sich oft ein Belag, der ein wichtiges Zeichen für vorhandenes Ama ist. Das Putzen der Zunge erhöht die Funktion Ihres Agni und sorgt für besseren Mundgeruch. Danach sollten Sie etwas Sesamöl in den Mund nehmen und ohne größere Bewegungen für einige Minuten im Mund behalten. Spucken Sie es aus und massieren Sie mit den Fingern und dem im Mund verbliebenen Öl das Zahnfleisch, um es zu stärken und zu kräftigen.

Die Zunge mit einem Zungenspatel reinigen.

– Spülen Sie Ihre Nase mit warmem Salzwasser durch. Dafür gibt es kleine Plastikbehälter (Nasenspüler) zu kaufen. Man führt das kleine Ende des Nasenspülers so lange in ein Nasenloch, bis das Salzwasser aus dem anderen Nasenloch wieder herausläuft; lassen Sie es ein bis zwei Minuten laufen. Danach wechseln Sie das Nasenloch. Dieser Vorgang führt auf Dauer zu

Am Morgen die Nase spülen.

freier Nase und schützt vor Erkältungen. Danach geben Sie zwei Tropfen Sesamöl oder Ghee in jedes Nasenloch.

– Reiben Sie sich mit Öl ein, besonders an Scheitel, Nase, Ohren und Füßen. Diese Maßnahmen verlängern das Leben.

Kichererbsenmehl hat gute Wirkungen für die Haut, besonders bei Kapha-Konstitutionen. Geben Sie zu einer Hand voll davon ein paar Tropfen Wasser, bis alles zu einer Paste wird. Damit reiben Sie sich am ganzen Körper ein und spülen es unter der Dusche wieder weg.

– Etwa 15 Minuten nach dem Einölen können Sie duschen oder baden. Für Vata-Konstitutionen sind milde Seifen – beispielsweise Mandelölseifen – empfehlenswert, Pitta-Konstitutionen und Kapha-Konstitutionen sollten lieber Neemseife[82] benutzen. Für Kapha-Konstitutionen ist es auch sehr gut, sich danach am ganzen Körper mit Kichererbsenmehl abzureiben.

Die geistige Reinigung

– Nach der körperlichen findet die geistige Reinigung statt. Yoga, Gebete und Meditationen machen den Kopf frei von Sorgen und lassen Sie ausgeglichener und konzentrierter durch den Tag gehen. Nehmen Sie sich etwas für den Tag vor oder verbringen Sie ihn nach einem bestimmten Motto, das Sie und Ihre Mitmenschen bereichert.

Die Mahlzeiten

Kaffee ist für alle drei Konstitutionen wenig geeignet. Er provoziert Vata- und Pitta-Dosha. Er wird bekömmlicher, wenn er koffeinfrei, mit etwas Zimt und Kardamompulver, viel Milch und Rohrzucker getrunken wird.

– Nehmen Sie Ihr Frühstück nicht nach 8.00 Uhr ein. Vata-Konstitutionen sollten unbedingt ausreichend frühstücken. Milch und Milchprodukte sind dabei sehr empfehlenswert. Für Pitta-Konstitutionen ist Frühstücken ebenfalls wichtig, da sie etwas zum Verbrennen brauchen. Das Frühstück sollte jedoch etwas leichter und nicht erhitzend (also kein Kaffee!) sein. Kapha-Konstitutionen sollten nur wenig essen und können bei geringem Appetit auch ganz darauf verzichten.

– Das Mittagessen sollte für alle drei Konstitutionen die Hauptmahlzeit des Tages sein. Wichtig ist gerade für Kapha-Konstitutionen, dass sie sich nicht überladen mit zu viel und zu schwerem Essen. Es ist gut, nach dem Essen maximal 15 Minuten auf der linken Seite zu liegen, aber nicht zu schlafen. Kapha-Konstitutionen sollten jedoch besser einen Spaziergang machen.

– Nehmen Sie nicht mehr als drei bis vier Mahlzeiten am Tag ein, das heißt, verzichten Sie auf Zwischenmahlzeiten. Etwas Obst oder warmer Tee am Nachmittag ist als vierte Mahlzeit in Ordnung. Trinken Sie zum Essen, aber nicht mehr danach.

Zwischenmahlzeiten sollten möglichst vermieden werden.

– Die letzte Mahlzeit am Abend sollte drei Stunden vor dem Schlafengehen eingenommen werden, damit der Körper ausreichend Zeit zum Verdauen hat.

– Nehmen Sie grundsätzlich die Mahlzeiten nach den Prinzipien der ayurvedischen Ernährungslehre ein.[83]

Regeln für einen gesunden Schlaf

– Nehmen Sie die Abendmahlzeit zwischen 18.00 und 19.00 Uhr ein. Essen Sie leicht und mäßig viel. Toastbrote und Suppen sind empfehlenswert.

– Vermeiden Sie schwer verdauliche Produkte wie Käse, Joghurt, Quark, Fleisch und Rohkost.

– Trinken Sie wenig und vorzugsweise warme Getränke.

– Alle drei Konstitutionen sollten rechtzeitig vor dem Schlafengehen unterschiedliche Übungen praktizieren. Für Kapha-Menschen sind Fitnessübungen ideal, um den Kreislauf noch einmal in Schwung zu bringen. Pitta-Menschen können leichte Spaziergänge machen oder schwimmen gehen. Für Vata-Menschen eignen sich Entspannungsmeditationen und beruhigende Yoga- und Atemübungen bestens für einen erholsamen Schlaf.

Besonders für Pitta- und Vata-Konstitutionen ist es wichtig, alle geistigen Tätigkeiten vor 22.00 Uhr zu beenden, damit der Schlaf nicht gestört wird.

– Belasten Sie sich am Abend nicht mit aufregenden Horrorfilmen oder Krimiromanen.

– Wenn Sie Einschlafprobleme haben, trinken Sie warme Milch mit Mandeln und Süßholzwurzel oder etwas Rohrzucker. Ölen Sie danach Ihren Scheitel mit warmem Mandelöl ein.[84]

– Gehen Sie spätestens um 23.00 Uhr ins Bett.

– Setzen Sie sich vor dem Schlafen in eine bequeme Position und schließen Sie mit den Ereignissen des Tages ab. Nehmen

Tabelle 16: Tagesempfehlungen für die Konstitutionen

Empfehlungen	Vata-Konstitutionen	Pitta-Konstitutionen	Kapha-Konstitutionen
Weckzeit	6.00 Uhr	5.30 Uhr	5.00 Uhr
Körperölung	Sehr notwendig, täglich am ganzen Körper	Notwendig, drei- bis viermal/ Woche, besonders an Scheitel und Fußsohlen	Weniger notwendig, ca. ein- bis zweimal/Monat
Körperöle	Sesam, Mandel, Olive	Kokos, Sonnenblume, Olive	Sonnenblume, Mais, Senf
Fitness	Yogaübungen für den Lenden- bereich und beruhigende Atem- übungen	Meditationen und Yogaübungen zur Dehnung des Bauchberei- ches	Kräftigende Yoga- und Atem- übungen Anstrengende Fitnessübungen
Frühstück	Eher kräftigend: Warme Milch, Frischkäse, Quark, Haferflocken, Nüsse, Eier	Eher mittelleicht: Kühlende Kräutertees, Toasts mit Ghee, Frischkäse, Quark	Leicht oder gar nicht: Erhitzende Kräutertees, etwas Knäckebrot mit Honig
Mittagessen (12.00–13.00 Uhr)	Kräftigend: Warm, wenig Salat und Rohkost Getränk: Heißes Ingwerwasser Kurze Ruhepause danach	Kühlend: Große Menge, viel Gemüse und Salat Getränk: Bittere, kühle Kräuter- tees, alkoholfreies Bier, Mineral- wasser Kurze Ruhepause danach	Leicht: warm, wenig Fleisch, viel Gemüse Getränk: Lauwarmes Honigwasser Spaziergang danach
Nachmittag	Warme Getränke (kein Kaffee), Süßspeisen und Früchte	Kühlende Getränke, Süßspeisen und Früchte	Wenig trinken, nichts essen
Abend (18.00–19.00 Uhr)	Kräftigende Suppen, Toasts, Frischkäse, warme Milch oder Rotwein	Getoastetes Brot mit Ghee, Frischkäse, kühlende Getränke	Leichte Suppen, Knäckebrot mit Honig, wenig Trinken
Bewegung	Entspannende, beruhigende Tätigkeiten	Schwimmen, Meditation	Radfahren, kreislaufanregende Übungen
Schlafenszeit	22.00 Uhr	22.30 Uhr	23.00 Uhr

Sie keine Sorgen oder Probleme mit in die Nacht hinein, son- dern vergeben Sie sich und anderen. Lassen Sie den vergange- nen Tag Revue passieren und anerkennen Sie sich und Ihre Mitmenschen für alle Leistungen dieses Tages. Je mehr Sie das Gute in sich und anderen sehen, umso mehr unterstützen Sie die positiven Eigenschaften im Menschen. Wenn Sie möch- ten, sprechen Sie ein Gebet der Dankbarkeit und Freude. Ihr Schlaf wird dadurch ruhiger, und Sie werden am nächsten Morgen froh aufwachen.

Ein Beispiel für ein wunderbares Gebet, das Ihrer Gesundheit von großem Nutzen ist, möchte ich mit Ihnen an dieser Stelle teilen:

»Ich erkenne, dass in mir ein geistiger Körper der Freude ist; immer jung, immer schön. Gemüt, Augen, Nase, Mund, Haut sind schön und geistig. Und ich besitze den Körper des göttlichen Kindes, der heute Nacht vollkommen ist.« [85]

Empfehlungen für einen gesunden jahreszeitlichen Ablauf

Die Tri-Doshas unterliegen nicht nur tageszeitlichen, sondern auch jahreszeitlichen Schwankungen. Im Winter und Frühling ist Kapha-Dosha besonders aktiv, im Sommer Pitta-Dosha und im Herbst Vata-Dosha. Dabei spielt auch das Klima eine zusätzliche Rolle. Feuchtkaltes Wetter wird Kapha-Dosha, sehr heißes Pitta-Dosha und trockenkaltes Vata-Dosha erhöhen. Es ist daher sehr wichtig, zusätzlich zur Jahreszeit das Wetter zu beobachten, damit man das jeweilig vorherrschende Dosha rechtzeitig kontrollieren kann.

Der Winter (Kapha)

Das neue Jahr beginnt mit der Zeit der Ruhe, Gemütlichkeit, Stärkung und Regenerierung. Durch die Kälte verschließen sich die Poren der Haut, und die Körperwärme konzentriert sich im Bauchraum. Daher ist das Verdauungsfeuer Agni in dieser Zeit stärker als im Sommer. Schwere Speisen wie die Weihnachtsgans, der Christstollen und das Adventsgebäck können zwar eher verdaut werden als zu den anderen Jahreszeiten, sollten aber trotzdem nicht zu oft gegessen werden, da Kapha-Dosha sonst zu stark ansteigen würde, was sich unter anderem an einer Gewichtszunahme zeigt. Die feuchte Kälte, die verminderte Freizeitaktivität und das geringe Tageslicht tragen weiter dazu bei, dass Kapha-Dosha sich vermehrt ansammelt. Besonders Kapha-Konstitutionen müssen darauf achten. Süßspeisen, Milchprodukte, kalte Getränke und schweres Essen sollten dann vermieden werden. Heiße Tees, Honigwasser, scharfe Gewürze, leichtes Essen und Bewegung sind Pflicht.

Vorsicht vor Kapha provozierender Ernährung!

Der frühe Frühling (Kapha)

Je nach Feuchtigkeit und Kälte des Winters und je nachdem, wie Sie gegessen und gelebt haben, bekommen Sie im beginnenden Frühling das Resultat eines erhöhten Kapha-Doshas zu spüren. Die Frühjahrsmüdigkeit, die überschüssigen Pfunde und eine gewisse Schwerfälligkeit sind klare Anzeichen für zu viel Kapha-Dosha. Wenn es wärmer wird, steigt Pitta-Dosha langsam an und erwärmt das zähe feste Kapha-Dosha im Körper. Die Folge ist die Verflüssigung der feuchten, zähen Säfte im Körper, die zu den typischen Verschleimungskrankheiten wie Erkältungen, Heuschnupfen, Allergien, Asthma, Bronchitis usw. führen. Es ist nun höchste Zeit für eine entschlackende Frühjahrskur, um den Körper von überschüssigem Kapha-Dosha zu befreien.[86]

Der späte Frühling (Pitta und Kapha)

Je wärmer es wird, umso mehr steigt Pitta-Dosha. Es dauert aber oft noch den ganzen Frühling, bis Kapha-Dosha endlich deutlich absinkt. Das liegt auch daran, dass der Frühling in unseren Breitengraden die feuchteste Jahreszeit mit den meisten Niederschlägen ist und es selbst im Mai noch empfindlich kalt sein kann. Vermeiden Sie in dieser Zeit saure Früchte und Fruchtsäfte: Diese würden zum einen Allergien und Heuschnupfen weiter verstärken und zum anderen Pitta-Dosha stark erhöhen – was zu Problemen im Sommer führen könnte, wenn Pitta naturgemäß stark ansteigt.

Der Sommer (Pitta)

Im Sommer ist Pitta-Dosha auf dem Höhepunkt. Den von Kapha-Dosha geplagten Menschen geht es jetzt langsam besser. Die Hitze führt dazu, dass sich die Poren der Haut öffnen. Dadurch verteilt sich Agni von der Körpermitte in die Extremitäten und wird schwächer. Kühlende Getränke und viel kaltes Essen (Salate, Früchte) senken Agni weiter. Schwere Nahrung wird in dieser Zeit nicht gut vertragen. Wenn die Sommerhitze auf dem Höhepunkt ist, leiden die Pitta-Konstitutionen am meisten. Es kommt zu den typischen Pitta-Störungen wie Durchfällen, Magen-Darm-

Entzündungen, fiebriger Sommergrippe, Hitzschlägen oder Hautkrankheiten. Die allgemeine körperliche Stärke sinkt, und deshalb wird in dieser Zeit vor großen körperlichen Anstrengungen und übermäßiger Sexualität gewarnt, die den Organismus weiter erhitzen und schwächen. Meiden sollte man vor allem den erhitzenden Alkohol (besonders hochprozentigen) sowie saure und zu scharfe Nahrung. Alles, was Pitta-Dosha senkt, ist in dieser Zeit erlaubt: Ruhe, Milchprodukte (außer Joghurt), süßes, kühlendes Obst und Getränke sowie Ghee. Außerdem empfehlen sich Maßnahmen wie Schwimmen.

Der Altweibersommer (Vata und Pitta)

Mit dem September beginnt langsam die Zeit von Vata-Dosha. In dieser Periode ist das Wetter oft trocken, und die Temperaturunterschiede von Tag und Nacht können sehr groß sein. Beides führt zu einem Ansteigen von Vata-Dosha. Da der Organismus vom Sommer ohnehin geschwächt ist und für die kalte Jahreszeit vorbereitet werden sollte, ist es empfehlenswert, eine milde Herbstkur durchzuführen. Dabei wird überschüssiges Pitta-Dosha ausgeschieden und der Körper gestärkt, um den typischen Vata-Störungen des Spätherbstes vorzubeugen.[87]

Zeit für die kräftigende Herbstkur, um sich auf den Winter vorzubereiten.

Der Spätherbst (Vata)

Der Spätherbst ist für den Organismus eine Zeit der Umstellung. Das Wetter ist oft wechselhaft, sehr kalte Tage können sich mit immer noch warmen Tagen abwechseln. Der Winter ist zwar noch nicht da, macht sich aber schon bemerkbar. Der Körper ist in dieser Umstellungszeit schnell überfordert und gestresst, die Anfälligkeit für Krankheiten und Schmerzzustände nimmt zu. Vata-Dosha ist jetzt aktiv und sorgt für eine größere Empfindlichkeit. Die typischen Vata-Störungen wie Neuralgien, Arthritis, Schmerzzustände aller Art und chronische Krankheiten verschlimmern sich meist. Das Wetter wird stürmischer, und je mehr Wind und Kälte zunehmen, umso mehr wird Vata-Dosha provoziert. Achten Sie jetzt darauf, sich warm zu halten und vor Wind und Kälte zu schützen. Erwärmende Speisen wie kräftige Suppen und würzige

Vorsicht vor Vata provozierender Nahrung sowie Wind und Kälte.

Tees sind nun wichtig. Warme Ölanwendungen, Bäder und Schwitzen sind bestens geeignet, um Vata-Dosha unter Kontrolle zu halten.

Tabelle 17: Empfehlungen für die Jahreszeiten

Jahreszeit	Aktives Dosha	Agni	Empfehlungen
Der Winter (Januar/Februar)	Kapha +++ Vata ++ Pitta –	++	Vorsicht vor Kapha und Vata provozierender Nahrung Empfehlungen: Warmes und scharfes Essen, heiße Getränke, ausreichend Bewegung
Der frühe Frühling (März/April)	Kapha ++ Pitta + Vata –	++	Vorsicht vor Kapha provozierender Nahrung Empfehlung: Bittere Gemüse, Entschlackungskur mit bitteren Tees, Gemüsesäften und Heilpflanzen
Der späte Frühling (Mai/Juni)	Pitta ++ Kapha + Vata –	+	Vorsicht vor saurer und süßer Nahrung Empfehlung: Salate, bitteres und zusammenziehendes Gemüse
Der Sommer (Juli/August)	Pitta +++ Kapha – Vata –	–	Vorsicht vor Pitta provozierender und schwer verdaulicher Nahrung und Alkohol Empfehlung: Süßes, kühlendes Obst, Salate, bitteres, herbes Gemüse, kühlende Getränke
Der Altweibersommer (September/Oktober)	Vata ++ Pitta + Kapha –	–	Vorsicht vor schwer verdaulicher und Vata provozierender Nahrung Empfehlung: Milde Herbstkur zur Entschlackung und Kräftigung
Der Spätherbst (November/Dezember)	Vata + + + Kapha + Pitta –	+	Vorsicht vor Vata provozierender Nahrung Empfehlungen: Warmes und gut gewürztes Essen, heiße Getränke

(+++ höchste Aktivität, ++ starke Aktivität, + leichte Aktivität, – wenig Aktivität)

Empfehlungen für ein gesundes Leben gemäß dem Alter

Die Tri-Doshas unterliegen auch einem Lebensalterzyklus. Ayurveda teilt das Leben in drei große Abschnitte auf:

1. die Kindheit unter dem Einfluss von Kapha-Dosha
2. das Erwachsenenalter unter dem Einfluss von Pitta-Dosha
3. das Greisenalter unter dem Einfluss von Vata-Dosha

Das Kindesalter: Die Zeit von Kapha-Dosha (bis etwa 18 Jahre)

Das Kindesalter steht sehr unter dem Einfluss von Kapha-Dosha. Das dicke, strahlende Baby ist der Inbegriff für ein gesundes Kind und das typische Bild eines Kapha-Menschen. Hier wird der Grundstein gelegt für die körperliche Kraft und Ausdauer im ganzen Leben. Kapha ist der Garant für Stärke und Wachstum, und daher sollte es einem Baby eigentlich »leicht fallen«, prall und rund zu sein. Wenn ein Mensch bereits in jungen Jahren schwach und untergewichtig ist, weist dies auf eine erste Vata-Störung hin, die später zu chronischen Krankheiten führen kann.

Beim Kind stehen meist Kapha-Störungen wie Schnupfen, Heuschnupfen, akute fiebrige Infekte und Bronchitis im Vordergrund.

Im Kindheitsalter kommt es bei normaler Entwicklung überwiegend zu den typischen Kapha-Störungen wie Erkältungen, Heuschnupfen, Bronchitis und fiebrigen Infekten. Fieber entsteht dabei als Folge von Ama, das durch das kurzzeitig hohe Fieber verbrannt wird. Die Beschwerden sind meist kurz und bei sinnvoller Behandlung schnell wieder auskuriert. Beim Auftreten solcher Störungen muss immer an eine Beruhigung von Kapha-Dosha gedacht werden. Wichtig bei der Ernährung ist, dass man stark Kapha oder Ama erzeugende Nahrungsmittel vermeidet wie zum Beispiel Eis, kalte Milch, Früchte mit Milchprodukten, saure Früchte, Zucker, Schokolade, Kuchen, kalte Getränke und besonders die Babyfertignahrung, die dadurch, dass sie weder natürlich noch frisch ist, viel Ama erzeugt.

Das Erwachsenenalter (bis etwa 50 Jahre)

Im Erwachsenenalter kommt es vermehrt zu Pitta-Störungen. Sie zeigen sich bereits mit beginnender Pubertät an den bekannten Hautkrankheiten wie Akne, Furunkeln und Mitessern, bei denen auch das Kapha-Dosha noch mit beteiligt ist. Der Wechsel vom Kind zum Erwachsenen ist eine Zeit tief greifender Veränderungen auf körperlicher und geistiger Ebene. Die Entwicklung der Sexualorgane und die Erlangung der Fruchtbarkeit stellen eine große Anstrengung und Herausforderung für den Jugendlichen dar. Auf geistiger Ebene führt Pitta-Dosha dazu, dass der junge Mensch beginnt, seinen eigenen Weg zu gehen, und gegen die

Im Erwachsenenalter neigen wir eher zu Pitta-Störungen wie entzündlichen Krankheiten, Magengeschwüren, Durchfällen, Herz-Kreislauf- und Lebererkrankungen sowie Hautkrankheiten.

Welt der Erwachsenen aufbegehrt. Es ist die Zeit der großen Ideale und Visionen, die die Welt verändern sollen – eine Phase der Orientierung und Reifung. Nach der Ausbildung beginnt der berufliche Werdegang, der oft mit der Gründung einer Familie einhergeht. Pitta-Dosha ist für Karriere und Beruf sehr wichtig, da seine Zielstrebigkeit und Disziplin gut für den Aufbau einer Existenz genutzt werden kann. In diesem Lebensalter kommt es eher zu akuten, kurzzeitigen Erkrankungen wie Entzündungen, Fieber, Durchfällen und Lebererkrankungen. Chronische Erkrankungen sollten nicht vorkommen, sonst ist dies ein Hinweis auf eine tiefere Störung im Organismus. Achten Sie darauf, nicht zu viel Alkohol, scharfe, salzige und saure Speisen zu konsumieren, die Pitta-Dosha provozieren.

Das Alter (ab etwa 50 Jahre)

Im Alter sind wir empfänglich für Vata-Störungen: chronische Krankheiten, Ängste, Schlaflosigkeit, Unruhe, Arthritis, Neuralgien, geistige und nervöse Störungen.

Der Wechsel ins höhere Alter beginnt – wie bei der Pubertät – mit Umwälzungen auf allen Ebenen des Menschen. Die Frau verliert ihre Gebärfähigkeit und kommt in die Wechseljahre, die nicht nur zu den bekannten körperlichen, sondern auch zu mentalen Problemen führen können. Der Mann bemerkt den Verlust seiner körperlichen Kraft und durchläuft ebenfalls die so genannte Midlife-crisis. Der endgültige Abschied von der Jugend und die Vorbereitung auf das Alter kann – vor allem in unserer auf die Vorzüge ewiger Jugend programmierten Gesellschaft – sehr schmerzhaft sein.

Im letzten Lebensabschnitt gerät der Mensch mehr und mehr unter den Einfluss von Vata-Dosha, dem abbauenden Prinzip. Die körperliche Kraft nimmt ab, und die Gewebe können sich nicht mehr im gleichen Maße regenerieren wie in jungen Jahren. Trockene, faltige Haut, nachlassende Flexibilität des Bewegungsapparates und größere Anfälligkeit für chronische Krankheiten sind erste Kennzeichen dieser Lebensphase. Je nach Lebensweise, Ernährung und Konstitution setzt der Alterungsprozess früher oder erst später ein. Die Wahrscheinlichkeit von Vata-Störungen nimmt mit Fortschreiten des Alters zu. Besonders Vata-Konstitutionen sind dafür anfällig.

Wenn man durch eine vernünftige Ernährung und Lebensweise vorsorgt und regelmäßige Kuren zur Vata-Beruhigung macht, kann man auch im hohen Alter noch vital und frei von größeren Störungen bleiben. Sie sollten zudem auf regelmäßigen Schlaf achten und größere körperliche Anstrengungen vermeiden. Eine gesunde, kräftige und leicht verdauliche Ernährung trägt entscheidend zu Ihrer körperlichen Stabilität bei. Jetzt ist auch die Zeit gekommen, sich mit spirituellen Themen intensiv zu beschäftigen. Sie tragen den Reichtum und die Weisheit eines langen Lebens in sich und können nun die Früchte ernten.

Die Dosha-Phasen

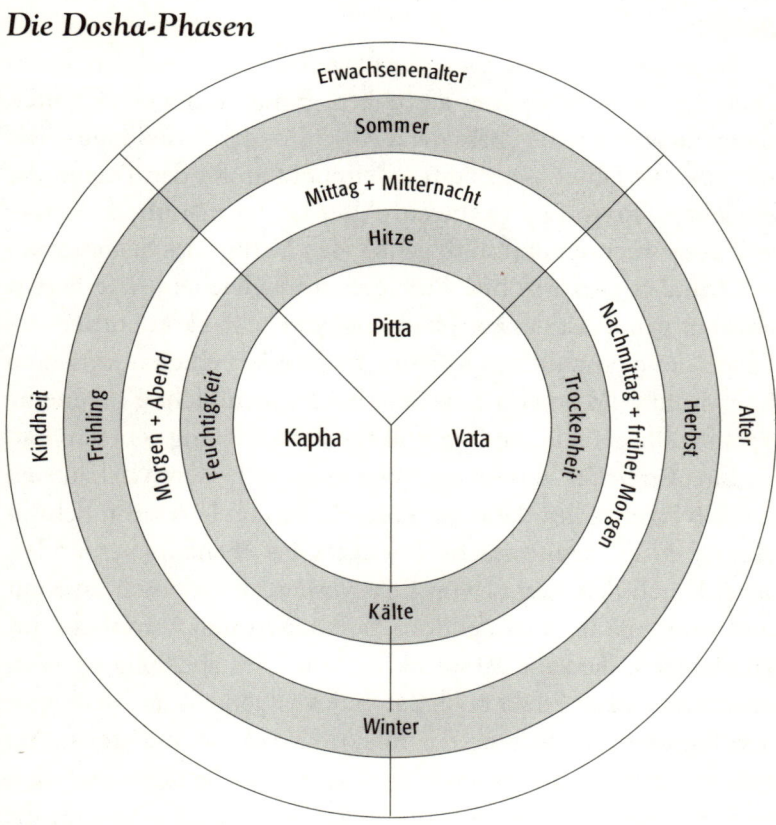

Empfehlungen im Umgang mit der Sexualität

Die Sexualität ist einer der wichtigsten und stärksten (An-)Triebe des menschlichen Körpers überhaupt. Laut Ayurveda ist Sexualität jedoch nicht nur Vergnügen und Bedürfnisbefriedigung, sondern bedeutet auch, Verantwortung zu übernehmen für die Entstehung eines neuen Lebewesens. Laut der vedischen Philosophie ist sogar jeder Mensch verpflichtet, sich fortzupflanzen und für Nachwuchs zu sorgen. Der Sexualakt wird als heiliges Ritual angesehen, das nicht durch übertriebene Genusssucht unkontrolliert ausgeübt werden darf. Die Kontrolle der sexuellen Energie spielt zudem für die körperliche und geistige Gesundheit eine wichtige Rolle.

Ayurveda empfiehlt, Geschlechtsverkehr nicht vor dem Erreichen des 16. Lebensjahres auszuüben. Einige vedische Schriften sehen für Männer die Phase nach Abschluss der Ausbildung – also mit etwa 25 Jahren – als besten Zeitpunkt an für den Beginn der sexuellen Praxis. Erst in diesem Alter ist der männliche Körper voll ausgewachsen und stark genug, den Verlust des Samengewebes (Shukra-Dhatu) ohne Probleme auszugleichen. Wie bereits erwähnt wurde, ist das Fortpflanzungsgewebe das konzentrierteste Dhatu des menschlichen Körpers. Es erfordert einen ungeheuren Energieaufwand und 90 Tage Zeit, bis der männliche Körper eine Spermazelle gebildet und zur vollständigen Reifung gebracht hat.

Eine geregelte, erfüllende Sexualität ist wichtig für die körperliche und gesitige Gesundheit. Überstarker Sexualverkehr führt jedoch auf Dauer zu einem Mangel der feinstofflichen Energie Ojas, was zu frühzeitiger körperlicher und mentaler Schwäche führt.

Ein übergroßer Verlust von Spermiengewebe durch zu häufigen Sexualverkehr führt daher zur körperlichen und geistigen Schwächung, da die feinstoffliche Energie Ojas ebenfalls vermindert wird. Durch den Verlust von Ojas verliert der Mensch an Kraft und wird anfällig für Infektionskrankheiten und chronische Erkrankungen, da seine Abwehrkraft von Ojas abhängig ist. Verstärkt wird dieser Effekt noch durch Sexualverkehr mit wechselnden Partnern, da dadurch das Infektionsrisiko weiter steigt. Auf geistiger Ebene fehlt durch Ojas-Mangel die mentale Stabilität und Ausgeglichenheit. Auf der anderen Seite führt jedoch die Unterdrückung des sexuellen Triebes ebenfalls zu körperlichen und geistigen Krankheiten. Es ist daher wichtig, eine maßvolle Sexualität zu leben, die unserer Gesundheit zuträglich ist. Was aber heißt das?

Jemandem vorzuschreiben, wie er seine Sexualität zu leben hat, erscheint gerade in unserer Gesellschaft nicht unproblematisch. Wir leben in Beziehungen, und wenn ein Vata-Mensch mit einem Kapha-Menschen zusammenlebt und der Vata-Mensch aus ayurvedischer Sicht nur ein- bis zweimal im Monat Geschlechtsverkehr haben sollte, der Kapha-Mensch aber dagegen zweimal in der Woche: Wie soll man da eine glückliche Beziehung führen? Wir sollten dieses Thema etwas unverkrampfter betrachten und die Wichtigkeit eines kontrollierten Sexuallebens gegen die Notwendigkeit einer freien und erfüllten Sexualität in der Partnerschaft abwägen. Die nachfolgenden Empfehlungen sind daher besonders unter dem Gesichtspunkt zu betrachten, dass unser Verständnis von Sexualität durch sie erweitert und nicht beschränkt wird. Wenn ich mir der Kostbarkeit meiner Sexualität bewusster bin, gewinnt sie dadurch nicht noch mehr an Intensität? Und ist das nicht den meisten von uns im Grunde viel mehr wert als die bloße Quantität der Sexualkontakte?

Um eine gesunde Sexualität zu leben, sind aus ayurvedischer Sicht mehrere Faktoren wichtig: die Konstitution, die Tages- und Jahreszeit, das Alter und die momentane Verfassung.

Die Konstitutionen

Kapha-Konstitutionen können ihre Sexualität am häufigsten, nämlich zweimal wöchentlich, ausleben, während Vata-Konstitutionen mit zweimal im Monat wesentlich zurückhaltender damit umgehen sollten. Pitta-Konstitutionen liegen auch hier wieder in der Mitte. Die Häufigkeit des Sexualverkehrs ist besonders von der Jahreszeit abhängig. Die oben genannten Zahlen sind Richtwerte, die in der Winterzeit etwas erhöht und im Sommer gesenkt werden sollten.

Die Jahreszeit

Die beste Jahreszeit für die Sexualität ist der Winter, da er die Zeit der Kraft und Regenerierung ist. Vor übermäßiger Sexualität wird besonders im Sommer gewarnt, der Zeit, in der die körperliche Kraft am geringsten ist.

Die Tageszeit

Die beste Tageszeit für die Sexualität ist der Abend, während die anderen Tageszeiten nicht empfehlenswert sind. Auch unmittelbar nach dem Essen oder hungrig sollte man keinen Sex haben.

Das Alter

Das beste Alter für die Ausübung der Sexualität ist die Zeit zwischen dem 25. und 50. Lebensjahr. Danach ist die Fähigkeit zur Fortpflanzung bei der Frau nicht mehr gegeben, und das natürliche sexuelle Verlangen lässt nach. Die sexuelle Energie sollte dann verstärkt für die geistige und spirituelle Entwicklung genutzt werden.

Sexualität und die momentane Verfassung (Vikriti)

Sexualität sollte grundsätzlich nur von gesunden Menschen ausgeübt werden. Kranken, besonders solchen mit auszehrenden oder ansteckenden Krankheiten, wird empfohlen, so lange auf Geschlechtsverkehr zu verzichten, bis sich ihr Krankheitszustand deutlich gebessert hat. Auch der Geschlechtsverkehr mit unhygienischen oder leidenschaftslosen Partnern sollte vermieden werden, ebenso der Sexualverkehr mit Frauen während der Menstruation. Schwangeren Frauen wird bis zur Niederkunft von Geschlechtsverkehr abgeraten, da dieser aus ayurvedischer Sichtweise besonders für die mentale Entwicklung des Embryos nicht förderlich ist. Dabei ist allerdings nur der eigentliche Geschlechtsakt gemeint; da es ja noch andere Sexualpraktiken gibt, können Sie Ihrer Fantasie freien Lauf lassen.

Nach dem Sexualakt ist es sehr vorteilhaft, etwas Stärkendes zu sich zu nehmen, beispielsweise warme Mandelmilch oder Süßspeisen wie Mangoquark. Auch ein gemeinsames Bad oder eine gegenseitige Partnerölmassage sind sehr aufbauend und können die Krönung eines zärtlichen Liebesspiels sein.

Empfehlungen im Umgang mit dem Schlaf

Der Schlaf ist die wichtigste Erholung für Körper und Geist. Regelmäßiger und gesunder Schlaf ist daher sehr notwendig. Er sollte zwischen 22.00 und 6.00 Uhr morgens gehalten werden, wobei Vata-Konstitutionen am längsten schlafen sollen (etwa acht Stunden); Kapha-Menschen dagegen reichen sechs Stunden, während Pitta-Konstitutionen mit sieben Stunden dazwischenliegen. Am Tag sollte bis auf wenige Ausnahmen grundsätzlich nicht geschlafen werden. Ausnahmen sind Geschwächte, Senioren und Kleinkinder sowie Menschen, die durch Krankheit oder nach Operationen erschöpft sind. Auch nach sehr großer körperlicher Anstrengung und auf Reisen ist der Tagesschlaf empfehlenswert. Kapha-Menschen allerdings sollten grundsätzlich nicht tagsüber schlafen. Ihr Organismus wird dadurch noch langsamer und schwerfälliger. Der Tagesschlaf erhöht die Feuchtigkeit und Schwere des Körpers und verlangsamt den Stoffwechsel. Vata- und Pitta-Menschen können um die Mittagszeit etwas ruhen und sich hinlegen. Besonders Menschen mit sehr hohem Vata-Dosha wird geraten, Schlaf am Nachmittag zu halten.

Es ist sehr ungesund, nachts wach zu bleiben oder zu arbeiten. Dadurch erhöht sich vor allem Pitta-Dosha, aber auch Vata-Dosha. Körper und Geist werden unruhig, verlieren Energie, altern schneller und kommen aus dem natürlichen Gleichgewicht.

> Beachten Sie, dass die Schlafdauer – neben der Konstitution – abhängig von der körperlichen und geistigen Aktivität ist. Je länger und härter man arbeitet, umso mehr Schlaf braucht der Organismus, um sich zu regenerieren. Dabei ist der Schlaf zwischen 22.00 und 6.00 Uhr der wichtigste und erholsamste Schlaf.

Empfehlungen im Umgang mit Sport und Yoga

Bewegung ist ein natürlicher und wichtiger Faktor für die Gesundheit. Dabei sollten Kapha-Konstitutionen eher mehr körperlicher Aktivität nachgehen, Pitta- und Vata-Konstitutionen dagegen sollten vorsichtiger sein mit großer körperlicher Anstrengung. Jede Bewegung führt zu einem Ansteigen von Vata- und Pitta-Dosha, was in unserem bewegungsarmen Alltag oft wichtig sein kann. Wenn Sie jedoch regelmäßig Sport treiben, kann der Anstieg der beiden Doshas über das gesunde Maß hinausgehen. Im Ayurveda empfiehlt man, so lange zu trainieren, bis man anfängt zu schwitzen. Dann sollte man aufhören. Vor intensivem Fitnesstraining oder Überanstrengung wird dringend gewarnt, da dadurch der Körper geschwächt wird.[88]

Intensiver Sport hat folgende Auswirkungen:

- Erhöhung von Vata- und Pitta-Dosha
- erhöhter Verbrauch von Körpergewebe
- vorzeitiger Verschleiß des Gelenkapparates
- vorzeitige Alterung des Körpers
- Absinken des Verdauungsfeuers Agni
- auf Dauer Schwächung der körperlichen Kraft

Sport und die Konstitutionen

Für Kapha-Menschen sind Sport und Bewegung sehr wichtig.

Für Kapha-Konstitutionen ist so ziemlich jeder Sport empfehlenswert – außer Schwimmen, denn es würde seine Feuchtigkeit weiter erhöhen. Joggen, Wandern und Gymnastik aber sind ideal, um den Stoffwechsel anzukurbeln. Leider neigt jedoch gerade der Kapha-Typ dazu, sich ungern körperlich anzustrengen. Beim Kapha-Menschen ist Bewegungsarmut – neben falscher Ernährung – der häufigste Grund für Krankheiten. Er kann seiner Gesundheit aber kaum einen größeren Gefallen tun als regelmäßiges Bewegungstraining.

Für Pitta-Menschen ist Schwimmen der beste Sport. Vorsicht vor Sport im Sommer und bei Hitze und Sonne!

Für Pitta-Konstitutionen ist Schwimmen die optimale körperliche Betätigung, da es kühlend wirkt. Der Pitta-Mensch sollte vor allem vermeiden, sich in der Mittagshitze draußen aufzuhalten oder dabei gar Sport zu treiben. Auch Bergtouren im Sommer sind nicht empfehlenswert. Wenn Sie bei Sonne oder großer Hitze unterwegs sind, sollten sie immer Kopfbedeckung und eine Sonnenbrille mit grauen oder grünen Gläsern tragen, da sie als einzige für Ihre Augen empfehlenswert sind.

Für Vata-Menschen sind nur leichte sportliche Aktivitäten empfehlenswert.

Vata-Konstitutionen wird geraten, leichten sportlichen Aktivitäten nachzugehen. Yogaübungen und Spaziergänge sind am besten für sie. Bei Vata-Menschen besteht schnell die Gefahr, sich bei körperlicher Anstrengung zu übernehmen. Ausdauersportarten sind für sie völlig ungeeignet, da sie schwächen.

Yoga

Allen drei Konstitutionen wird empfohlen, regelmäßig Yoga zu praktizieren, denn es hat eine sehr wohltuende Wirkung auf Körper und Geist. Richtig geübt, unterstützt Yoga die Gesundheit. Es wirkt wie eine Reinigung des Körpers von ungesunden Stoffwechselprodukten und Blockaden. In unserem täglichen Leben sind wir oft gezwungen, ungesunde Fehlhaltungen wie Sitzen in ständig gleicher Position oder einseitige Bewegungsabläufe zu entwickeln. Der Körper »speichert« diese Fehlhaltungen, was wiederum zu dauerhaften Problemen im Bewegungsapparat und zu einer verminderten Zirkulation in weniger beanspruchten Körperregionen führt. Daraus entstehen dann beispielsweise Verhärtungen im Schulter-Nacken-Bereich oder Schmerzen im unteren Rücken. Diese sind dann oft Auslöser für chronische Schmerzzustände wie steifer Nacken, Spannungskopfschmerzen oder Ischialgie. Mit Yoga löst man Haltungsstörungen und Blockaden wieder auf und fördert eine gesunde Zirkulation in allen Körperbereichen. Es erhöht zudem die Flexibilität, stärkt die Gewebe und beruhigt den Geist.

> Yoga bewirkt körperliche und geistige Reinigung, Flexibilität und Stabilität.

Auch der Atmung wird im Yoga große Beachtung geschenkt. Der Atem ist Teil der Lebenskraft Prana, die wir mit jedem Atemzug aufnehmen. Durch falsche Atmung geht uns dabei viel Kraft verloren. Die Atmung hat auch einen wesentlichen Einfluss auf unsere mentale Stärke, da dieser Bereich ebenfalls von Prana kontrolliert wird. Das *Pranayama* etwa ist eine Abfolge mehrerer Atemübungen, die einen sehr günstigen Effekt auf unsere Gesundheit haben. Durch Pranayama erhöht sich unsere Lebenskraft Prana, unsere mentale Stärke und Ausgeglichenheit – selbst auf Ojas hat es eine positive Wirkung. In Indien und mittlerweile auch in Europa wird Yoga daher gezielt zur therapeutischen Unterstützung bei Krankheiten eingesetzt.[89]

Es gibt sicherlich mittlerweile sehr gute Bücher über Yoga. Trotzdem empfehle ich Ihnen, Yoga in einem Kurs unter Anleitung eines guten Lehrers zu lernen. Die Gefahr, die Übungen falsch durchzuführen, ist sehr groß und kann den positiven Effekt von Yoga ins Gegenteil verkehren. Wenn Sie mit der Zeit genügend Erfahrung mit Yoga haben, können Sie Ihre Yogapraxis ohne weiteres allein zu Hause weiterführen.[90]

Empfehlungen im Umgang mit den natürlichen körperlichen Bedürfnissen (Vega)

Das Zulassen der körperlichen Bedürfnisse bedeutet keinen Freifahrtschein für unangemessenes Benehmen. Wie Sie Ihren Vegas Ausdruck verleihen, sollte immer mit Rücksicht auf Ihre Mitmenschen geschehen. Sie werden es Ihnen bestimmt danken.

Unter »körperlichen Bedürfnissen« versteht man Urinieren, Stuhlgang, Gase, Ejakulation (Samenerguss), Erbrechen, Hunger und Durst, Niesen, Aufstoßen, Gähnen, Schlafen und Weinen. Diese *Vegas* werden durch Vata-Dosha kontrolliert und gesteuert, denn sie sind Ausdruck von körperlicher Bewegung. Wenn diese Bedürfnisse unterdrückt werden, hat dies direkte Auswirkungen auf Vata-Dosha und kann zahlreiche Störungen im Körper auslösen. Wenn man zum Beispiel bewusst seine Ejakulation unterdrückt oder hinauszögert, kann dies zu Herzproblemen und Herzschmerzen führen.[91] Wenn man wiederum den Drang, Wasser zu lassen, unterdrückt, entstehen Störungen im Blasenbereich wie zum Beispiel Blasenreizungen und Blasenschwäche. Das Unterdrücken der körperlichen Bedürfnisse ist eine weit verbreitete und unnötige Ursache für chronische Störungen. Besonders das Unterdrücken von Niesen – das man oft bei Asthmatikern beobachten kann – führt zu Störungen der Lebenskraft Prana und verschlechtert das Asthma weiter.

Tabelle 18:
Das Unterdrücken der körperlichen Bedürfnisse (Vegas)

Das Unterdrücken von:	Störungen:
Urin	Kopfschmerzen, Schmerzen in Blase und Penis, Blasenschwäche, gebeugte Körperhaltung
Stuhl	Schmerzen in Rücken und Oberschenkeln, Schädigung und chronisches Schmerzen der Muskulatur
Ejakulation	Herzschmerzen und Störung der Spermienproduktion
Gasen	Verstopfung, aufgeblähter Bauch, Müdigkeit
Erbrechen	Hautjucken, Schwellungen der Beine, Blässe, Fieber und Übelkeit
Niesen	Schmerzen in Genick und Rücken, Blockierung der Atemwege, Schwäche der Muskulatur und Müdigkeit
Aufstoßen	Druckgefühle in der Herzregion, Atemlosigkeit, Geschmacksverlust und Schluckauf
Gähnen	Schwere und Zittern (Tremor) der Glieder, allgemeine Abgeschlagenheit des Körpers
Weinen	Herz- und Augenkrankheiten, Schwindel
Schlaf	Schlaflosigkeit, Benommensein, Migräne, Epilepsie, Schwere der Augen und alle Schmerzzustände des Kopfes
Atem	Atemlosigkeit und Herzkrankheiten

Resümee

Sie wollen wirklich gesund leben? Dann wissen Sie jetzt, dass es einiges zu tun gibt! Aber keine Panik: Sie sollten aus diesen Empfehlungen keine Ideologie machen. Zwang oder allzu strenge Disziplin sind keine guten Begleiter für ein gesundes Leben. Der französische Schriftsteller und Philosoph Voltaire[92] bringt das Wesen der ayurvedischen Lebensweise – ohne sie vermutlich gekannt zu haben – auf seine Art auf den Punkt:

> *»Ich schätze eine geregelte Lebensweise sehr hoch ein, die meine Säfte im Gleichgewicht hält und mir einen gesunden Schlaf ermöglicht. Wenn es kalt ist, sollte man warme Getränke und während der Hundstage kalte bevorzugen. Alles sollte weder zu viel noch zu wenig sein. Verdaue, schlafe, vergnüge dich und kümmere dich nicht um den Rest.«*

Der Umgang mit den täglichen Gesundheitschecklisten:
Die folgenden Gesundheitschecklisten sind für gesunde Menschen gedacht. Wenn Sie sich unwohl fühlen oder kleinere Beschwerden haben, können Sie möglicherweise anhand der Listen herausfinden, welches Dosha Ihnen Probleme macht oder ob sich Ama angesammelt hat. Sie können dann in der jeweiligen Tabelle unter den Doshas nachschauen, welche alltäglichen Maßnahmen Sie ergreifen können, um das erhöhte Dosha zu beruhigen. Wenn Sie allerdings unter einer chronischen Erkrankung leiden, zwei oder drei Doshas erhöht sind oder deutliche Ama-Zeichen vorliegen, sollten Sie zunächst einen erfahrenen ayurvedischen Therapeuten aufsuchen, der Ihnen weiterhilft.

Die tägliche Gesundheitscheckliste der Tri-Doshas

Merkmal	Erhöhtes Vata	Erhöhtes Pitta	Erhöhtes Kapha
Allgemein	Labil, schwach, friert ständig, chronische Beschwerden, akute Schmerzen	Hitzig, zu warm, roter Kopf, entzündliche Beschwerden, brennende Empfindungen	Feucht, müde, phlegmatisch, träge, langsam, frierend, schleimige Beschwerden
Psyche	Ängstlich, unruhig, nervös, viel Kummer und Sorgen, geschwätzig, chaotisch, instabil, extrovertiert	Dominant, ärgerlich, gestresst, eifersüchtig, konkurrierend, pedantisch, penibel	Traurig, weinerlich, depressiv, empfindlich, festhaltend, introvertiert, lethargisch
Appetit	Wechselhaft: mal groß, mal klein, bei Kummer eher Appetitlosigkeit	Zu groß, muss ständig essen, wird bei Hunger unruhig und böse	Gleichmäßig, geringe Mengen, versteckt gern Naschereien, bei Kummer Heißhunger auf Süßes
Stuhl	Wechselhaft, wenig, trocken, hart, knollig, schmerzhaft, viele Blähungen, tendiert zu Verstopfung	Weich-locker, hellbraun-grün, saurer, scharfer Geruch, brennende Empfindungen danach, tendiert zu Durchfall	Träge, fest-weich, klebrig mit Schleim, tendiert zu träger Verdauung mit Verstopfung, aber weichem Stuhl
Urin	Wenig, farblos, Probleme oder Schmerzen beim Wasserlassen	Gelb-rötlich, brennendes, heißes Gefühl, saurer Geruch	Weiß, milchig-schleimig
Schweiß	Wenig, ohne Geruch	Viel, heiß, saurer oder intensiver Geruch	Kommt bei Bewegung schnell ins Schwitzen, kalter Schweiß
Schlaf	Einschlafprobleme, Unruhe, Schlaflosigkeit, tendiert zu zu wenig Schlaf	Wacht leicht auf, schläft aber sofort wieder ein, tendiert zu mittellangem bis kurzem Schlaf	Schläft tief, kommt morgens schwer aus dem Bett, tendiert zu zu viel Schlaf
Menstruationszyklus	Prämenstruelles Syndrom mit großen Schmerzen, Blähungen, Verstopfung, Krämpfen, Angst und Schlaflosigkeit	Prämenstruelles Syndrom mit Hitzewallungen, Brustempfindlichkeit, Gereiztheit, Wut, Brennen beim Wasserlassen	Prämenstruelles Syndrom mit Anschwellungen, Müdigkeit, Heißhunger auf Süßes, weißem Ausfluss
Empfindlichkeiten	Wind, Kälte, Trockenheit, Wetterwechsel	Sonne, Hitze, Wärme	Feuchte Kälte, Nebel
Träume	Angstträume vom Fliegen, vom Reisen, auf der Flucht	Krieg, Gewalt, Leidenschaft, heftig	Romantisch, ruhig, liebevoll, von Wasser und Natur

Sichere Anzeichen für Ama

Allgemein	Körperliche und geistige Schwere
Energie	Mangelnde Energie und Schwäche, Erschöpfung
Geist	Dumpf, kann sich nicht konzentrieren, träge
Appetit	Sehr schlecht, wenig Verlangen, Gefühl von Übelkeit und Völle
Stuhl	Erhöhte Stuhlmenge mit klebrigem Stuhl oder Verstopfung, übel riechend, man braucht viel Toilettenpapier
Urin	Übel riechend
Schweiß	Übel riechend
Zunge	Jede Form von Zungenbelag
Atem	Übel riechend

IX. ESSEN ALS MEDIZIN: DIE AYURVEDISCHE ERNÄHRUNG

Dieses Kapitel gehört zu den wesentlichen Grundlagen.
Ayurvedische Gesundheitsvorsorge ohne Ernährungslehre ist wie ein
Auto ohne Benzin. Beides funktioniert nicht. In diesem ausführlichen
Kapitel werden alle Aspekte der ayurvedischen Ernährung umfassend
dargestellt. Jedem wichtigen Abschnitt folgt eine kurze Zusammenfas-
sung, damit Sie dieses komplexe Kapitel auch gut »verdauen«. Sie
können dabei selbst bestimmen, wie weit Sie in die ayurvedische Er-
nährung einsteigen wollen und wie Sie Ihr neu erworbenes Wissen in
den Alltag integrieren.

Der Körper verfügt über zwei Grundsysteme, aus denen er seine lebenserhaltende Energie gewinnt:

– die Atmung, aus der die Lebenskraft Prana gewonnen wird[93]

– die Verdauung, aus der sämtliche Grundbausteine entstehen, die für Aufbau und Erneuerung der Körpergewebe gebraucht werden

Jede Zelle des Körpers kann nur neu gebildet werden, weil der Körper das, was wir essen, durch die Verdauung umwandelt und nutzbar macht. Die Nahrung besteht wie der Organismus aus den fünf Elementen. Um sie verwenden zu können, muss sie der Körper in die fünf Grundbestandteile zerlegen. Er ist auf die Zufuhr solcher materiellen Substanzen angewiesen, um den ungeheuren Verlust an Körperzellen (50 Millionen in jeder Sekunde!) wieder ausgleichen und seine Körpergewebe regenerieren zu können.

Es liegt also auf der Hand, dass die Qualität Ihrer Ernährung genauso wie die Funktionsfähigkeit Ihres Verdauungsfeuers Agni für die Energiegewinnung des Körpers entscheidend ist.

Prana ist die feinstoffliche Kraft, die alle Lebensvorgänge im Körper aktiviert und reguliert.

»Wenn man weiß, wie man sich richtig zu ernähren hat, ist jede Medizin überflüssig. Wenn man nicht weiß, wie man sich zu ernähren hat, kann auch die beste Medizin nicht helfen.« (Aus dem Sanskrit)

Wirkgruppen in der Nahrung

Jede Substanz, die wir zu uns nehmen, erzeugt im Körper eine Wirkung. Es lassen sich drei Wirkgruppen unterscheiden:

– die allgemeine Nahrung

– Gewürze

– Medikamente

Die allgemeine Nahrung (Essen und Trinken)

Die Nahrung wird vom Körper aufgenommen und ist für seine Aufrechterhaltung lebensnotwendig. Ihre Wirkung ist relativ langsam, hält dafür aber längere Zeit an. Da wir sie täglich und in größeren Mengen zu uns nehmen, hat sie einen starken Einfluss auf alle Körperbereiche. Wenn Sie beispielsweise jeden Tag viel Schokolade verzehren, wird Ihr Gewicht langsam ansteigen. Wenn Sie wieder damit aufhören, nimmt es langsam wieder ab.

Gewürze

Anders ist die Wirkungsweise der Gewürze. Wir nehmen sie nur in geringen Mengen zu uns, da ihre Wirkung sehr intensiv ist. Wenn Sie eine Messerspitze Chilipulver in den Mund nehmen, spüren Sie die Auswirkungen sofort. Aber nach einigen Minuten bereits lässt der Effekt wieder nach. Gewürze entfachen ihre Wirkung also schnell, aber nur kurzzeitig, um die Verdauung anzukurbeln. Sie reichern sich im Körper praktisch nicht an, daher sind wir täglich auf ihre Einnahme angewiesen. Viele Gewürze werden aufgrund ihrer starken Wirkungen im Ayurveda als Medikamente betrachtet.

Medikamente

Sie werden sich vielleicht fragen, was Medikamente unter »Ernährung« zu suchen haben. Viele von uns nehmen jedoch täglich Medizin in Form von Kräutertees, Vitaminen, Heilpflanzen oder Schmerz- und Schlafmitteln zu sich. Medikamente unterscheiden sich von den beiden anderen Wirkgruppen dadurch, dass sie einen starken, oft auch sehr schnellen Effekt haben und ihre Wirkung längere Zeit anhält. Außerdem kann man Medikamente gezielt in einzelnen Körperbereichen einsetzen. Sie sollten von gesunden Menschen nicht im täglichen Gebrauch benutzt werden.

Zusammenfassend kann man sagen, dass alle drei Gruppen eine große Wirkung auf unseren Körper und unsere Gesundheit haben. Nahrung ist unsere tägliche Medizin. Mit jedem Bissen nehmen wir wirksame Substanzen auf, die durch ihre Menge und den täglichen Gebrauch entscheidenden Einfluss auf die Entstehung von Wohlbefinden oder Krankheit haben. Wenn wir unserer Ernährung diesen Stellenwert einräumen, schaffen wir tatsächlich eine gute Grundlage dafür, dass jede Medizin überflüssig wird.

Dieses Kapitel ist bewusst sehr ausführlich gehalten. Das Thema Essen spielt für viele Menschen eine große Rolle, und oft ist es schwierig, eine leicht umsetzbare und natürliche Ernährungsphilosophie zu finden. Die Ernährung hat im Ayurveda eine zentrale Bedeutung zur Vorbeugung von Krankheiten, und eine intensive Auseinandersetzung damit ist unabdingbar, um ein gesundes Leben zu führen. Dabei versucht Ayurveda, die Dinge einfach und logisch zu erklären. Lassen Sie sich also am Anfang nicht von den vielen Bezeichnungen abschrecken, sondern gehen Sie davon aus, dass es viel einfacher ist, als Sie zunächst denken mögen.

Wie also ernährt man sich gesund? Jeder von uns hat schon viel darüber gelesen oder gehört, vielleicht auch schon einiges ausprobiert. Das Angebot verschiedener Ernährungslehren ist mittlerweile so groß, dass man leicht den Überblick verliert. Wem aber soll man glauben? Und welche Ernährungslehre ist die beste?

Hier wie auch in vielen anderen Lebensbereichen gilt: Überzeugen Sie sich einfach selbst und vertrauen Sie Ihrem gesunden Menschenverstand. Ernährung ist schließlich die natürlichste Sache der Welt. Warum sollte sie so kompliziert sein, dass sie uns nur noch von Experten erklärt werden kann? Beginnen wir also damit, wie eine gesunde Ernährung aussehen sollte. Sie muss

- einfach und kostengünstig umsetzbar sein
- für jedermann verständlich sein und selbst bestimmt werden können
- unserer individuellen Konstitution zuträglich sein
- unseren natürlichen Rhythmen wie der Tages- und Jahreszeit angepasst sein
- möglichst aus heimischen Nahrungsmitteln bestehen, die sich unter natürlichen Bedingungen entwickeln
- die klimatischen Besonderheiten der jeweiligen Region berücksichtigen

Wenn eine Ernährungsform alle sechs Kriterien erfüllen würde, könnten wir mit bestem Gewissen von einer sehr guten Ernährung sprechen. In unserer heutigen Zeit jedoch verkommt die Nahrung immer mehr zu einem künstlichen Hightech-Produkt, das durch zahlreiche, zum Teil widersprüchliche wissenschaftliche Studien verkompliziert wird. Hand aufs Herz: Macht es denn wirklich Spaß, sein Mittagessen nach irgendwelchen Tabellen mit exotischen Inhaltsstoffen, Vitaminen oder Enzymen auszusuchen, die angeblich positive Wirkungen auf unseren Körper haben sollen? Was nützt uns das Wissen über Pektine oder Selen, wenn das Natürliche am Essen und der Genuss dabei in den Hintergrund tritt? Und vor allem: Was nützen diese Stoffe, wenn der Organismus sie mangels schlechter Verdauung gar nicht verwerten kann?

Wenn man manche Ernährungsexperten hört, drängt sich unwillkürlich der Gedanke an unsere Eltern und Großeltern auf, die im Krieg unter schlimmsten Strapazen zu leiden hatten und ihre Ernährung auf ein Minimum beschränken mussten. Frisches Gemüse oder ein Apfel waren in jenen Jahren schon eine Sensation! Wie konnten sie das eigentlich ohne Vitamine und Mineralien – also ganz im Gegensatz zur modernen Ernährung – überleben?

Lassen Sie uns ein kleines Experiment machen: Nehmen Sie einen guten Naturjoghurt zur Hand und schreiben Sie auf, welche Wirkungen dieser Joghurt auf Ihren Körper hat. Also zum Beispiel: Ist er leicht verdaulich oder schwer verdaulich? Reduziert er Ihr Gewicht oder erhöht er es? Ist er kühlend oder erhitzend? Halten Sie alles fest, was Ihnen dazu einfällt. Und nun: Woher wissen Sie eigentlich das alles? Woher wissen Sie, ob der Joghurt gesund ist oder nicht? Dass er die Darmflora aufbaut oder rechtsdrehende Milchsäure hat? Und selbst wenn er rechtsdrehend ist, woher wissen Sie, ob das gesund ist? – Wenn Sie ehrlich sind, wissen Sie es gar nicht, sondern haben es irgendwo gelesen und glauben es. Sie übernehmen es einfach, weil Experten oder die Werbung es uns so suggerieren.

Bei den meisten Ernährungslehren wird das Wichtigste oft vergessen: nämlich derjenige, der das Ganze essen soll. Kann es denn wirklich sein, dass für einen kräftig gebauten Mann von 30 Jahren das gleiche Essen gesund sein soll wie für eine alte, zerbrechliche Dame? Viele Ernährungswissenschaftler versuchen mit wissenschaftlichen Erklärungen, eine allgemein gültige Ernährung für jedermann zu finden. Soundso viel Milligramm Vitamin C, eine be-

Legen Sie Ihren Joghurtzettel noch nicht weg; wir werden ihn später noch brauchen.

stimmte Menge Kalzium oder nur soundso viel Prozent Fett und
Eiweiß. Diese Gleichmacherei geht aber am Individuum – und das
ist jeder von uns nun einmal – vorbei. Wir legen so großen Wert
auf unsere Einzigartigkeit, aber in der Ernährungskunde wie auch
in der modernen Medizin herrscht in der Regel der pure Konfor-
mismus. Jeder wird gleich behandelt! Vitamine sind für alle gut,
Tomaten schützen jedermann vor Krebs, und fettfreie Ernährung
mindert die Gefäßverkalkung.

Wir sollten stattdessen wieder lernen, uns auf unsere eigenen
Instrumente der Wahrnehmung zu verlassen und mit einfachen
Methoden zu erkennen, wie ein Nahrungsmittel auf unseren Kör-
per wirkt und ob es gesund für *uns* ist. Mit unseren eigenen
Instrumenten der Wahrnehmung meine ich, was uns jederzeit
zuverlässig zur Verfügung steht und keinen Schwankungen oder
Launen unterworfen ist. Dahinter verbirgt sich aber nicht Intui-
tion oder ein »natürliches« Verlangen auf ein Nahrungsmittel,
wie man zunächst aus der Annahme heraus meinen könnte, der
Körper wisse schon, was richtig für ihn ist.

Wir leben in einer Welt, die sich sehr weit von einer natürlichen Lebensweise entfernt hat. Unser Alltag erlaubt uns oftmals
gar nicht mehr, die Ruhe und innere Mitte zu finden, die wir brauchen, um unsere Intuition wirklich wahrzunehmen. Oder würden
Sie das unbändige Verlangen nach Kaffee, Süßigkeiten, Kartoffelchips oder Zigaretten als natürliche Intuition interpretieren?
Meist sind es wohl eher der künstlich erzeugte Zwang nach Befriedigung oder einfach nur Gewohnheiten, denen wir in unserer
alltäglichen Ernährung folgen. Einfach nur auf das zu vertrauen,
worauf wir Lust haben, führt meistens genau dahin, wo wir nicht
hinwollen. Eines unser größten Gesundheitsprobleme, der Diabetes mellitus Typ II – der so genannte Alterszucker –, entsteht in
erster Linie dadurch, dass die Betroffenen ihr Leben lang ihrem
Verlangen nach Süßem nachgegeben haben: Genau deshalb sind
sie zuckerkrank geworden. Auch viele Menschen mit Nahrungsmittelallergien haben eine Vorliebe für genau die Nahrung, auf die
sie empfindlich reagieren. Die Intuition ist leider in unserer heutigen Zeit kein guter Maßstab mehr für eine gesunde Ernährung.

Nehmen wir uns noch einmal Ihren Joghurtzettel vor. Die
meisten Menschen belegen Joghurt mit folgenden Attributen:

verdauungsfördernd, gewichtsreduzierend, gut für die Darmflora und das Immunsystem, kalt, weich, sauer und leicht. Wenn wir den Joghurt noch einmal zur Hand nehmen und uns nur auf unsere fünf Sinne verlassen – welche der oben genannten Wirkungen können wir eindeutig feststellen? Eigentlich nur drei: Joghurt ist kalt, weich und schmeckt sauer. Ein viertes Attribut, nämlich leicht, könnten Sie eigentlich auch selbst feststellen, wenn Sie den Joghurtbecher in die Hand nehmen. Wenn Sie ihn aber eine Weile halten, werden Sie merken, dass er sich eigentlich eher schwer anfühlt. Auch wenn Sie zum Vergleich in die andere Hand einen gleich großen Becher mit Popcorn nehmen, werden Sie feststellen, dass der Joghurtbecher viel schwerer ist. Joghurt ist also keineswegs leicht, sondern eher schwer. Wir werden darauf im Laufe dieses Kapitels noch einmal zu sprechen kommen.

Die anderen Eigenschaften wie verdauungsfördernd, gewichtsreduzierend oder gut für die Darmflora können wir zunächst nicht so ohne weiteres feststellen. Sie kommen von irgendwo her, aus der Werbung oder von »Experten«. Es bleibt also zunächst dabei: Alles, was wir definitiv auf der Grundlage unserer fünf Sinne nachprüfen können, ist, dass der Joghurt kalt, weich und sauer ist. Lassen Sie uns zunächst mit diesen drei wichtigen Kriterien arbeiten, angefangen beim Attribut »sauer«, also dem Geschmack.

Rasa: Die Bedeutung der sechs Geschmacksrichtungen

Für die Ernährung spielt der jeweilige Geschmack (*Rasa*) einer Substanz eine wichtige Rolle in seiner Beurteilung. Rasa ist nichts anderes als der Geschmack, den eine Substanz im Mund wahrnehmbar macht. Jedes Nahrungsmittel besteht zwar aus mehr als einem Geschmack, gemeint ist jedoch die im Mund dominierende Geschmacksrichtung. Im Ayurveda unterscheidet man sechs Geschmacksrichtungen, die wiederum aus den fünf Elementen zusammengesetzt sind. Daraus ergeben sich die jeweiligen Wirkungen der sechs Geschmacksrichtungen.

Die Wirkung eines Geschmacks wird festgelegt durch die Eigenschaften seiner Elemente. Da auch die Tri-Doshas aus je-

Geschmack (Rasa)	Elemente	Wirkungen
Süß	Erde und Wasser	Schwer, kalt, ölig
Sauer	Erde und Feuer	Leicht, heiß, ölig
Salzig	Wasser und Feuer	Schwer, heiß, ölig
Scharf	Feuer und Luft	Leicht, heiß, trocken
Bitter	Luft und Raum	Leicht, kalt, trocken
Zusammenziehend	Raum und Erde	Schwer, kalt, trocken

Tabelle 19:
Der Geschmack und
die Elemente

weils zwei Elementen bestehen, hat jede Geschmacksrichtung eine direkte Auswirkung auf die Tri-Doshas.

Der Geschmack Süß besteht aus den Elementen Wasser und Erde. Er ist daher schwer, ölig und kalt. Süß ist der Geschmack, der Kapha-Dosha am ähnlichsten ist. Somit haben alle Süßspeisen einen stark erhöhenden Effekt auf Kapha-Dosha und einen beruhigenden Effekt auf die beiden anderen Doshas.

Der Geschmack Sauer hat die Elemente Erde und Feuer und ist daher leicht, heiß und ölig. Alles Saure wird Kapha-Dosha und Pitta-Dosha erhöhen, Vata-Dosha dagegen beruhigen. Sauer hat aber den stärksten Einfluss auf Pitta-Dosha, da er den sauren Verdauungssäften von Pitta-Dosha am ähnlichsten ist.

Der Geschmack Bitter wiederum ist dem Vata-Dosha am ähnlichsten, da er aus den gleichen Elementen Raum und Luft besteht. Bittere Nahrung provoziert Vata-Dosha und beruhigt Kapha-Dosha und Pitta-Dosha. Die drei großen Geschmacksrichtungen Süß, Sauer und Bitter stehen also in enger Verbindung zu einem der drei Doshas.

Die anderen drei Geschmacksrichtungen Salzig, Scharf und Zusammenziehend haben jedoch ebenfalls große Wirkungen auf die Tri-Doshas, wie Sie an der nachfolgenden Tabelle ablesen können.

Als Beispiel bemühen wir noch einmal unseren Naturjoghurt. Joghurt schmeckt sauer. Sauer hat die beiden Elemente Erde und Feuer und erhöht Kapha-Dosha und Pitta-Dosha. Daraus können wir allein schon am Geschmack erkennen, dass Joghurt gewichterhöhend ist (Anstieg von Kapha-Dosha) und gleichzeitig eine verdauungsfördernde Wirkung hat (Anstieg von Pitta-Dosha).

Tabelle 20:
Die Geschmacksrichtungen und die Tri-Doshas

Geschmack (Rasa)	Elemente	Wirkungen auf die Tri-Doshas
Süß (Madhura)	Erde Wasser	Kapha + Pitta –, Vata –
Sauer (Amla)	Erde Feuer	Kapha +, Pitta + Vata –
Salzig (Lavana)	Feuer Wasser	Kapha +, Pitta + Vata –
Scharf (Katu)	Feuer Luft	Vata +, Pitta + Kapha –
Bitter (Thiktha)	Luft Raum	Vata + Pitta –, Kapha –
Zusammenziehend (Kashaaya)	Erde Raum	Vata + Pitta –, Kapha –
(+ verstärkend, – beruhigend)		

Viele Gemüsesorten sind bitter oder zusammenziehend (herb). Menschen, die zum Beispiel vorwiegend Rohkost essen, nehmen ein Übermaß an diesen beiden Geschmacksrichtungen zu sich. Sie erhöhen ihr Vata-Dosha und nehmen dadurch auf Dauer ab. Auf der anderen Seite werden sie aber auch trocken, faltig und altern vorzeitig. Sehen wir uns darum die Wirkungen der sechs Geschmacksrichtungen im Einzelnen an.

Die Auswirkungen von Süß (Madhura)

Süß ist der einzige Geschmack, der alle Körpergewebe aufbaut; doch er senkt auch Agni und verursacht Blockaden und Übergewicht.

Der Geschmack Süß ist der wichtigste von allen Geschmacksrichtungen, da er der einzige ist, der alle Körpergewebe und vor allem das Nervensystem stärkt. Süß besteht aus den beiden schweren Elementen Erde und Wasser. Es erhöht Kapha-Dosha und somit auch das Körpergewicht. Süß senkt Pitta-Dosha durch seine kühlenden, beruhigenden Eigenschaften und Vata-Dosha durch seinen aufbauenden und befeuchtenden Effekt. Süß wirkt allgemein beruhigend, Gedächtnis stärkend, heilend und antiabortiv (verhindert also einen Schwangerschaftsabgang). Es ist gut für Herz, Hals, Haut und Haare und beruhigt brennende Beschwerden. Auf die Körpergewebe (Dhatus) wirkt es aufbauend und stärkend, besonders auf das Fortpflanzungsgewebe Shukra-Dhatu. Auf die Ausscheidungen (Malas) wirkt es laxativ (abführend), diuretisch (harntreibend) und karminativ (entblähend).

Gleichzeitig hat Süß aber auch zahlreiche negative Wirkungen. Es senkt die Kraft des Verdauungsfeuers (Agni), sodass es bei erhöhter Zufuhr von Süß zu einer schwachen Verdauung (Manda-Agni) mit all ihren Folgen kommt, beispielsweise der Bildung von Giftstoffen (Ama). Ama entsteht immer als Folge einer unvollständigen Verbrennung von Nahrung. Außerdem verstopft süße Nahrung die Körperkanäle, was wiederum den An- und Abtransport der lebenswichtigen Nähr- und Abfallstoffe verhindert. Je süßer ein Nahrungsmittel schmeckt, desto intensiver sind die negativen Auswirkungen. Besonders ungesund sind künstlich hergestellte Süßspeisen wie Schokolade, Pudding, Eiscreme und weißer Zucker. Sie sind daher aus ayurvedischer Sicht nicht empfehlenswert.

Nahrungsbeispiele für Süß:

Süßes Obst wie Mangos, Rosinen, Datteln, Feigen, Kokosnüsse, Nektarinen, Pfirsiche, süße Äpfel; Milch, Quark, Frischkäse, Sahne; Kartoffeln, Nudeln, Weizen, Reis, Hühnchen, Truthahn, Eier, alle Nüsse.

Ein erhöhter Konsum von Süß führt zu:

Typischen Kapha-Störungen wie Schwellungen, Übergewicht, Schlaffheit, Schläfrigkeit, Schwere, Appetitverlust, Atemlosigkeit, Erkältungskrankheiten, Verdauungsstörungen, erhöhtem Schwitzen sowie bei jahrelangem Missbrauch zu schweren Krankheiten wie Arteriosklerose, Diabetes mellitus, Nierenkrankheiten, Verfettung von Organen und Körpergeweben.

Die Auswirkungen von Sauer (Amla)

Sauer erhöht Kapha-Dosha und Pitta-Dosha und senkt das Vata-Dosha stark. Es wirkt allgemein beruhigend, appetitsteigernd, geschmackverbessernd, verdauungsfördernd, erhöht die Blutungsneigung und ist nützlich für das Herz und die Herzfunktion. Auf die Körpergewebe (Dhatus) wirkt es leicht aufbauend, aber abbauend auf Shukra-Dhatu, das Fortpflanzungsgewebe: Zu viel Saures

Sauer ist sehr verdauungsfördernd und herzstärkend, aber im Übermaß kommt es schnell zu Pitta-Störungen.

senkt die Fruchtbarkeit. Auf die Ausscheidungen (Malas) wirkt es ähnlich wie die Geschmacksrichtung Süß: laxativ (abführend), diuretisch (harntreibend) und karminativ (entblähend). Sauer erhöht zwar die Wirkung von Agni, aber es verstopft trotzdem die Körperkanäle (Shrotas). So können Stauungen, Verklebungen und Blockaden im Körper entstehen, und der An- und Abtransport lebenswichtiger Stoffe im Körper wird gestört.

Nahrungsbeispiele für Sauer:
Alle Zitrusfrüchte wie Orangen, Zitronen und Grapefruits, Kiwis, Ananas, Bananen, aber auch heimisches Obst wie Kirschen, Erdbeeren, weiße Trauben, Pflaumen, Tomaten und Hagebutten, saure Fruchtsäfte, Essig, sauer eingelegtes Gemüse, Sauerkraut, Joghurt, Sauermilch, Weißwein, saure Rotweine.

Ein erhöhter Konsum von Sauer führt zu:
Typischen Pitta-Störungen, da es Pitta-Dosha stärker erhöht als Kapha-Dosha. Es kommt zu Störungen der Blutbildung und Blutgerinnung, brennenden Beschwerden, Hautkrankheiten, Schwellungen, Geschwüren, Abszessen, Eiterungen, außerdem zu empfindlichen Zähnen und zu weichem und schwammigem Gewebe (Orangenhaut). Auf Dauer können auch Herpes, Akne, Furunkel, Blutkrankheiten, Herz-Kreislauf-Erkrankungen, Entzündungen, Sodbrennen, Magen-Darm-Geschwüre, Gelbsucht, Durchfälle und Augenkrankheiten entstehen.

Die Auswirkungen von Salzig (Lavana)

Salzig ist sehr verdauungsfördernd, aber im Übermaß schädigt es das Blut.

Salz erhöht ebenfalls Kapha-Dosha und Pitta-Dosha. Es wirkt befeuchtend, appetitsteigernd, verdauungsfördernd und erleichtert den Auswurf von Sekreten. Salz ist wichtig für den Organismus, da es eine sehr positive Wirkung auf das Verdauungsfeuer hat. Andererseits sollte man Salz nur in geringen Mengen verwenden, da es gesundheitliche Probleme auslösen kann. Es ist ein problematischer Stoff, da es zwei entgegengesetzt wirkende Elemente (Feuer und Wasser) beinhaltet und einen negativen Effekt auf das Blut hat. Zudem hat Salz eine Depotwirkung im Körper, da es sich ansammelt und nur über einen längeren Zeitraum wieder abgebaut werden kann. Durch seinen befeuchtenden Charakter macht es das Gewebe weich und schwammig.

Auf die Körpergewebe (Dhatus) wirkt Salz leicht aufbauend, aber abbauend auf das Fortpflanzungsgewebe (Shukra-Dhatu). Auf die Ausscheidungen (Malas) wirkt es ähnlich wie die Geschmacksrichtungen Süß und Sauer, nämlich abführend, harntreibend und entblähend. Salz erhöht die Kraft von Agni und reinigt die Körperkanäle (Shrotas) durch seine verflüssigende Wirkung. Aber achten Sie immer auf die Menge!

> Steinsalz, das übliche Salz aus dem Supermarkt, hat wesentlich günstigere Wirkungen als das teure Meersalz. Die Feuchtigkeit von Meersalz ist viel größer. Daher rät der Ayurveda von seiner Verwendung ab.

Nahrungsbeispiele für Salz und salzige Nahrungsmittel:
Steinsalz, Meersalz, Meerwasserfisch, Algen. Achten Sie auf verstecktes Salz in Sojasauce, klarer Gemüse- oder Fleischbrühe, vielen Gewürzmischungen, Konserven und Fertiggerichten.

Ein erhöhter Konsum von Salz führt zu:
Pitta-Krankheiten, ähnlich wie bei Sauer. Der Effekt bei Salz zeigt sich jedoch langsamer und hält viel länger an. Außerdem beschleunigt es die Bildung von Steinen im Körper, besonders von Nierensteinen, führt zu Empfindlichkeit der Zähne, bindet Wasser im Körper, was zu Ödemen und später zu Bluthochdruck führen kann, Impotenz, Haarausfall, frühem Ergrauen und stört die Nerventätigkeit.

Die Auswirkungen von Scharf (Katu)

Scharf senkt Kapha-Dosha, erhöht aber Pitta- und Vata-Dosha. Dadurch hat es einen allgemein abbauenden Effekt auf den Körper und erhöht die Blutungsneigung. Man sollte daher nicht in hohen Dosen und längeren Zeiträumen scharf essen. Aber durch ihre vielen guten Eigenschaften ist die scharfe Geschmacksrichtung besonders im Winter in der täglichen Ernährung sehr wichtig. Sie belebt, wirkt gegen Wurmbefall, reinigt Mund- und Rachenraum und ist empfehlenswert bei Verdauungsstörungen sowie Herz- und Hautproblemen. Sie wirkt sehr gut gegen alle schleimigen Erkrankungen. Auf die Körpergewebe (Dhatus) wirkt Scharf abbauend und verringert diese. Auf die Ausscheidungen (Malas) wirkt es verstopfend, antidiuretisch und entblähend. Scharf erhöht Agni

> Scharf ist der wichtigste Geschmack, um Agni zu stärken und Kapha-Dosha zu beruhigen. Ein Übermaß über längere Zeit schwächt den Körper.

am stärksten, da es von seinen Eigenschaften her dem Verdauungs-feuer am ähnlichsten ist. Außerdem reinigt es die Körperkanäle (Shrotas).

Hinweis: Honig ist scharf, hat aber eine kühlende Wirkung auf den Körper.[94]

Nahrungsbeispiele für Scharf:

Viele Gewürze wie Ingwer, Pfeffer, Chili, Senf, Zwiebeln, Knob-lauch, Asafoetida, Basilikum, Majoran, Thymian, Muskatnuss, Liebstöckel, Anis, Zimt usw. Alkohol (je hochprozentiger, umso schärfer), Papaya, Schwarztee, Pfefferminze und Matetee. Alter Käse ist scharf, aber schwer – im Gegensatz zu den scharfen Nah-rungsmitteln. Unter anderem deshalb wird vor dem Verzehr von altem Käse abgeraten.[95]

Ein erhöhter Konsum von Scharf führt zu:

Allgemeiner Schwäche, Unruhe, extremem Durst, bei ausgedehn-tem Gebrauch sogar zum Absterben von Magen-Darm-Schleim-hautzellen, Gedächtnis-Blackouts, Zittern, Störungen des Tast-sinns, Nerven- und Muskelschmerzen, Trockenheit der Haut. Diese Beschwerden treten jedoch erst nach sehr hohen Dosen auf und verschwinden beim Absetzen schnell wieder, da scharfe Nah-rung sich kaum im Körper ansammeln kann.

Die Auswirkungen von Bitter (Thiktha)

Bitter ist der große Reini-ger bei vielen Kapha- und Pitta-Störungen, erhöht aber Vata-Dosha sehr stark.

Früher hieß es immer: Medizin muss bitter schmecken. Und das stimmt auch, denn keine Geschmacksrichtung deckt ein so großes therapeutisches Feld ab wie die bittere. Sie wirkt blutreinigend, fiebersenkend, gegen Wurmbefall und befreit von Eiter, Toxinen und Ausfluss. Sie ist nützlich bei fast allen Hautkrankheiten, Übergewicht, Ama-Krankheiten und vor allem bei brennenden Schmerzen. Ihre Wirkung auf die Körpergewebe (Dhatus) ist stark abbauend, da Vata-Dosha erhöht und Kapha-Dosha sowie Pitta-Dosha gesenkt wird. Bittere Nahrung sollte daher nie im Übermaß gegessen werden. Sie verringert das Fettgewebe (Meda-Dhatu), das Muskelgewebe (Mamsa-Dhatu) und das Knochenmark (Ma-jja-Dhatu) – also alle Körpergewebe, die für Körpergewicht und Körperkraft zuständig sind. Auf die Ausscheidungen (Malas) wirkt Bitter ähnlich wie die Geschmacksrichtung Scharf, also verstopfend, antidiuretisch und entblähend. Auf Agni wirkt es indirekt erhöhend, und zwar durch die Stimulation von Samana-Vayu, dem verdauungsregulierenden Teil von Vata-Dosha[96]. Es reinigt auch die Körperkanäle (Shrotas).

Nahrungsbeispiele für Bitter:
Viele Gemüsesorten wie Artischocke, Rucola, Endivien, Chicorée, Sellerie, grüner Tee, Kaffee, reiner Kakao (ohne Zucker), viele Heilpflanzen wie Löwenzahn, Kamille, Schafgarbe, Enzian, Tausendgüldenkraut. Gemüse ist meistens bitter und gleichzeitig zusammenziehend (siehe unten). Daher ist eine genaue Zuordnung zu einer Geschmacksrichtung oft nicht möglich.

Ein erhöhter Konsum von Bitter führt zu:
Typischen Vata-Störungen wie Schwäche, Unruhe, Abmagerung, Kräftezerfall, Schwindel, Trockenheit, vorzeitiger Alterung und Schmerzzuständen.

Die Auswirkungen von Zusammenziehend (Kashaaya)

Zusammenziehend oder herb ist eine Geschmacksrichtung, die uns auf den ersten Blick weniger bekannt vorkommen mag. Vielleicht kennen Sie jedoch den Effekt, wenn Sie eine Brombeere im Mund kauen und Ihnen danach sprichwörtlich »die Spucke wegbleibt«. Dann wissen Sie, was mit zusammenziehend gemeint ist. Auf die Körpergewebe (Dhatus) wirkt es nicht ganz so stark abbauend wie die Geschmacksrichtung Bitter. Auf die Ausscheidungen (Malas) hat es die am stärksten unterdrückende Wirkung. Daher wird es auch erfolgreich bei Durchfällen, Blutungen und vermehrtem Wasserlassen eingesetzt. Gleichzeitig jedoch senkt der Geschmack Zusammenziehend die Kraft des Verdauungsfeuers (Agni) und verstopft die Körperkanäle (Shrotas).

Nahrungsbeispiele für Zusammenziehend:
Alle Kohlsorten wie Rosen-, China-, Blumen- und Grünkohl sowie Kohlrabi, Brokkoli, Mangold, Mais, Brennnessel, Brombeeren, Stachelbeeren, Blaubeeren, Bohnen, Linsen, Wacholderbeeren, Schlehen, Buttermilch.

Ein erhöhter Konsum von Zusammenziehend führt zu:
Vata-Störungen ähnlich wie bei Bitter. Besonders zu beachten bei Herzkrankheiten, da der Geschmack Zusammenziehend in großen Mengen auf Dauer zu Herzrhythmusstörungen führen kann.

Kurze Zusammenfassung

Der Geschmack eines Nahrungsmittels ist das wichtigste Kriterium in der ayurvedischen Ernährungslehre. Er führt immer zu starken Veränderungen der Tri-Doshas. Daher sollte man sich mit einseitiger Ernährung zurückhalten. Jeder Geschmack hat auch eigene spezifische Wirkungen auf die Körpergewebe, die Ausscheidungen und die Psyche. Allein schon am Geschmack einer Substanz kann man somit eine komplexe Ernährungslehre ableiten und individuell festlegen.

Jeder Mensch sollte täglich alle sechs Geschmacksrichtungen zu sich nehmen. Eine Ernährung, die einseitig einen Geschmack überbetont, führt zu einem Ungleichgewicht der Tri-Doshas.

Virya: Die Aktivität einer Substanz

Neben dem Geschmack ist die Aktivität oder Potenz eines Nahrungsmittels von Bedeutung. Wenn Sie etwas essen, nehmen Sie den Geschmack mit der Zunge wahr. Wenn Sie es schlucken, gelangt die Nahrung in den Magen und entfaltet dort ihre Aktivität (*Virya*). Dabei geht es nur um die Frage: Hat die Nahrung eine erhitzende oder kühlende Aktivität?

Bei unserem Naturjoghurt ist die Antwort zunächst eindeutig: Joghurt ist kühl und hat also ein kühlendes Virya. Alles Kalte, das Sie essen, kühlt den Körper, alles Heiße erhitzt ihn. Mit Virya ist aber nicht nur die Temperatur eines Nahrungsmittels gemeint. Es gibt Substanzen, die eine von Natur aus erhitzende Wirkung haben oder eine grundsätzlich kühlende. Allgemein haben alle Substanzen, die Pitta-Dosha erhöhen, eine aktivitätserhöhende, also erhitzende Wirkung auf den Organismus. Man bemerkt dies beispielsweise daran, dass man beim Essen erwärmt wird und anfängt zu schwitzen. Erhitzende Substanzen haben immer auch eine verdauungsfördernde Wirkung und erhöhen Agni. Dazu gehören die drei Geschmacksrichtungen Sauer, Salzig und Scharf. Solche Nahrung sollte bei Pitta-Störungen jedoch eingeschränkt werden.

Tabelle 21: Die Geschmacksrichtungen und ihre Auswirkungen

Geschmack (Rasa)	Tri-Doshas und Agni	Wirkungen auf Dhatus und Shrotas	Wirkungen auf die Ausscheidungen (Malas)	Spezielle Wirkungen
Süß (Madhura)	Kapha + + + Pitta – Vata – Agni –	Baut alle Gewebe auf, verstopft die Shrotas	Abführend, harntreibend, entblähend	Erhöht Körpergewicht und Fruchtbarkeit, beruhigend, kühlend, heilend, stärkt das Gedächtnis Empfehlenswert bei: Wunden, Schlaflosigkeit, Nervenschwäche, Abmagerung, Impotenz Vorsicht bei: Übergewicht, Kapha-Störungen und Ama
Sauer (Amla)	Pitta + + + Kapha + + Vata – Agni + +	Baut alle Gewebe auf (bis auf das Fortpflanzungsgewebe), verstopft die Shrotas	Abführend, harntreibend, entblähend	Erhöht Körpergewicht, beruhigend, geschmacksverbessernd, herzstärkend Empfehlenswert bei: Vata-Störungen, Herzschwäche, Verdauungsschwäche, Appetitlosigkeit Vorsicht bei: Pitta-Störungen, erhöht die Blutungsneigung, senkt die Fruchtbarkeit, Gewebe verliert an Festigkeit
Salzig (Lavana)	Pitta + + Kapha + + Vata – Agni + +	Baut alle Gewebe auf (bis auf das Fortpflanzungsgewebe), reinigt die Shrotas, löst Blockaden	Abführend, harntreibend, entblähend	Erhöht Körpergewicht, stärkt Appetit, beruhigend Empfehlenswert bei: Vata-Störungen, Verdauungsschwäche, Appetitlosigkeit Vorsicht bei: Pitta- und Kapha-Störungen, senkt die Fruchtbarkeit, fördert Wasseransammlungen und Steinbildung im Körper, Gewebe verliert an Festigkeit
Scharf (Katu)	Pitta + + + Vata + Kapha – Agni + + +	Baut alle Körpergewebe ab, reinigt die Shrotas, löst Blockaden	Entblähend, verstopfend, hält Harn zurück	Senkt Körpergewicht, belebt, verflüssigt Verschleimungen Empfehlenswert bei: Kapha-Störungen, Erkältungen, Würmer, Verdauungsschwäche und Ama Vorsicht: erhöht die Blutungsneigung, macht unruhig, senkt die Fruchtbarkeit, trocknet die Gewebe aus
Bitter (Thiktha)	Vata + + + Pitta – Kapha – Agni +	Baut alle Körpergewebe ab, reinigt die Shrotas, löst Blockaden	Verstopfend, hält Harn zurück	Senkt Körpergewicht, belebt, blutreinigend, fiebersenkend, befreit von Eiter, Toxinen und Ausfluss Empfehlenswert bei: Pitta-Störungen, Würmern, Hautkrankheiten, Fieber und Ama Vorsicht: bei Vata-Störungen, macht unruhig, senkt die Fruchtbarkeit, trocknet die Gewebe aus, erhöht die Schmerzbereitschaft
Zusammenziehend (Kashaaya)	Vata + + Pitta – Kapha – Agni –	Baut alle Körpergewebe ab, verstopft die Shrotas	Wirkt am stärksten verstopfend und Harn zurückhaltend	Wundheilend, senkt Körpergewicht, belebt, wirkt stark blutungsstillend Empfehlenswert bei: Blutungen, Wunden, Blasenentzündung, Durchfällen Vorsicht: macht unruhig, senkt die Fruchtbarkeit, erhöht die Ama-Bildung Nicht empfehlenswert in großen Mengen bei Herzrhythmusstörungen

(+++ höchste Wirkung, ++ starke Wirkung, + leichte Wirkung, – wenig Wirkung)

Daneben haben alle Substanzen mit dem Geschmack Süß, Bitter und Zusammenziehend ein kühlendes Virya, weil sie Pitta-Dosha senken. Durch diese Nahrung wird die Aktivität des Körpers gesenkt und beruhigt. Die Verdauungskraft wird gedämpft, hitzige oder entzündliche Krankheiten werden gelindert. Nahrung mit kühlendem Virya sollte jedoch nicht bei Kapha- und Vata-Störungen wie Erkältungen oder Neuralgien eingenommen werden.

Daraus ergibt sich für unseren Naturjoghurt ein etwas zwiespältiges Bild. Joghurt ist einerseits kühl, aber gleichzeitig sauer. Er hat zunächst ein kühlendes Virya, das sich mit Einsetzen der Verdauungstätigkeit – durch den sauren Geschmack – in ein erhitzendes Virya wandelt. Joghurt kühlt also auf Dauer gesehen nicht, sondern erhöht die Aktivität im Körper und sollte daher bei Pitta-Störungen nicht gegessen werden.

Es gibt einige wenige Nahrungsmittel und Heilpflanzen, die eine Ausnahme bilden. Gelbwurz (Kurkuma), ein beliebtes Gewürz der indischen Küche, schmeckt bitter und hat trotzdem ein erhitzendes Virya. Gewürznelke und langer Pfeffer schmecken scharf, sind jedoch kühlend. Die Zitrone ist sauer, kühlt aber trotzdem, was man am Zitronenwasser erkennt, das bei Hitze angenehm kühlt.

Vipaka: Der Geschmack nach der Verdauung

Die sechs Geschmacksrichtungen nehmen Sie unmittelbar wahr, wenn Sie ein Nahrungsmittel in den Mund nehmen. Die Aktivität (Virya) einer Substanz spüren Sie nach dem Schlucken an seiner erhitzenden oder kühlenden Wirkung. Ayurveda beschreibt jedoch noch eine weitere Wirkung: den Geschmack nach der Verdauung (Vipaka). Vipaka ist also der Effekt, den ein Geschmack nach der Verdauung im Körpergewebe bewirkt.

Sie trinken beispielsweise am Abend eine größere Menge sauren Wein. Stunden später werden Sie von unerträglichem Sodbrennen geweckt. Dieses Brennen ist die Wirkung (Vipaka), die nach der Verdauung des sauren Weins entsteht und direkt an den Körpergeweben wirkt. Wenn Sie zu viel oder zu häufig von einem Geschmack zu sich nehmen, häuft sich dessen Vipaka im Körpergewebe an und führt zu solch unliebsamen Reaktionen.

Von den sechs Geschmacksrichtungen (Rasa) bleiben nach der Verdauung noch drei Wirkungen übrig: Süß, Sauer und Scharf.

Geschmack (Rasa)	Geschmack nach der Verdauung (Vipaka)
Süß	Süß
Salzig	Süß
Sauer	Sauer
Scharf	Scharf
Bitter	Scharf
Zusammenziehend	Scharf

Tabelle 22:
Rasa und Vipaka

Aus den beiden Geschmacksrichtungen Süß und Salzig entsteht das Vipaka Süß. Das bedeutet, dass alles Süße und Salzige, was Sie essen, nach der Verdauung auf das Körpergewebe süß wirkt, also aufbauend, regenerierend, beruhigend und stärkend. Wenn wir zu viel Süßes oder Salziges essen, führt das zu einer Anhäufung von süßen Produkten in den Körpergeweben. Daraus resultieren mit der Zeit die typischen Kapha-Probleme wie beispielsweise Übergewicht, Diabetes, Ödeme, Verfettung oder Arteriosklerose.

Süße und salzige Nahrung hat eine süße Wirkung (Vipaka) in den Körpergeweben. Im Übermaß entstehen daraus Kapha-Störungen.

Aus der Geschmacksrichtung Sauer wird das Vipaka Sauer, das heißt Sauer wirkt auch im Gewebe sauer und führt zur Säurebildung. Diese Säure bekommen besonders Pitta-Konstitutionen oder Menschen mit hohem Pitta-Dosha in Form von Hitze und Brennen zu spüren, wenn sie zu viel davon essen. Das bekannte Sodbrennen haben wir schon erwähnt, aber auch Magen- und Darmgeschwüre, Leber-Gallenprobleme, Blasenentzündungen, Haut- und Blutkrankheiten und sogar bestimmte Migräneformen werden durch zu viel Säure im Körper verursacht.

Saure Nahrung hat eine saure Wirkung (Vipaka) in den Körpergeweben. Im Übermaß entstehen daraus Pitta-Störungen.

Aus den drei Geschmacksrichtungen Scharf, Bitter und Zusammenziehend wird das Vipaka Scharf. Alles, was scharf, bitter und zusammenziehend schmeckt, wirkt nach der Verdauung im Körpergewebe scharf, das heißt abbauend, trocknend und reinigend. Wenn man viel Scharfes, Bitteres und Zusammenziehendes konsumiert, entstehen daraus nach der Verdauung scharfe Produkte. Diese verzehren förmlich das Körpergewebe. Der Mensch baut ab, verliert an Kraft und Ausdauer, wird unruhig, unkonzentriert, ängstlich und altert vorschnell. Es entwickeln sich die typi-

Scharfe, bittere und zusammenziehende Nahrung hat eine scharfe Wirkung (Vipaka) in den Körpergeweben. Im Übermaß entstehen daraus Vata-Störungen.

schen Vata-Erkrankungen wie beispielsweise Schmerzen, chronische Beschwerden, Schlaflosigkeit und Schwäche.

Vipaka ist eher aus therapeutischer Sicht wichtig und interessant. Der Ayurvedabehandler muss bei einer Krankheit wissen, durch welche Ernährungsweise sie entstanden ist und durch welche Diät sie wieder gebessert werden kann. Es gibt einige wenige Ausnahmen von Nahrungsmitteln, deren Wirkung nach der Verdauung anders ist, als es ihr Geschmack vermuten lässt. So schmeckt Honig zwar süß im Mund, wirkt im Körper allerdings scharf.[97] Ingwer und langer Pfeffer schmecken scharf, wirken aber im Körpergewebe süß und aufbauend. Der Grund für diese ungewöhnlichen Wirkungen wird im nächsten Abschnitt beschrieben.

Kurze Zusammenfassung

Wir haben bis jetzt die drei großen Abschnitte der Ernährung beschrieben. Ein Nahrungsmittel wird demnach definiert durch:

- seinen Geschmack (Rasa)
- seine energetische Potenz (Virya)
- seine Wirkung nach der Verdauung (Vipaka)

Im Folgenden sind einige prägnante Lebensmittel aufgelistet, um diese Unterscheidung deutlich zu machen (siehe auch die Nahrungsmitteltabelle ab Seite 293).

Nahrungsmittel	Geschmack (Rasa)	Virya (Aktivität)	Vipaka (Effekt im Körpergewebe)
Walnuss, Milch, Kartoffel, Reis	Süß	Kühlend	Süß
Orange, Erdbeere	Sauer	Erhitzend	Sauer
Meeresfisch	Salzig	Erhitzend	Süß
Schwarzer Pfeffer, Chili, Senf	Scharf	Erhitzend	Scharf
Löwenzahn, Rucola, Endivie	Bitter	Kühlend	Scharf
Kohl, Brennnessel	Zusammenziehend	Kühlend	Scharf

Die Gunas und ihre Bedeutung für die Ernährung

Die ayurvedische Ernährung lässt sich mit dem Klavierspiel vergleichen: Man kann auch mit einfachen Tastenkombination schöne Musik machen; um jedoch ein Virtuose zu werden, muss man lange üben, damit das Spielen in Fleisch und Blut übergeht. Legen wir also los und trainieren wir unsere ayurvedische Virtuosität!

Als vierter großer Bereich der Ernährung spielen die Gunas eine herausragende Rolle. Wir haben bereits über ihre 20 physischen Eigenschaften gesprochen (siehe Seite 61 ff.). Diese finden in der Ernährung eine besondere Bedeutung, aber eher für den therapeutischen Bereich. Um den Sachverhalt nicht unnötig zu komplizieren, sei das Thema Gunas und Ernährung kurz gehalten und nur anhand einiger Beispiele ein Einblick vermittelt, welche Bedeutung die Gunas für ein Nahrungsmittel haben.

Jede Substanz ist definiert durch ihre Eigenschaften (Guna) und Wirkungen (Karma). Durch die Eigenschaften kann man die Nahrungsmittel noch differenzierter voneinander unterscheiden. Fassen wir einmal die Beispiele Honig und Milch ins Auge: Honig und Milch schmecken süß. Wie wir jedoch schon vorher andeuteten, wirken sie trotz desselben Geschmacks ganz unterschiedlich.

Alter Honig hat die Eigenschaften (Gunas) Leicht, Spitz, Trocken und Kühlend. Die Eigenschaft Spitz oder Scharf bedeutet, dass Honig eine intensive Reaktion im Gewebe provoziert. Er löst beispielsweise Verschleimungen und baut Gewebe ab. Wenn Sie jungen Honig (jünger als sechs Monate) mit älterem Honig vergleichen, sehen Sie, dass der junge Honig flüssig ist, während alter Honig fester und trockener wird. Je länger Sie Honig stehen lassen, umso kristalliner, trockener und schärfer wird er. Honig schmeckt zwar dann immer noch süß, aber er wirkt nicht mehr Kapha-Dosha erhöhend wie ein anderes Lebensmittel mit demselben Geschmack.

Milch dagegen hat die Gunas Schwer, Flüssig, Mild, Kühlend und Ölig. Ölig meint, dass es durch seinen Fettgehalt eine aufbauende und befeuchtende Wirkung hat. Milch gehört zu den typisch süßen Nahrungsmitteln, die in der Regel Kapha-Dosha erhöhen. Nur durch die Gunas kann man die Wirkungen der beiden Nahrungsmittel voneinander unterscheiden und beispielsweise in der Therapie einsetzen.

Ein anderes Beispiel ist alter Käse. Er hat die Gunas Spitz und Irritierend, Schwer und Zäh. Diese Gunas haben sich widersprechende Wirkungen im Körper und lösen daher ungünstige Reaktionen im Gewebe aus. Käse, insbesondere alter Käse, sollte daher grundsätzlich gemieden werden.

Ein wichtiges Guna-Paar sei ebenfalls noch erörtert: die Gunas Schwer und Leicht, die auch für die tägliche Ernährung sehr wichtig sind. Schwere Nahrungsmittel sind schwer verdaulich und erhöhen grundsätzlich Kapha-Dosha, leichte Nahrungsmittel sind leicht verdaulich und erhöhen Pitta- und Vata-Dosha. Schwere Nahrungsmittel sind feucht, kalt und süß, leichte grundsätzlich trocken, heiß oder erhitzend und bitter. Daraus folgt auch, dass kalte Rohkost nicht zu den leichten, sondern zu den schweren Nahrungsmitteln gehört, weil sie roh ist und vom Körper erst noch »gekocht« werden muss. Ob ein Nahrungsmittel also schwer oder leicht ist, lässt sich im Grunde relativ leicht ermitteln. Sie sollten beide Gunas in einem ausgeglichenen Verhältnis zueinander mischen.

Faktoren, die ein Essen schwer machen	– Kälte – Feuchtigkeit – rohe Nahrung – große Mengen – aufgewärmtes Essen – konserviertes Essen (Dosen, Tiefkühlkost) – süße Speisen außer Honig
Faktoren, die ein Essen leicht machen	– Wärme – Trockenheit – Kochen – geringe Menge – Würzen – frisch zubereitete Nahrung

Beispiele für schwere Nahrungsmittel:

Grundsätzlich süße, salzige und zusammenziehende Nahrungsmittel. Alle Milchprodukte (außer Buttermilch), Fleisch, besonders Rind- und Hammelfleisch, Eier, Fisch, Rohkost, Pilze, Kartoffeln, Spinat, Vollkornprodukte, Weizen, Wurzelgemüse (außer Karotten und Yamswurzel), alle Öle, die meisten frischen, süßen und sauren Früchte, junger Honig (jünger als sechs Monate), alle Nüsse, tiefgefrorene, mehrmals aufgewärmte oder länger aufbewahrte Speisen und Nahrung aus der Mikrowelle sowie Wasser aus Seen und stehenden Gewässern. Ausnahme: alter Honig, Zitronen, Trockenfrüchte.

> Wenn Sie eine schwere Mahlzeit zu sich nehmen, sollten Sie nur zwei Drittel von der Menge essen, die Sie sonst essen würden.

Beispiele für leichte Nahrungsmittel:

Grundsätzlich Nahrung mit scharfem, bitterem und saurem Geschmack. Alle Bohnen (außer Soja), Erbsen, Linsen, Mais, Gurken, Popcorn, Puffreis, Toastbrot, Knäckebrot, Zwieback, Karotten, Yamswurzel (Süßkartoffeln), Kichererbsen, Buttermilch, Trockenfrüchte, Granatäpfel, Lammfleisch, praktisch alle scharfen Gewürze und Wasser aus Bächen und Flüssen.

> Leichte Nahrungsmittel sind besonders zu empfehlen, wenn Agni geschwächt ist.

Die Ernährung und die Konstitutionen

Wie Sie schon wissen, gibt es sieben Grundkonstitutionen:

- die Vata-Konstitution
- die Pitta-Konstitution
- die Kapha-Konstitution
- die Vata-Pitta-Konstitution
- die Vata-Kapha-Konstitution
- die Pitta-Kapha-Konstitution
- die ausgeglichene Vata-Pitta-Kapha-Konstitution

Jeder von uns gehört einer der sieben Konstitutionen an. Ayurveda empfiehlt gesunden Menschen eine Ernährungsweise, die ihrer Konstitution entspricht. Die Vata-Konstitution sollte demnach eher süße, saure und salzige Nahrung zu sich nehmen, die Pitta-Konstitution vermehrt süße, bittere und zusammenziehende und die Kapha-Konstitution tendenziell scharfe, bittere und zu-

Gesunde Menschen soll-
ten sich bei der Ernäh-
rung an ihrer jeweiligen
Konstitution orientieren:

Vata-Typen sollten über-
wiegend süß, sauer und
salzig essen,

Pitta-Typen eher süß, bitter und zusammenzie-
hend,

Kapha-Typen besser
scharf, bitter und zu-
sammenziehend.

sammenziehende Nahrung. Bei den Mischkonstitutionen sieht die
Sache etwas schwieriger aus. Die Vata-Pitta-Konstitution müsste
demnach in erster Linie nur noch süße Nahrung essen, die Pitta-
Kapha-Konstitution immerhin noch bittere und zusammenziehende Nahrung, aber was bleibt dann eigentlich für die Vata-
Kapha-Konstitution übrig? Süß, Sauer und Salzig funktioniert
nicht, weil es Kapha-Dosha erhöht, und Scharf, Bitter und Zusammenziehend wäre ebenso wenig empfehlenswert, weil es Vata-
Dosha erhöht! Also am besten gar nichts mehr essen?

Sie sehen, dass die Ernährung allein nur nach der Konstitution
nicht der Weisheit letzter Schluss ist – so hat es Ayurveda auch nie
gemeint. Aber in vielen westlichen Büchern wird hauptsächlich
nur über diesen einen Aspekt ayurvedischer Ernährung geschrieben. Man findet seinen Konstitutionstyp einfach anhand einer
Tabelle heraus und sollte sich dann so ernähren, wie es seinem Typ
entspricht. Diese grobe Vereinfachung ist schlichtweg falsch! Ers-
tens ist die Gefahr, dass Sie sich falsch beurteilen und eine falsche
Konstitution bestimmen, recht groß, und zweitens ist die Wahrscheinlichkeit hoch, dass Sie sich durch bisherige Fehlernährung
oder falsche Lebensweise nicht mehr in Ihrer Konstitution befinden. Beide Fehlerquellen führen dazu, dass Sie Ihrer Gesundheit mit ausschließlich dieser Art der Ernährung einen denkbar
schlechten Dienst erweisen.

Die Ernährung gemäß der Konstitution ist eine von vielen Kriterien der ayurvedischen Ernährungslehre und bestenfalls eine
Orientierung. Lösen Sie sich daher von jeder wie auch immer ge-
arteten starren Ernährungsideologie. Vordringlich ist es vielmehr,
ein breiteres Verständnis von Gesundheit und gesundem Leben zu
entwickeln. Dazu gehört als Grundlage die tägliche Beobachtung
Ihres Körpers und Geistes, Ihrer Umwelt, des Klimas und einiger
anderer Faktoren. Machen Sie sich immer wieder klar: Gesundheit ist ein dynamischer Prozess! Alles in der Natur ist einem ständigen Wandel unterworfen. Sie mögen heute noch kräftig und
gesund sein, aber morgen liegen Sie vielleicht mit Grippe im Bett.
Was nützt Ihnen dann eine Ernährungsform, die statisch und unflexibel ist?

Mein Rat daher an Sie: Behalten Sie Ihre Konstitution, die Sie
herausgefunden haben, im Bewusstsein und orientieren Sie sich

daran in der täglichen Ernährung – aber halten Sie auf keinen Fall einseitig oder dogmatisch daran fest. Es ist für jede Konstitution wichtig, alle sechs Geschmacksrichtungen jeden Tag zu sich zu nehmen. Lassen Sie in Ihrer konstitutionellen Ernährung genügend Spielraum für Flexibilität, sodass Sie jederzeit jahreszeitlichen und klimatischen Veränderungen sowie akuten körperlichen Störungen Rechnung tragen können.

Es ist für jede Konstitution wichtig, alle sechs Geschmacksrichtungen jeden Tag zu sich zu nehmen.

Jahreszeit und Klima

Passen Sie Ihre Ernährung dem jeweiligen Klima und der Jahreszeit an. Wenn Sie ein Vata-Typ sind, sollten Sie besonders im Herbst oder bei trockenkaltem Wetter darauf achten, nur sehr wenig Vata provozierende Nahrung zu essen. Wenn Sie sich eher als Pitta-Typ sehen, meiden Sie vor allem im Sommer oder bei großer Hitze Pitta provozierende Nahrung. Und als Kapha-Typ sollten Sie im Winter, Frühling und bei feuchtkaltem Wetter nur geringe Mengen Kapha provozierendes Essen zu sich nehmen.[98]

Eine gesunde Ernährung muss an die Jahreszeit und an das momentane Klima angepasst werden.

Akute körperliche Störungen

Das wichtigste Kriterium für Ihre Ernährung ist jedoch Ihr Allgemeinbefinden. Wenn Sie unter akuten Vata-Störungen leiden – und das kann durchaus auch einmal bei Kapha-Typen der Fall sein –, spielt es nur eine untergeordnete Rolle, welche Konstitution Sie haben. Sie müssen dann die Vata-Dosha provozierende Nahrung deutlich einschränken. Dasselbe gilt für alle Störungen, die durch die beiden anderen Doshas hervorgerufen werden. Was für einen Sinn sollte auch eine ayurvedische Ernährung haben, wenn Sie an Ihrer Pitta-Ernährung festhalten müssten, obwohl Sie an einer Erkältung leiden? Das Dosha, das bei einer Erkältung zu hoch ist, ist das Kapha-Dosha – und das behandeln Sie am besten mit scharfen, Schleim reduzierenden Nahrungsmitteln wie Ingwer oder schwarzem Pfeffer.[99]

Wenn Sie akute körperliche Störungen haben, müssen Sie mit Ihrer Ernährung das Dosha beruhigen, das im Moment erhöht ist.

Ernährung und Psyche

Es wurde bereits über die mentalen Gunas Sattva, Rajas und Tamas gesprochen (siehe Seite 121 ff.). Diese drei Energien sind die universalen Merkmale jedes Lebewesens und jeder Substanz; sie steuern unsere Gemütsverfassung. Auch den Nahrungsmitteln werden mentale Gunas zugeordnet, die einen Einfluss auf unseren Gemütszustand haben. So gibt es Nahrungsmittel, die Ausgeglichenheit, Ruhe und Klarheit (Sattva), Impulsivität, Aktivität und Unruhe (Rajas) oder Lethargie, Trägheit und Schwere (Tamas) unterstützen. Sattva, die geistige Energie der Klarheit und Reinheit, sollte in unserer täglichen Ernährung einen wichtigen Platz einnehmen: Denn viele mentale Probleme und Störungen entstehen aufgrund einer Anhäufung von Rajas oder Tamas. Als Beispiel seien hyperaktive Kinder erwähnt, die sich mit Cola, weißem Zucker, Kartoffelchips und anderen Rajas-Nahrungsmitteln voll stopfen. Alle intensiven, irritierenden Geschmacksrichtungen haben grundsätzlich einen erregenden, rajasischen Charakter.

Sattvische Nahrung

Sattvische Nahrung ist grundsätzlich leicht und gut verdaulich. Sie sollte frisch zubereitet sein und möglichst über dem offenen Feuer (Gas) gekocht werden.

Sattvische Nahrungsmittel sind Mangos, Granatäpfel, Kokosnüsse, Feigen, Datteln, rote Weintrauben, Reis, Süßkartoffeln (Yamswurzel), Mungobohnen, Kichererbsen, Milch, Ghee, Honig, Kreuzkümmel, Kurkuma, Ingwer, Lorbeer und viele ayurvedische Heilpflanzen.

Rajasische Nahrung

Rajasische Nahrung ist intensiv, scharf, irritierend, aufputschend und unruhig machend. Sie fördert die Neigung zu Aggressivität, Gewalt, Konkurrenzdenken und Impulsivität. Auch Essen, das auf dem Elektroherd zubereitet wird, gilt allgemein als rajasisch.

Rajasische Nahrungsmittel sind saures Obst, Bananen, Mais, Kartoffeln, Tomaten, Brokkoli, Spinat, Auberginen, saure Milchprodukte, Fisch, Meeresfrüchte, Hühnchen, rotes, blutiges Fleisch, Kaffee, Schwarztee, Alkohol und säurehaltige Getränke.

Tamasische Nahrung

Tamasische Nahrung ist schwer, macht müde und wirkt abstumpfend. Abgestandene, mehrmals aufgewärmte oder verdorbene Nahrung hat einen hohen Tamas-Anteil. Auch Tiefkühlkost und Mikrowellenessen erhöht Tamas stark.

Tamasische Nahrungsmittel sind Avocados, Wassermelonen, Pflaumen, brauner Reis, Weizen, Pilze, Knoblauch, Zwiebeln, alter Käse, H-Milch, Rind- und Schweinefleisch.

Kurze Zusammenfassung

Die ayurvedische Ernährung unterscheidet vier große Eigenschaften: Sie können anhand des Geschmacks (Rasa), des Effekts nach der Verdauung (Vipaka), der energetischen Potenz (Virya) und der Eigenschaften (Gunas) feststellen, wie ein Nahrungsmittel auf Ihren Körper wirkt. Diese Wirkungen sind immer gleich, unabhängig von Ihrer Konstitution. Wenn Sie allerdings Beschwerden oder Störungen eines bestimmten Doshas bei sich feststellen, können Sie anhand der Nahrungsmitteltabelle am Ende des Buches sehen, welches Nahrungsmittel welches Dosha provoziert (siehe Seite 293 ff.).

An dieser Stelle sei noch einmal ein großes Warnschild geschwenkt: »Keine einseitigen Ernährungsmaßnahmen!« Wenn Sie meinen, dass Sie ein Vata-Typ sind und zu viel Bitteres oder Scharfes essen, dann stellen Sie Ihre Nahrung langsam um und beobachten Sie, ob Ihre Beschwerden besser werden. Wenn dies nicht der Fall ist, sollten Sie einen ayurvedischen Therapeuten zu Rate ziehen. Aus Gründen der Übersichtlichkeit seien im Folgenden noch einmal die wichtigsten Prinzipien für eine gesunde Ernährung zusammengestellt.

Die wichtigsten Prinzipien für eine gesunde Ernährung

1. Behalten Sie Ihre Konstitution als groben Richtungsweiser im Hinterkopf, damit Sie grundsätzlich wissen, welche Nahrungsmittel für Sie förderlich und welche weniger förderlich sind.

2. Achten Sie auf Beschwerden, Störungen oder gar Krankheitszeichen und steuern Sie mit Ihrer Ernährung dagegen. Wenn Sie zum Beispiel wiederholt unter Schnupfen oder Husten leiden, dann wird es höchste Zeit, den Konsum von süßen, kalten und schweren Speisen zu reduzieren. Wenn Sie Sodbrennen haben, wäre es unklug, weiterhin saure Nahrungsmittel wie Weißwein, Tomaten oder Essig zu sich zu nehmen.

3. Beobachten Sie täglich Ihre Ausscheidungen (Malas). Ein- bis zweimal am Tag Stuhl, fünf- bis sechsmal täglich Urin und etwas geruchloser Schweiß bei körperlicher Anstrengung sind normal.

4. Beobachten Sie Ihren Allgemeinzustand. Wie steht es um Ihre Energie, Ihre Gemütsverfassung, Ihren Schlaf? Fühlen Sie sich glücklich, oder ist alles so furchtbar schwer? Achten Sie mehr darauf und ändern Sie Essgewohnheiten, die Ihnen nicht gut tun.

Essen Sie nicht mehr als drei bis vier Mahlzeiten am Tag. Nehmen Sie keine Zwischenmahlzeiten ein.

5. Denken Sie vor allem daran, Ihre Nahrung immer Ihrem Verdauungsfeuer anzupassen. Wenn es gestern schweren Gänsebraten gab, dann sollte es heute nicht schon wieder Schweinshaxe geben. Essen Sie nicht zu viel Schweres oder Kaltes, damit Ihr Verdauungsfeuer gut brennen kann. Wenn Sie Verdauungsprobleme haben, weil Sie zu viel genascht haben, gönnen Sie sich und Ihrem Körper einen Tag Ruhepause mit Fasten und Trinken von heißem Wasser.

Kommen wir noch einmal auf unseren altvertrauten Joghurtzettel zurück. Wir hatten zunächst folgende vermeintliche Eigenschaften des Joghurts notiert: verdauungsfördernd, gewichtreduzierend, gut für die Darmflora und das Immunsystem, kalt, weich, sauer und leicht.

Seither haben wir einiges dazugelernt, sodass wir nun zusammenfassend über unseren Joghurt folgendermaßen urteilen können:

1. Joghurt schmeckt sauer. Er erhöht dadurch Kapha-Dosha und Pitta-Dosha. Er kräftigt uns (Kapha-Dosha) und fördert die Verdauung (Pitta-Dosha).

   sauer

2. Er ist schwer und erhöht das Körpergewicht.

   schwer

3. Er hat eine erhitzende Wirkung (Virya) auf unseren Körper, obwohl er im Mund kalt schmeckt.

   erhitzend

4. Er ist weich und schleimig, da er im Mund zergeht. Dadurch macht er die Körpergewebe weich und schwammig wie beispielsweise bei der Cellulitis. Außerdem verstopft er die Körperkanäle (Shrotas).

   weich

5. Seine Wirkung auf die Darmflora und das Immunsystem lässt sich zwar nicht mit unseren fünf Sinnen belegen, aber durch seine Pitta erhöhende Wirkung hat er einen positiven Effekt auf die Verdauung.

   verdauungsfördernd

Anhand unseres kleinen Experiments können Sie sehen, dass Sie Ihren fünf Sinnen und Ihrer natürlichen Wahrnehmung durchaus vertrauen können. Wenn Sie in Zukunft Ihre Nahrung mit den fünf Sinnen betrachten, können Sie sehr viel über sie und ihre Wirkungen erfahren. Joghurt ist grundsätzlich ein wertvolles Nahrungsmittel. Er hat gute und weniger gute Eigenschaften, die entsprechend der Konstitution genutzt werden können. Daher noch ein paar Tipps für den Joghurtverzehr:

– Essen Sie etwas Joghurt im Anschluss zum Mittagessen, um die negativen Effekte von blähenden Nahrungsmitteln (Bohnen, Linsen) abzuschwächen.

– Essen Sie Joghurt nie abends. Er regt Ihre Verdauung zu sehr an und beschäftigt Ihren Organismus zu lange, da er die Körperkanäle verstopft.

   Die beste Zeit, Joghurt zu essen, ist nachmittags.

– Fügen Sie dem Joghurt einen Teelöffel Honig hinzu. Dadurch wird der blockierende Effekt auf die Körperkanäle gemildert.

– Essen Sie ausschließlich reinen Naturjoghurt, niemals Joghurt mit Früchten, weil dies eine unverträgliche Nahrungskombination ist, die viel Ama erzeugt.

Allgemeine Empfehlungen für eine gesunde Essensaufnahme

Die allgemeinen Prinzipien für eine gesunde Ernährung sind einfache Essensregeln, die für jedermann gelten. Diese Essensregeln entsprechen den natürlichen Zyklen unseres Lebens. Ohne die Einhaltung dieser Zyklen nützen Ihnen alle hier behandelten theoretischen Erwägungen wenig. Beides muss stimmen, der Inhalt und der Rhythmus. Erst dann ist eine Ernährung vollkommen und ganzheitlich.

Eigenschaften einer Hauptmahlzeit:
Eine Hauptmahlzeit sollte grundsätzlich folgende Eigenschaften haben:

- warm
- befeuchtend (ölig)
- ohne gegensätzliche Viryas sein, also nicht sehr Kaltes und sehr Heißes gleichzeitig (wie beispielsweise Vanilleeis mit heißen Himbeeren)

Die Vorbereitungen des Körpers:
Essen Sie erst, wenn die letzte Mahlzeit vollständig verdaut ist, also frühestens nach drei bis vier Stunden. Konzentrieren Sie sich auf das Essen, ohne emotionalen Stress, Fernsehen, Lesen oder übermäßiges Lachen.

Die Sinne:
Das Essen sollte gut schmecken, riechen und aussehen. Nur wenn alle Sinne das Essen akzeptieren, ist es für den Körper nahrhaft.

Die Zusammensetzung des Essens:
Die Zusammensetzung des Essens sollte von den Eigenschaften her ausgeglichen sein. Besonders die Gunas Schwer und Leicht sowie Warm und Kalt sollten in einem ausgewogenen Verhältnis zueinander stehen. Wenn Sie eine sehr schwere Mahlzeit essen, sollten Sie nur ein Drittel der normalen Menge zu sich nehmen.

Gegensätzliches Essen:

Kombinieren Sie gegensätzliche Nahrungsmittel nicht miteinander – zum Beispiel Fisch und Milch oder Früchte und Milch.[100]

Zusammensetzung falscher Dinge:

Kombinieren Sie nicht Alkohol mit Früchten oder Fisch mit Alkohol, weil diese Kombinationen sehr erhitzende Effekte auf den Körper haben und sich sehr negativ auswirken.

Die Menge des Essens:

Passen Sie die Menge des Essens Ihrer Verdauungskraft an. Essen Sie nicht zu viel, aber auch nicht zu wenig.

Der Ort:

Essen Sie nicht an einem ungemütlichen, nicht friedlichen, geschäftigen oder schmutzigen Ort. Essen Sie an einem trockenen, heißen Ort nicht zu viel scharfe, heiße und saure Nahrung und an einem feuchten Ort nicht zu viel süße, feuchte und kalte Nahrung.

Die Zeit:

Nehmen Sie Frühstück, Mittagessen und Abendessen zu den richtigen Zeiten ein. Beziehen Sie auch die Jahreszeiten in Ihre Ernährung mit ein. Essen Sie im Winter nichts Kaltes, Süßes oder zu viel Feuchtes. Achten Sie im Sommer darauf, nicht zu heiß, zu scharf, zu salzig oder zu sauer zu essen.

Die Person, die isst:

Nehmen Sie die Nahrung zu sich, die zu Ihrer Konstitution bzw. Ihrer momentanen Verfassung passt.

Die Dauer des Essens:

Essen Sie nicht zu schnell, da die Verdauung bereits im Mund beginnt und die Verdauungssäfte Zeit brauchen, um zu arbeiten. Essen Sie nicht zu langsam, da sonst alle Teile der Verdauung gleichzeitig aktiv sind, was zu einer unvollständigen Verdauung führt.

Die Reihenfolge der Essensaufnahme

Die Reihenfolge der Essensaufnahme entspricht der natürlichen Verdauungsabfolge. Sie erinnern sich: Das Erste, was wir beim Essen brauchen, ist Wasser in Mund und Magen, damit die Nahrung gut vermischt und weitertransportiert werden kann. Daher ist <u>etwas</u> Süßes zu Beginn des Essens das Beste. Danach sollte man sauer und salzig essen, damit das Verdauungsfeuer Agni mit der Verbrennung beginnen kann, und am Ende etwas Scharfes, Bitteres und/oder Zusammenziehendes, damit Agni ungestört arbeitet.

½ Glas Rotwein vor dem Essen ist ebenfalls hervorragend geeignet, um Agni zu erhöhen. Wenn Sie jedoch unter Pitta-Störungen leiden, sollten Sie den Rotwein eher meiden.

Essen

Ayurveda lehrt, dass das Essen den Körper in derselben Reihenfolge verlässt, in der man es aufgenommen hat. Wenn wir also mit Süßem beginnen, scheiden wir auch Süßes zuerst wieder aus. Süß hat einen leicht abführenden, befeuchtenden und beruhigenden Effekt und bereitet die spätere Stuhlausscheidung optimal vor.

Beginn: Süß

Man sollte das Essen immer mit einer *kleinen* Menge an Süßem beginnen, da dadurch Wasser in Mund und Magen gebunden wird, weil Kapha-Dosha ansteigt. Kapha-Dosha kann somit die Nahrung verflüssigen und den ersten Schritt der Verdauung einleiten. Beispiele: Süße Früchte wie Mangos, Äpfel, Datteln, Feigen und Trauben, etwas Quark oder warme Milch, ein Teelöffel Honig mit etwas Ingwerpulver.

Hauptmahlzeit: Sauer/Salzig

Die Hauptmahlzeit sollte von der Geschmacksrichtung Sauer und/oder Salzig dominiert sein. Dadurch steigt zunächst Kapha-Dosha weiter an, wird aber von Pitta-Dosha bald überholt, das ebenfalls stark erhöht wird. Die Nahrung kann gereinigt und weiter zerlegt werden. Agni beginnt mit der Verbrennung.

Am Ende der Mahlzeit: Bitter/Scharf/Zusammenziehend

Am Ende oder als Dessert sollte eine dieser drei Geschmacksrichtungen stehen. Dadurch wird Kapha-Dosha gesenkt, Pitta-Dosha und Vata-Dosha erhöht. Das Verdauungsfeuer Agni kann ungestört züngeln. Die Nahrung wird verbrannt und abtransportiert. Es sind von den genannten Geschmacksrichtungen jedoch nur geringe Mengen nötig. Beispiele: Buttermilch, Magenbitter, Bohnen, Linsen, Salate wie Rucola, Endividien, Chicorée, bittere Kräutertees, eventuell ein Espresso (schwarz, ohne Zucker) oder etwas alter, kristallisierter Honig.

Nehmen Sie grundsätzlich alle sechs Geschmacksrichtungen täglich zu sich. Die genannten Empfehlungen geben nicht nur die Reihenfolge, sondern auch die Quantität der Geschmacksrichtungen an. Ihre Nahrung sollte überwiegend aus Süßem und weniger Saurem und Salzigem bestehen. Dagegen braucht der Körper allgemein eher wenig Scharfes, Bitteres und Zusammenziehendes.

Trinken

Trinken zu Beginn des Essens ist gut für die Verdauung, da Kapha-Dosha erhöht wird – jedoch in Maßen und auf keinen Fall kalte Getränke. Außerdem sollten Sie nicht mehr nach dem Essen trinken. Bei chronischem Schnupfen und Asthma sollte das Trinken sehr reduziert werden, ebenso bei kaltem und feuchtem Wetter. Übergewichtige Menschen sollten warmes Wasser trinken. Bedenken Sie: Trinken verringert allgemein Ihr Verdauungsfeuer Agni. Heißes Wasser erhöht zwar Agni, hat aber auf Dauer einen abbauenden und trocknenden Effekt und sollte daher nicht in größeren Mengen konsumiert werden.

Die Konsistenz der Nahrung

Die Konsistenz der Nahrung übt ebenfalls eine Wirkung auf den Körper aus.

Man unterscheidet:

- harte Nahrungsmittel, die intensiv gekaut werden müssen (Brot, Rohkost, Nüsse)
- weiche Nahrungsmittel, die leicht gekaut werden können (eingeweichtes Müsli, Bohnen und Fleisch)

– schleimige Nahrungsmittel, die im Mund zergehen (Joghurt, Eis)
– flüssige Nahrungsmittel, die getrunken werden (Sirup, Suppen und Getränke)

Harte Nahrungsmittel machen auch den Körper hart und sind gut für die Festigkeit der Knochen, Zähne und Gewebe. Im Übermaß gegessen, lassen sie jedoch den Körper spröde, unflexibel und unbeweglich werden. Da harte Nahrung meist aus Rohkost besteht, ist sie zudem schwer verdaulich.

Flüssige Nahrung dagegen macht weich, glücklich, nährt und beruhigt. Im Übermaß gegessen, lässt sie die Körpergewebe zu weich und schwammig werden, sodass sie ihre Festigkeit und ihren Halt verlieren. Außerdem werden die Shrotas verstopft und Agni gesenkt.

Da der Körper aus unterschiedlich harten und weichen Körpergeweben besteht, ist es ratsam, alle vier Konsistenzen in einem ausgeglichenen Verhältnis zu sich zu nehmen.

Unverträgliche Nahrungsmittel

Es gibt einige Nahrungsmittel, die man laut Ayurveda nicht kombiniert essen sollte, da ihre Eigenschaften und Wirkungen gegensätzlich oder ungünstig sind. Aus dem Verzehr dieser Nahrungsmittel entstehen trotz gutem Agni große Mengen von Ama. Dazu gehören:

Hinweis: Tomaten sind sauer und zählen zu den Früchten.

– Kalte Milch, kalte Milcheisprodukte wie Milchshakes, Eiscreme usw.
– Kombinationen von Milchprodukten mit Früchten, beispielsweise Fruchtjoghurt, Fruchtquark, Frucht-Milchshakes oder Erdbeeren mit Sahne
– Kombinationen von Alkohol mit Früchten, beispielsweise Bowle und Cocktails
– Mischungen unterschiedlicher Obstsorten (Obstsalat)
– Kombinationen von Fisch, Rettich oder salziger Nahrung mit Milchprodukten oder Honig

- Kombinationen von Joghurt mit Rind- oder Hühnerfleisch
- Kombinationen von Honig mit Fisch oder Fleisch von Tieren aus Feuchtgebieten (Moor, Sumpf)
- Kombinationen von Honig mit Ghee zu gleichen Teilen

Die drei »heiligen« Nahrungsmittel

Es gibt sie doch: die drei heiligen Nahrungsmittel, die für jedermann gesund sind und täglich eingenommen werden sollten. Jedes der drei heiligen Nahrungsmittel hat einen speziellen Bezug zu einem bestimmten Dosha, das heißt, es hat die Fähigkeit, eines der drei Doshas unter Kontrolle zu bringen.

Milch

Milch ist *das* Nahrungsmittel par excellence. Allein schon die Tatsache, dass sehr viele wertvolle Nahrungsmittel aus Milch entstehen, zeigt ihre Bedeutung. Milch sollte man täglich einnehmen. Trinken Sie sie immer warm, da sie sonst unverdaulich ist. Sie ist das Nahrungsmittel, das Vata-Dosha am stärksten kontrolliert. Sie senkt aber auch Pitta-Dosha. Milch spielt in vielen Religionen schon seit jeher eine besondere Rolle. Sie gilt als geheiligtes Nahrungsmittel und hat sattvischen Charakter. In der vedischen Philosophie war sie schon immer eine der besten Opfergaben an die Götter. Milch und Ghee werden im Ayurveda als stark verjüngende Substanzen (Rasayana) bezeichnet. Von allen Arten der Milch gilt die Kuhmilch als die beste und wirksamste. Aber auch Ziegenmilch, die leichter bekömmlich ist, hat sehr gute Eigenschaften.

> Kapha-Menschen sollten Milch nicht in größeren Mengen trinken. Bei starken Verschleimungskrankheiten sollten Sie auf Milchprodukte eine Zeit lang ganz verzichten.

Eigenschaften:
Milch ist süß, befeuchtend (ölig), kühlend, erhöht die Fruchtbarkeit und Potenz, ist erfrischend, nährend, intelligenzfördernd, stärkend und nützlich für die mentale Stabilität. Sie ist gesund für alle Lebewesen. Zudem erhöht sie den Appetit und wirkt durstlöschend.

> Milch zählt zu den Nahrungsmitteln, die Vata-Dosha am besten beruhigen.

Milch wird bei folgenden Störungen angewandt:

Milch erleichtert die Beschwerden bei Kurzatmigkeit und Bronchitis, heilt viele Rakta-Pitta-Krankheiten (Blutungen) und Wunden und hilft bei Auszehrung, Anämie, Sodbrennen und anderen Krankheiten mit Säurezuständen, Tumoren im Bauchraum, Aszites (Bauchwassersucht), Durchfällen, Fieber und Ödemen. Milch ist auch nützlich bei Krankheiten im weiblichen Genitaltrakt, Störungen beim Wasserlassen und hartem Stuhl.

Noch ein Hinweis zum Thema Milchallergie. Milch ist in den letzten Jahren schwer unter Beschuss geraten. Natürlich ist es verständlich, wenn man etwas aus der Nahrung verbannt, was man nicht verträgt – aber das kann nur eine Notmaßnahme sein. Ein Mensch kommt nämlich selten schon mit Milchallergie zur Welt.

Fast alle Milchallergien entstehen im Laufe unseres Lebens als Folge hausgemachter Probleme. Wenn wir Kuhmilch nicht mehr vertragen, ist mit unserem Körper etwas nicht in Ordnung, nicht mit der Milch. Milchallergien sind Störungen, an denen Kapha-Dosha maßgeblich beteiligt ist. Die Betroffenen haben meistens allgemeine Verdauungsstörungen und Kapha-Probleme in anderen Körperbereichen (Asthma, chronische Nasennebenhöhlenprobleme). Wenn man daher Kapha-Dosha wieder beruhigt, kann der Betroffene nach einiger Zeit wieder langsam damit beginnen, Milch zu trinken. Milch ist durch kein anderes Nahrungsmittel zu ersetzen.

Ziegenmilch ist wesentlich leichter verdaulich und kann bei hartnäckiger Kuhmilchallergie als Alternative eingesetzt werden. Von Sojamilch dagegen wird abgeraten.

Ghee

Ghee ist geklärtes, gut durchgekochtes Butterschmalz. In Indien wird Ghee ziemlich aufwändig aus Milch und frischem Joghurt hergestellt. Da unsere Butter jedoch von sehr hoher Qualität ist, können wir Ghee bequem aus Sauerrahmbutter auskochen.[101] Je älter das Ghee, umso stärker seine therapeutischen Wirkungen. Im Ayurveda wird Ghee, das älter als 100 Jahre ist, als extrem wertvoll gegen viele Krankheiten angesehen. Man spricht jedoch bereits ab einem Alter von einem Jahr von altem Ghee. Die heilenden Qualitäten von Ghee werden im Ayurveda durch das Verkochen von Ghee mit verschiedenen Heilpflanzen verstärkt oder verändert. Diese Zubereitungen nennt man *Ghrtas*.

Eigenschaften:

Ghee hat einen sehr beruhigenden Einfluss, besonders auf Pitta-Dosha, aber auch auf Vata-Dosha. Es ist eine der wenigen Substanzen, die Pitta-Dosha senkt und Agni trotzdem erhöht. Es provoziert in größeren Mengen Kapha-Dosha und sollte von Kapha-Konstitutionen daher nicht in großen Mengen benutzt werden. Ghee hat aber wesentlich günstigere Eigenschaften und verstärkt Kapha-Dosha nicht so sehr wie Butter. Es ist kalt, befeuchtend (ölig) und dank seiner Zubereitung nicht allzu schwer. Es fördert Gedächtnis, Intelligenz, Verdauungskraft, Ejakulation, Ojas und gehört zu den verjüngenden Nahrungsmitteln. Es sollte bei Amazuständen in Kombination mit einem erhöhten Pitta-Dosha allerdings nur mit Vorsicht in hohen Dosen genommen werden.

> Ghee senkt Pitta-Dosha, aber stärkt Agni.

Ghee wird bei folgenden Störungen angewandt:

Bei Auszehrung und Fieber, Impotenz und Unfruchtbarkeit, vorzeitiger Alterung, körperlicher Schwäche und Auszehrung. Es ist nützlich bei Wunden und Verletzungen, Wundrose, Verbrennungen und zur Entgiftung nach Schlangenbissen.

Altes Ghee wird zusätzlich eingesetzt bei: Epilepsie, Bewusstlosigkeit, Krankheiten des Kopfes, der Augen, der Ohren und der Genitalien. Es wird auch äußerlich bei Massagen angewandt, besonders auf der Brust (trockener Husten, Herzkrankheiten und Atemnot) und bei Schmerzen an den Flanken. Aufgetragen auf der Stirn, senkt es Fieber, am Gaumen bessert es Sprachstörungen.

Honig

Honig ist auch bei uns von alters her ein geschätztes Lebensmittel. Er kontrolliert das Kapha-Dosha am stärksten und beruhigt. Honig sollte aber mindestens sechs Monate alt sein und wirkt, je älter er ist, umso beruhigender auf Kapha-Dosha. Alter Honig zusammen mit lauwarmem Wasser senkt das Körpergewicht.[102] Honig erhöht Vata-Dosha leicht. Im Ayurveda wird er oft zusammen mit der verordneten Medizin gegeben, da er deren Wirkung verstärkt.

> Im Ayurveda heißt es: Täglich ein Löffel Honig hält einen Menschen gesund.

Honig sollte niemals erhitzt werden. Interessanterweise wissen dies die Imker, nicht aber die meisten Therapeuten. Wenn man nämlich Honig erhitzt oder in heiße Getränke gibt, werden ers-

> Honig ist das Nahrungsmittel, das Kapha-Dosha am besten beruhigt.

Honig niemals erhitzen! tens seine vielen wertvollen Inhaltsstoffe zerstört und zweitens giftige Stoffe freigesetzt, die die Bienen beim Sammeln mitnehmen. Honig wird also giftig, wenn er erhitzt ist.

Eigenschaften:

Honig ist süß, kühlend, leicht, schmackhaft, trocken und zusammenziehend. Er ist spitz, das heißt, er baut Gewebe ab und hat eine intensive Wirkung. Er ist gut für die Augen, erhöht den Appetit, verbessert die Stimme, verjüngt und reinigt Wunden. Er verleiht Zufriedenheit, steigert die Intelligenz, die Ausstrahlung und den Geschmack. Er hat einen hautbleichenden Effekt und wirkt sehr gut als erste Hilfe bei Verbrennungen.

Honig wird bei folgenden Störungen angewandt:

Bei Hautunreinheiten, Hämorrhoiden, Husten, Blutungen, Störungen im Wasserhaushalt (auch bei Diabetes mellitus), Müdigkeit, Übergewicht, Durst, Übelkeit, Atemnot, Schluckauf, Durchfall, Verstopfung und bei brennenden Schmerzen. Alter Honig in Maßen ist sogar für Diabetiker geeignet, da er Kapha-Störungen beruhigt und den Blutzucker nicht erhöht.

Der Zusatz von Spurenelementen

Die Gabe von Spurenelementen in Form von Vitaminen, Mineralien, Koenzymen und anderen Zusatzstoffen gehört für viele Menschen mittlerweile schon zum Alltag. Wenn man den Anhängern dieser künstlichen Produkte Glauben schenkt, kann der Körper gar nicht genug an Vitaminen und Mineralien bekommen. Deshalb werden sie oft in sehr hohen Dosen verabreicht nach dem Motto »Viel hilft viel«. Viel versprechend erscheinen auch die Behandlungsmöglichkeiten dieser Methode. So liest man in einigen Büchern sogar, dass schwerste Krankheiten wie Herzinfarkt, Diabetes, Rheuma und Krebs mit Hochdosierungen von Vitaminen besiegt werden könnten. Bemerkenswerterweise fällt die Gabe von Spurenelementen in den Bereich der Nahrungsergänzung und nicht in den Bereich der Therapie, obwohl die Bezeichnung »orthomolekulare Medizin« eigentlich auf eine Therapieform hinweist. Die orthomolekulare Medizin gehört daher eigentlich in den therapeutischen Bereich, nicht in die tägliche Ernährung.

Wissenschaftliche Studien über die zusätzliche Gabe von Spurenelementen beziehen sich demnach auch in erster Linie auf die Behandlung von Krankheiten. Hier gibt es zahlreiche Hinweise, die belegen, dass Zusatzstoffe Krebserkrankungen positiv beeinflussen können[103] Welchen Wert Vitamine und Mineralien jedoch im Alltag haben, ist äußerst umstritten. Sicher ist, dass eine Überdosierung von Vitaminen keineswegs so ungefährlich ist, wie ihre Anhänger immer behaupten. Besonders die Vitamine A, D und E können in Überdosierungen schwere Krankheiten auslösen. Vitamin A beispielsweise führt dann zu Erbrechen, Lebervergrößerungen und Schwellungen von Lymphdrüsen und Gelenken, Vitamin D verursacht Erbrechen, Magen-Darm-Störungen und Kalkablagerungen in Niere und Gefäßen. In der Schwangerschaft können Überdosierungen sogar zu Missbildungen beim Embryo (etwa Herzfehlern) führen. Vitamin E löst schon in mittleren Dosen Entzündungen der Venenwände (Thrombophlebitis) aus.[104]

Aus ayurvedischer Sicht kann man die zusätzliche Gabe von synthetisch hergestellten Vitaminen nicht gutheißen. Wer nämlich auf seine Ernährung und Verdauung achtet, bekommt erst gar keinen Vitaminmangel. Der Mensch hat Jahrtausende ohne die zusätzliche Gabe von Spurenelementen überlebt. Synthetische Vitamine sind Kunstprodukte, die mit natürlicher Ernährung nichts zu tun haben. Neueste Untersuchungen haben ergeben, dass der Körper synthetische Vitamine wesentlich schlechter aufnehmen kann als natürliche. Der Apfel war beispielsweise viele Jahre lang bei zahlreichen Vitaminexperten verpönt, weil er im Durchschnitt nur sechs Milligramm Vitamin C enthält. Aktuelle Studien belegen jedoch, dass der Apfel aus einer Vielzahl von Spurenelementen besteht, die alle zusammen genommen einen viel stärkeren Gesundheitseffekt haben als reines Vitamin C. Man müsste demnach eineinhalb Gramm reines Vitamin C einnehmen, um denselben Immunschutz zu bekommen wie durch den Verzehr von 100 Gramm Apfel.[105]

Der Handel mit Vitaminen ist ein riesiges Geschäft geworden, ohne dass wissenschaftliche Beweise für den Nutzen beim gesunden Menschen vorlägen. Dabei wird in erster Linie mit den Ängs-

Das sollten Sie sich merken:

- Vitaminmangel existiert in unserer Gesellschaft praktisch nicht.
- Wir nehmen eher zu viele als zu wenige Vitamine zu uns.
- Erhöhte Vitamingaben können zu Erkrankungen führen.
- Die Gabe von zusätzlichen Vitaminen sollte von einem Therapeuten verschrieben werden.

ten der Bevölkerung gespielt, indem suggeriert wird, dass man mit zusätzlichen Vitamingaben Krankheiten vermeiden kann. Dieser Effekt ist jedoch höchst fraglich. Lassen Sie sich also nicht verrückt machen. Der beste Schutz vor Krankheiten ist und bleibt eine gesunde, natürliche Ernährung.

Resümee

Nahrung ist Medizin. Sie kräftigt Ihren Körper und hält ihn am Leben. Essen sollte jedoch immer ausgewogen und an Ihre Konstitution und die jeweilige Verfassung Ihres Agni angepasst bleiben. Die Qualität der Ernährung spielt dabei eine entscheidende Rolle: Nahrungsmittel, die unter natürlichen und biologischen Bedingungen entstehen, sind solchen aus Massenproduktion in jedem Fall vorzuziehen. Biologische Nahrung empfiehlt sich nicht nur von den Inhaltstoffen her, sondern auch vom Gehalt an Lebensenergie. Das Fleisch eines Tieres, das lebenslang in einem Käfig eingesperrt vor sich hin vegetiert, mit Medikamenten (Antibiotika, Hormone) künstlich hochgepäppelt wird und niemals die Sonne, den Himmel und die Natur gesehen hat, kann Ihnen keine positive Energie geben. Genauso verhält es sich mit Pflanzen.

Heutzutage kennt der Schlankheitswahn keine Grenzen mehr. Obwohl Sie durchaus auf Ihr Körpergewicht achten sollten, ist es nur einer von vielen Faktoren. Sie können Ihre Nahrung aus überwiegend scharfen, bitteren und zusammenziehenden Nahrungsmitteln zusammenstellen, um abzunehmen, sollten sich dann aber auf die Konsequenzen einstellen, als da wären vorzeitige Alterung, körperliche Schwäche, geistige Unruhe, Schlaflosigkeit usw. So ist es kein Zufall, dass sich angesichts des Schlankheitswahns unserer Gesellschaft die Schönheitschirurgie großen Zulaufs erfreut. Sie profitiert davon.

Anerkennen Sie sich und Ihre Konstitution. Aus einem Kapha-Menschen wird nun mal keine Primaballerina, ebenso wie eine Antilope niemals zum Raubtier mutieren kann. Entspannen Sie sich und finden Sie Ihren eigenen Weg zu Glück und Schönheit. Schön ist der, der sich schön fühlt. Machen Sie Essen zur schönsten Nebensache, ohne sich der Völlerei hinzugeben. Wer genießen kann, hat den ersten Schritt zum Glücklichsein getan.

X. Heilen und verjüngen: Die Ayurvedische Therapie

Dieses Kapitel gehört zu den wesentlichen Grundlagen.
Dieses Kapitel soll Ihnen einen Einblick in das große Feld ayurvedischer
Behandlungsmöglichkeiten vermitteln.

»Es war in jener Zeit üblich, dass alle Bewerber für ein (ayurvedisches) Medizinstudium an der Universität vorher einem Eignungstest unterzogen wurden. Jivaka und einige andere Anwärter mussten erst diesen Test bestehen, bevor ihnen der Zugang zur medizinischen Fakultät erlaubt wurde. So wurden alle beauftragt, in den nahe gelegenen Wald zu gehen und so viele Pflanzen wie möglich zu sammeln, die keinerlei medizinische Wirkung besitzen. Am Abend kehrten die Kandidaten mit verschiedenen Pflanzen zurück, die ihrer Meinung nach frei von medizinischen Bestandteilen sind. Jivaka dagegen kehrte als einziger nicht zurück. Als er endlich einige Tage später wieder erschien, kam er mit leeren Händen. ›Ich habe überall gesucht, aber ich konnte nicht eine Pflanze finden, die medizinisch wertlos ist.‹ Jivaka jedoch war der einzige, der den Test bestanden hatte und die Zulassung zur medizinischen Fakultät erhielt.«[106]

Die ayurvedische Medizin wird eingeteilt in die zwei großen Bereiche

–   Vorbeugung (Aufrechterhaltung der Gesundheit)

–   Behandlung von Krankheiten durch Beseitigung der Ursachen

Die Vorsorge

Ayurveda ist Gesundheitsvorsorge und Heilkunde in einem, wobei der Vermeidung von Krankheiten große Bedeutung zukommt. Im Idealfall kann man den Menschen dank ayurvedischer Gesundheitsvorsorge vor ernsteren Krankheiten und vorzeitiger Alterung bewahren. Die Vorsorge umfasst

–   eine gesunde Lebensweise gemäß Konstitution, Alter, Jahres- und Tageszeit sowie eine gesunde Ernährung[107]

- Yoga
- die Verjüngungstherapie *(Rasayana)*

Yoga

Yoga ist eigentlich keine Disziplin der ayurvedischen Medizin, sondern eine eigenständige Wissenschaft der *Veden*. Ayurveda und Yoga sind sich in vielerlei Hinsicht so ähnlich, dass man sie auch als Schwesternwissenschaften bezeichnet. Beide Systeme gehen von denselben Prämissen aus, darunter beispielsweise dem Aufbau unseres Universum aus den fünf Elementen und den drei geistigen Gunas aller Substanzen (Sattva, Rajas und Tamas). Auch Aufbau und Funktionsweise des menschlichen Körpers sowie das Prinzip der Tri-Doshas stimmen in beiden Gesundheitssystemen völlig überein.

Das Ziel von Ayurveda und Yoga ist die vollständige Befreiung des Menschen von allem Leid, das durch falsches Denken und Handeln des Ego verursacht wird. Es sind die Wege, die beide Systeme voneinander unterscheiden. Ayurveda ist das Wissen des Lebens: Es versucht, dauerhafte Gesundheit auf körperlicher und geistiger Ebene zu bewirken, um die vier großen Ziele des Lebens zu erreichen: Ruhm, Reichtum, Vergnügen und Befreiung. Damit umfasst der Ayurveda nicht nur die rechte geistige Lebensweise, sondern legt auch großen Wert auf die Pflichten des weltlichen Lebens wie Familie, Beruf und materiellen Wohlstand.

Yoga dagegen versucht, die Befreiung des Menschen allein auf der geistig-spirituellen Ebene zu erreichen. Dabei erkennt auch Yoga die Notwendigkeit eines gesunden Körpers und Geistes an, beschreibt – ebenso wie die ayurvedische Wissenschaft – Methoden zur täglichen körperlichen und geistigen Reinigung und empfiehlt die Anwendung von Heilpflanzen. Je reiner und unbelasteter der Organismus ist – so die Theorie des Yoga –, umso leichter kann auch das göttliche Bewusstsein des Menschen zum Vorschein kommen und das individuelle Selbst überwinden. Die Erfüllung von materiellen Pflichten des Lebens spielen im Yoga jedoch nur eine untergeordnete Rolle.

Tägliches Yoga hat einen unschätzbaren Wert für die Gesunderhaltung des Menschen: Es reinigt den Körper von Abfallstoffen, stärkt Muskulatur und Knochen und verbessert ihre Flexibilität; darüber hinaus sorgt es für eine gesunde Körperhaltung und beugt Haltungsschäden vor. Es beruhigt den Geist und erhöht die Konzentrationskraft. Yoga ist wie eine tägliche Erfrischungskur für Körper und Geist. Seine wichtigsten Methoden sind die körperlichen Stellungen (*Asanas*), die Atemtechnik (*Pranayama*) und verschiedene Meditationsübungen.

Die körperlichen Stellungen (Asanas):

Die meisten von uns denken dabei an abenteuerlich anmutende Verrenkungen. Das Ziel der Asanas ist jedoch keineswegs, seinen Körper in alle möglichen Richtungen verbiegen zu lernen, sondern durch regelmäßiges Trainieren den Organismus von Abfallstoffen zu reinigen und ihn jung und flexibel zu halten. Ein Anfänger beginnt mit leichteren Asanas und arbeitet sich mit zunehmender Praxis in immer komplexere Stellungen vor. Dabei können die Asanas auch gezielt an die jeweilige Konstitution des Praktizierenden angepasst werden, was eine enge Zusammenarbeit zwischen ayurvedischem Therapeuten und Yogalehrer voraussetzt.

Asanas halten den Körper flexibel und beugen Haltungsfehlern vor.

Grundsätzlich sollten Vata-Konstitutionen Yogaübungen machen, die ihre Muskelkraft nicht überfordern. Asanas, die den Geist beruhigen und meditativ durchgeführt werden, sind am besten geeignet. Übungen zur Dehnung und Streckung des Beckenbereichs ohne größeren Kraftaufwand beruhigen Vata-Dosha. Auch Pitta-Konstitutionen sollten sich mit zu anstrengenden und vor allem erhitzenden Asanas zurückhalten. Stellungen, die den Bereich des Nabels dehnen, sind für sie empfehlenswert. Kapha-Konstitutionen dagegen können ein anstrengendes Yogaprogramm durchführen. Das Sonnengebet und Stellungen, die Agni stärken, sind für sie sehr gut geeignet.

Die Atemtechnik (Pranayama):

Der Atem des Menschen gilt in allen Naturheilkunden als die Leben spendende Kraft. In vielen Religionen ist es der Odem Gottes, der den ersten Menschen lebendig machte. Auch für jedes Baby, das das Licht der Welt erblickt, ist der erste Atemzug der Beginn des selbstständigen Lebens. Mit jedem Atemzug führen wir uns nicht nur lebensnotwendigen Sauerstoff zu, sondern regenerieren und aktivieren auch unsere Lebenskraft (Prana).

Gesundes Atmen fördert die Lebenskraft Prana und beruhigt Geist und Körper.

Der Atem steht in enger Verbindung zu unserem Geist. Jeder Gedanke beeinflusst unsere Atmung und umgekehrt. Wenn wir daher unsere Atmung bewusst trainieren, hat das einen beruhigenden, regulierenden Einfluss auf unsere Denktätigkeit. Nicht umsonst spielt in den meisten Meditationstechniken die Kontrolle des Atems eine wichtige Rolle: So lässt sich die Konzentrationsfähigkeit des Geistes stärken.

Grundsätzlich sollten Sie darauf achten, dass Ihre Atmung ausgeglichen und tief ist. Sobald Sie oberflächlich und hauptsächlich im Brustbereich atmen, schöpfen Sie nicht die volle Kraft aus Ihrem Atem. Eine gesunde Atmung sollte vorwiegend im Bauchraum stattfinden. Dabei hebt sich die Bauchdecke beim Einatmen und senkt sich wieder beim Ausatmen. Durch diesen Vorgang werden alle Organe des Bauchraumes durch das Zwerchfell bewegt. Die Zwerchfellbewegung wirkt wie eine Massage auf die Organe und bessert den Säfte- und Lymphfluss im Bauchraum. Dies hat auf Dauer auch einen sehr positiven Effekt auf Ihre Verdauung.

Kleine Übung zur Bauchatmung:
Legen Sie sich bequem auf den Rücken und legen Sie Ihre Hände auf den Bauch. Schließen Sie die Augen und versuchen Sie sich zu entspannen. Dann konzentrieren Sie sich auf Ihre Atmung. Atmen Sie bewusst in den Bauchraum hinein und spüren Sie, wie sich Ihre Bauchdecke mit jedem Einatem hebt und mit jedem Ausatem senkt. Je entspannter und bewusster Sie diese Übung machen, umso tiefer wird der Atem und umso leichter bewegt sich die Bauchdecke auf und ab. Mit der Zeit bekommen Sie ein Gefühl für diese Bauchatmung und spüren den Unterschied zur flacheren Brustatmung. Sie sollten sich dieses Gefühls während des Tages immer wieder bewusst machen, wenn Sie merken, dass Sie sich wieder in der Brustatmung befinden. Dann können Sie anhand der kleinen Übung auch im Sitzen versuchen, wieder von Brust- auf Bauchatmung umzuschalten. Besonders wenn Sie gestresst oder unruhig sind, wird Ihnen die Bauchatmung immer wieder wertvolle Dienste erweisen.

Pranayama sind spezielle Atemtechniken des Yogas, um einerseits Körper und Geist von Abfallstoffen zu reinigen und sie andererseits zu stärken und zu beruhigen. Man hat erkannt, dass die rechte Körperhälfte dem heißen, aktiven Prinzip der Sonne und die linke Seite dem kühlen, beruhigenden Prinzip des Mondes zugeordnet ist. Atmet man vermehrt durch das rechte Nasenloch, so steigen dadurch die hitzigen Anteile des Körpers; umgekehrt wirkt die Atmung durch das linke Nasenloch kühlend.

Man beschreibt insgesamt neun verschiedene Arten von Pranayama-Übungen, von denen hier jeweils eine für Vata, Pitta und Kapha vorgestellt werden soll. Als Anfänger können Sie natürlich versuchen, anhand der beschriebenen Anleitungen die drei Atemübungen durchzuführen. Es ist aber sicherlich besser, einen erfahrenen Yogalehrer aufzusuchen, der Sie genau in diese Atemübungen einweist und die Durchführung so lange kontrolliert, bis Sie sie fehlerfrei beherrschen.

Der Körper hat einen natürlichen Rhythmus, bei dem er abwechselnd verstärkt durch das rechte, dann wieder durch das linke Nasenloch atmet. Dieser Wechsel findet etwa jede Stunde statt.

Die wechselseitige Atmung (Vata)

Nehmen Sie eine bequeme Meditationssitzhaltung ein. Sie können als Unterstützung eine Decke oder ein Kissen unter das Gesäß schieben. Wichtig ist, dass Sie in dieser Position entspannt zehn bis 15 Minuten sitzen können. Bevor Sie mit der Übung beginnen, putzen Sie sich die Nase und atmen dann mit geschlossenen Augen einige Male ruhig durch die Nase ein und aus.

Dann strecken Sie die Finger der rechten Hand aus und beugen die Zeige- und Mittelfinger zusammen, halten aber dabei die übrigen Finger gestreckt. Daumen und Ringfinger müssten sich jetzt in etwa auf gleicher Höhe befinden. Mit diesen beiden führen Sie die wechselseitige Atmung durch. Verschließen Sie mit dem Daumen das rechte Nasenloch und atmen Sie tief durch das linke ein. Danach verschließen Sie mit dem Ringfinger das linke Nasenloch, öffnen das rechte und atmen durch dieses langsam wieder aus.

Am Anfang sollten Einatmen und Ausatmen in etwa gleich lang andauern. Nach einigen Atemzügen jedoch versuchen Sie den Ausatem mehr und mehr zu verlängern. Der Ausatem kann bei Geübten leicht doppelt oder dreimal so lange dauern. Nach etwa fünf Minuten sollten Sie wechseln und durch das rechte

Die wechselseitige Atmung ist besonders für Vata-Konstitutionen gut geeignet. Sie beruhigt den Geist, gleicht die Energien im Körper aus und stärkt.

Nasenloch einatmen und durch das linke wieder aus. Fahren Sie dann so fort wie eben beschrieben.

Shitali: Die kühlende Atmung (Pitta)

Shitali ist besonders für Pitta-Konstitutionen oder bei Störungen durch ein erhöhtes Pitta-Dosha günstig. Sie sollte nicht bei Vata- und Kapha-Konstitutionen durchgeführt werden.

Nehmen Sie auch hier eine bequeme Meditationssitzhaltung ein. Schließen Sie die Augen und strecken Sie die Zunge etwas aus dem Mund. Danach formen Sie sie so, dass sich die Zungenränder nach oben drehen. Die Zunge bildet dabei eine Röhre. Sie können diese Röhre noch etwas verengen, wenn Sie die Lippen an die Zunge pressen. Dann atmen Sie langsam durch den Mund ein, schließen ihn und entspannen die Zunge wieder. Währenddessen sollten Sie den Atem kurz anhalten und einmal schlucken. Danach atmen Sie über beide Nasenlöcher langsam wieder aus. Sie spüren beim Einatmen, wie die Luft über die Zunge bis zum Gaumensegel streicht. Dieser Effekt kühlt den Körper und beruhigt Pitta-Dosha. Sie können diese Übung mehrere Male hintereinander durchführen.

Bhastrika: Die erhitzende Atmung (Kapha)

Die erhitzende oder Feueratmung ist eine hervorragende Methode, um Kapha-Störungen im Atemtrakt zu verbessern.

Bhastrika ist eine sehr wertvolle Übung, um die Kraft der Lungen zu stärken und von überschüssigem Kapha-Dosha zu befreien. Asthmatikern, Menschen mit chronischen Verschleimungen der Atemwege und Rauchern ist regelmäßiges Bhastrika sehr ans Herz zu legen. Bhastrika ist ein aktives, schnelles Auspressen des Ausatems durch die Nase.

Wenn während der Bhastrika-Atmung Husten auftritt, ist das ein Zeichen, dass Ihre Bronchien blockiert sind. Unterbrechen Sie die Übung für ein paar Minuten und probieren Sie es dann noch einmal. Sie werden sehen, dass nach einigen Tagen – wenn die Lungen freier geworden sind – der Hustenreiz geringer wird.

Nehmen Sie eine bequeme Meditationssitzhaltung ein. Bevor Sie mit der Übung beginnen, putzen Sie sich die Nase und atmen dann mit geschlossenen Augen einige ruhige Atemzüge durch die Nase ein und aus. Holen Sie tief Luft durch die Nase und pressen Sie sie dann mit möglichst viel Kraft wieder aus der Nase heraus. Der Einatem erfolgt ohne Kraft und ganz automatisch. Der Vorgang sollte immer schneller erfolgen, sodass sich das Ganze mit der Zeit in etwa wie das Schnaufen einer Dampflokomotive anhört.

Sie sollten am Anfang mit mäßigem Tempo beginnen und dann immer weiter steigern. Nach etwa 40- bis 60-mal Auspressen atmen Sie tief ein und halten die Luft an, so lange Sie können; dann atmen Sie wieder aus. Sie können nach einer kurzen Pause den Vorgang ein- bis zweimal wiederholen. Wichtig ist jedoch, dass Sie Bhastrika nie mit großer Anspannung oder krampfhaft durchführen. Haben Sie am Anfang etwas Geduld und achten Sie auf die Zeichen Ihres Körpers. Wenn es Ihnen zu anstrengend wird oder gar Schwindel auftritt, sollten Sie die Übung sofort abbrechen.

Sie erfordert am Anfang etwas Geduld und gegebenenfalls die Anleitung durch einen Yogalehrer. Bei regelmäßiger Praxis können Sie jedoch diese Übung immer länger durchführen. Geübte erreichen bis zu 120 Ausatemzüge schnell hintereinander ohne Unterbrechung. Sie sollten jedoch ohne einen Yogalehrer auf keinen Fall darüber hinausgehen. Wichtig ist, dass Sie danach die Luft anhalten, so lange Sie können. Atmen Sie dann ganz ruhig aus und verweilen Sie noch etwas mit geschlossenen Augen im Meditationssitz.

Die Verjüngungstherapie (Rasayana)

Rasayana ist der Fachbereich des Ayurveda, der sich mit der Verjüngung und Stärkung von Körper, Geist und Seele beschäftigt. Ayurveda kennt viele Behandlungsmöglichkeiten und Heilpflanzen mit verjüngender Wirkung. Eine Rasayana-Behandlung sollte in regelmäßigen Abständen durchgeführt werden. Es ist jedoch meistens notwendig, den Organismus mit einer Reinigungskur (Panchakarma) darauf vorzubereiten.

Die Wirkung von Rasayana:

- Stärkung und Vermehrung der Körpergewebe
- Stärkung des Immunsystems
- Stärkung von Agni
- Beseitigung von Ama
- Stärkung und Verbesserung von Gedächtnis, Intellekt und Konzentration
- Erholung von Körper und Geist
- Selbstzufriedenheit und Enthusiasmus
- Stärkung von Ojas

Es gibt zwei Möglichkeiten, wie man eine Rasayana-Therapie durchführen kann. Die Intensivkur erfolgt in einer ayurvedischen Praxis über einen Zeitraum von zwei bis vier Wochen. Die ambulante Kur kann unter Anleitung eines ayurvedischen Therapeuten zu Hause durchgeführt werden. Der Effekt einer Intensivkur ist schnell und anhaltend; normalerweise ist sie nur einmal im Jahr notwendig. Die ambulante Rasayana-Kur dagegen dauert sehr lange und führt langsam, aber kontinuierlich zu guten Ergebnissen. Viele ältere Patienten bekommen wenigstens ein Rasayana-Präparat als Dauermedikament verschrieben. Es kann unter Anleitung eines ayurvedischen Therapeuten ohne Gefahren über lange Zeiträume hinweg eingenommen werden.

Verjüngungspräparate (Rasayanas) im Überblick:

Chyawanprash (Amlamus)

Alle aufgeführten Rasayanas sind hoch wirksame Medikamente. Sie sollten nur nach therapeutischer Anweisung eingenommen werden, da sie sonst gesundheitliche Störungen hervorrufen könnten.

Das verjüngende Basismittel mit dem unaussprechlichen Namen. *Chyawanprash* ist eine Art süßsäuerliches Mus und besteht aus einer Vielzahl ayurvedischer Heilpflanzen, die miteinander auf ganz besondere Art und Weise verkocht werden. Man kann Chyawanprash teelöffelweise essen oder als Brotaufstrich verwenden.

Grundlage ist die indische Stachelbeere *(Emblica officinalis)* oder Amla. Dies ist eine besondere Beere, die unter den weltweit bekannten Pflanzen den höchsten Vitamin-C-Gehalt aufweist. Interessanterweise bleibt hier das labile Vitamin C – im Gegensatz zu den Zitrusfrüchten – auch nach längerer Lagerung der Stachelbeere fast vollständig erhalten: ein Beweis für die verjüngende und bewahrende Fähigkeit dieser Frucht. Amla ist ein Medikament, das bei sehr vielen Krankheiten mit großem Erfolg eingesetzt wird.[108]

Schon Caraka, der große ayurvedische Autor, empfahl: »Wer jung bleiben will, der sollte nur noch Amla (Stachelbeere) essen.«

Chyawanprash wirkt Gewebe aufbauend, verdauungsfördernd, Fruchtbarkeit erhöhend, stärkend, Blut bildend, blutreinigend, hautheilend, Herz und Zahnfleisch stärkend und Ojas vermehrend. Chyawanprash ist ein hervorragendes Rasayana für Pitta- und Vata-Konstitutionen. Zwar wird bei uns in einigen Asienläden Chyawanprash mittlerweile in allerlei Rezepturen angeboten, nur leider nicht im Originalrezept. Aber immerhin: Auch diese Chyawanprash-Präparate haben ihren Wert.

Triphala

Triphala ist eine Mischung der drei großen Heilpflanzen Amla, Haritaki *(Terminalia chebula)* und Bibhitaki *(Terminalia bellirica)*. Es wird als Pulver (nicht gerade wohlschmeckend), Tabletten, Abkochung oder zusammen mit Ghee als so genanntes Triphala-Ghrta verabreicht.

Triphala wird zur Heilung äußerlich auf Blutungen gestreut und innerlich bei allerlei Verdauungsstörungen wie Verstopfung, Sodbrennen, Appetitlosigkeit und Magen-Darm-Störungen gegeben. Es hat eine leicht abführende und stark blutreinigende Wirkung. Besonders bei Augenkrankheiten und Sehstörungen ist es angezeigt, aber auch zur Unterstützung bei Haut- und Herzkrankheiten, Fieber, Asthma, Bronchitis und Diabetes hilfreich.

Triphala ist als Rasayana mit sehr breitem Wirkspektrum für alle Konstitutionen geeignet.

Brahmi (Bacopa monniera)

Brahmi ist das Rasayana für Gehirn und Nerven. Es stärkt alle mentalen Fähigkeiten, das Gedächtnis und die Konzentrationsfähigkeit. Es beruhigt, macht glücklich, zufrieden und fördert den Schlaf. Es wird auch bei vielen Krankheiten wie Epilepsie, Angstzuständen, Psychosen, Geisteskrankheiten, nervösen Störungen und Stresszuständen eingesetzt.

Brahmi ist besonders bei Vata- und Pitta-Störungen empfehlenswert.

Ashwagandha (Withania somnifera)

Ashwagandha erhöht die körperliche und nervliche Kraft, stärkt Ojas und das Muskelgewebe. Es ist ein beruhigendes Hirntonikum bei Schwindel, Stress und Schlaflosigkeit, vermehrt außerdem das Fortpflanzungsgewebe und erhöht somit die Fruchtbarkeit, besonders beim Mann.

Ashwagandha ist ein Rasayana für Vata-Dosha und eines der umfassendsten Medikamente des Ayurveda.

Guggul (Commiphora mukul)

Guggul, die indische Myrrhe, wirkt blutdrucksenkend, schmerzlindernd, entzündungshemmend und fettabbauend. Es ist ein Verjüngungsmittel für Fettgewebe und Herz und ein Spezifikum bei vielen Stoffwechselstörungen, Gicht, Arthritis, Rheuma, Gefäßverkalkung (Arteriosklerose), Durchblutungsstörungen, erhöhtem Cholesterinspiegel und Schmerzzuständen (Neuralgien).

Guggul ist ein hervorragendes Rasayana für Kapha-Dosha und bei vielen Schmerzzuständen hilfreich.

Bhringaraja (Eclipta alba)

Bhringaraja wird besonders bei Pitta-Störungen eingesetzt.

Bhringaraja ist ein hochwertiges Leber- und Milztonikum und das Rasayana für das Blutgewebe. Es senkt den Blutdruck, entgiftet die Leber, baut Ama ab und wirkt leicht abführend. Außerdem ist es ein Haartonikum gegen Haarausfall und frühzeitigem Ergrauen.

Bhumyamalaki (Phyllantus niruri)

Bhumyamalaki ist ein Spezifikum bei viralen Leberkrankheiten. Verschiedene internationale Studien bestätigen die starke Wirkung gegen das gefürchtete Hepatitis-B-Virus und gegen HIV.[109] Bhumyamalaki wird auch bei Diabetes zur Senkung des Blutzuckers und bei Nierenkrankheiten eingesetzt.

Shatavari (Asparagus racemosa)

Shatavari ist das beste Rasayana für das Fortpflanzungsgewebe und heilt Osteoporose (Knochenbrüchigkeit).

Shatavari ist ein Spargelgewächs und das Rasayana für Rasa-Dhatu (Grundplasma) und Shukra-Dhatu (Fortpflanzungsgewebe), besonders bei der Frau. Es stärkt die sexuelle Kraft und vermehrt die Bildung von Samen und Muttermilch. Außerdem senkt es den Blutdruck, stärkt und beruhigt Nerven und Gehirn und vermehrt Ojas. Es hat eine stärkende und heilende Wirkung auf die Knochen und ist sehr hilfreich gegen Osteoporose (erhöhte Knochenbrüchigkeit).

Guduci (Tinospora cordifolia)

Das Bittertonikum *Guduci* eignet sich bestens für Pitta-Konstitutionen. Es ist ein Rasayana für das Fettgewebe und für Pitta-Dosha, senkt alle drei Doshas und wirkt entgiftend, blutreinigend, abwehrsteigernd sowie kühlend bei Fieber. Guduci beeinflusst die Verdauungsorgane sehr stark und ist hilfreich bei Durchfällen, Koliken, Blähungen, Leber- und Milzstörungen und chronischen Hautkrankheiten.

Arjuna (Terminalia Arjuna)

Arjuna ist das einzige Medikament, das den Herzmuskel nach einem Infarkt wieder vollständig regenerieren kann.

Arjuna ist das Rasayana des Herzens. Es ist im Moment das einzige Medikament, das den Herzmuskel nach einem Herzinfarkt wieder vollständig regenerieren kann. Außerdem senkt es den Blutdruck und die Frequenz des Herzschlags. Dank seiner großen Heilkraft wird es auch bei Knochenbrüchen, Hautverletzungen, Geschwüren und gewebezerstörenden Prozessen eingesetzt.

Pippali (Piper longum)

Pippali befreit von Schleim, Hustenreiz und Schluckauf. Es hilft dank seiner regenerativen Wirkung auf Bronchien und Lungen bei Asthma. Außerdem stärkt es Agni und verbessert die Verdauung. Es lindert Krämpfe, baut Ama ab und hat eine milde Wirkung, sodass es auch bei Kindern ohne Bedenken eingesetzt werden kann.

Pippali ist ein Rasayana für Atemwege und Lungen.

Bala (Sida cordifolia)

Bala wird wie Ashwagandha meist bei Vata-Störungen eingesetzt. Es ist ein Rasayana für das Nervensystem und das Muskelgewebe und wirkt gegen Neuralgien, Ohrensausen (Tinnitus), Lähmungen und Gliederzittern (Tremor). Es wirkt stärkend und aufbauend und erhöht Ojas.

Bala ist ein Rasayana für Vata-Konstitutionen.

Rasayana in der Nahrung:

- Knoblauch für das Fett- und Muskelgewebe (besonders bei Kapha-Konstitutionen)
- Datteln und Weintrauben für das Grundplasma (Rasa-Dhatu)
- Safran für Geist und Sexualorgane

Die Behandlung von Krankheiten

Die Behandlungsmöglichkeiten des Ayurveda sind sehr umfangreich. Sie reichen von der breiten Palette physikalischer Anwendungen mit Kräuterölen und Ausleitungsverfahren (Panchakarma) über eine umfassende Heilpflanzenkunde und chirurgische Eingriffe bis hin zum therapeutischen Yoga. Im Grunde kann Ayurveda bei allen Arten von Beschwerden und Krankheiten als Therapie eingesetzt werden.

Besonders geeignet ist Ayurveda jedoch bei chronischen Krankheiten wie Rheuma, Migräne, Schmerzzuständen, Verdauungsstörungen jeglicher Art, Leber- und Gallestörungen, Alterszucker, chronischen Beschwerden der Nasennebenhöhlen und

Vorsicht bei der Anwendung ayurvedischer Maßnahmen ist angezeigt bei akuten Infektionskrankheiten mit hohem Fieber. Hier muss in jedem Fall der Rat eines Arztes hinzugezogen werden.

Atemwege, Asthma und Allergien. Eine weitere große Stärke ist die aufbauende, kräftigende und regulierende Wirkung bei geschwächten oder überarbeiteten Menschen, die nicht mehr in ihren ursprünglichen Lebensrhythmus finden. Auch nervöse Zustände, Schlaflosigkeit und innere Unruhe lassen sich gut behandeln. Viele ayurvedische Medikamente haben auch eine Fruchtbarkeit erhöhende Wirkung und können unterstützend bei bisher unerfülltem Kinderwunsch eingesetzt werden.

Abhyanga und Dhara: Therapie durch Kräuteröle

Ölbehandlungen werden erfolgreich eingesetzt bei:
- Rheuma
- Arthritis
- Knochenkrankheiten
- Schmerzzuständen
- Migräne
- Auszehrung
- Schwäche
- Nervosität
- Schlaflosigkeit
- mentalen Störungen
- Lähmungen
- vielen Vata-Krankheiten
- und zur allgemeinen Vitalisierung und Verjüngung von Körper und Geist.

Jeder weiß, dass ein Wagenrad gut geölt sein muss, damit es sich drehen kann. Jede Maschine mit beweglichen Teilen muss ausreichend Öl haben, und auch unser geliebtes Auto kommt ohne Öl in Motor und Achse nicht weit. Aber bei der viel komplexeren »Maschine« Mensch, bei der in jeder Sekunde unzählige Bewegungen stattfinden, kommt kaum jemand auf die Idee, dass sie unter Verschleiß leiden könnte und regelmäßig eingeölt werden muss. Doch Öl ist Lebenskraft. Es verhindert Austrocknung und Abnutzung, gerade bei Menschen, die innerlich und äußerlich viel in Bewegung sind. Frühzeitig angewandt, verzögert es vorzeitige Alterung. Öle entspannen, beruhigen und sind besonders für Vata-Konstitutionen unerlässlich.

Die Ölbehandlung spielt eine zentrale Rolle in der ayurvedischen Therapie. Hier gibt es, je nach Krankheitsbild, viele verschiedene Möglichkeiten. Das Wissen um die Kraft der pflanzlichen Öle ist aus fast allen anderen Heilkunden praktisch vollständig verschwunden. Jeder, der unter Anleitung eines gut ausgebildeten ayurvedischen Therapeuten eine Ölmassage erlebt oder sie selbst kurmäßig durchgeführt hat, weiß um die besondere Kraft von Kräuterölen. Regelmäßige Ölanwendungen bauen den Körper auf, kräftigen ihn und machen ihn geschmeidig und flexibel. Sie schützen vor schädlichen Umwelteinflüssen und stärken das Immunsystem. Die Ölbehandlung ist bei Vata-Störungen – die einen Großteil aller Erkrankungen ausmachen – ein unverzichtbarer Bestandteil der ayurvedischen Therapie.

Wie man seit langem weiß, lassen sich Medikamente auch über die Haut in den Körper einbringen. Dies ist eine sehr schonende und einfache Methode, die heutzutage in der Medizin vielfach angewandt wird. Man denke nur an das Hormonpflaster für Frauen in der Menopause, an Salben, Cremes und Umschläge. Auch Ayurveda macht sich diese Form der Medikation durch spezielle Kräuteröle zunutze. Sie werden in aufwändigen Verfahren hergestellt, indem man Heilpflanzen und Kräuter in vielen Schritten verkocht, oft unter Zugabe von Milchabkochungen, Ghee und anderen stärkenden Substanzen. Am Ende entstehen nach vielen Stunden, mitunter auch Tagen, medizinische Kräuteröle, die – ebenso wie die oralen Medikamente – entsprechend dem momentanen Zustand des Patienten verabreicht werden. Einmassierte Kräuteröle dringen sehr schnell in die Haut ein; nach Angaben des großen ayurvedischen Arztes Sushruta sollen sie bereits nach knapp fünf Minuten alle Körpergewebe erreichen.

Daneben gibt es verschiedene Arten von Körpergüssen, die auch bei rheumatischen Beschwerden, Gelenkbeschwerden und Neuralgien eingesetzt werden. Am bekanntesten ist wohl der Stirnölguss (*Shirodhara*), der auch im Wellnessbereich gern als Entspannungsmethode eingesetzt wird. Doch Vorsicht: Ein falsches Öl, eine falsche Anwendung und mangelhaftes Wissen haben auch hier schon öfter zu negativen Auswirkungen geführt. Shirodhara wird im Ayurveda bei ernsten Krankheiten wie Epilepsien, Neuralgien, Migräne, Psychosen, Hirnverletzungen, Depressionen und Lähmungen eingesetzt, kann aber bei unsachgemäßem Gebrauch auch Schaden anrichten.

Die ayurvedische Selbstmassage:

Sie sollten je nach Konstitution Ihre eigene Ölmassage durchführen. Dazu brauchen Sie nur ein Stövchen, ein geeignetes Töpfchen – zum Beispiel ein Butterpfännchen – und ein paar Minuten Zeit. Wichtig ist, dass Sie das Öl vorher in dem Töpfchen gut erwärmen. Es sollte eine angenehme Temperatur haben, damit es leichter einziehen kann.

Vata-Menschen wird eine tägliche Ölmassage empfohlen, Pitta-Menschen zwei bis drei Massagen pro Woche und Kapha-Menschen je nach Bedarf ein bis zwei im Monat.

Sie können die Massage vor dem Duschen am Morgen oder vor dem Zubettgehen durchführen (überschüssiges Öl lässt sich mit etwas Kichererbsenmehl unter der Dusche abreiben). Dabei sollten Sie das Öl 15 bis 20 Minuten einwirken lassen, bevor Sie es wieder entfernen.

Massieren Sie Arme und Beine immer in Richtung Körpermitte.

Beginnen Sie mit dem Kopf. Tragen Sie etwas Öl auf den Scheitel auf und verreiben Sie es mit der flachen Hand. Danach ölen Sie das Gesicht ein, indem Sie das Öl sanft in Richtung Ohren nach außen streichen. Vergessen Sie dabei nicht, die Öffnungen von Nase und Ohren mit etwas Öl zu benetzen. Nun massieren Sie das Öl mit kreisartigen Bewegungen in den Bauchbereich ein, und zwar rund um den Nabel im Uhrzeigersinn. Vergrößern Sie die Kreise mit der Zeit, sodass der gesamte Dickdarm mit massiert wird. Falls Sie an gewissen Punkten Schmerzen fühlen, bleiben Sie kurz an diesen Stellen und massieren Sie sie vorsichtig mit leichtem Druck. Durch die Bauchmassage lösen Sie Verhärtungen im Darmbereich und fördern Ihre Verdauung.

Anschließend folgen der Brustbereich und die Arme. Bei den Armen achten Sie darauf, dass Sie immer mit etwas Druck in Richtung Körpermitte massieren. Genauso verfahren Sie mit den Beinen. Tragen Sie das Öl auf und massieren Sie die Beine in Richtung Körperrumpf. Wenn Sie unter Krampfadern leiden, sollten Sie hier sehr vorsichtig und ohne Druck arbeiten. Vergessen Sie nicht, am Ende auch Ihre Fußsohlen einzuölen. Den Rücken schließlich lassen Sie sich am besten von Ihrem Partner massieren. Falls dies nicht möglich ist, betrachten Sie es als gute Schulterübung und versuchen Sie, das Öl so weit wie möglich aufzutragen. Die Streichrichtung sollte auch hier am besten in Richtung Kopf und Schulter gehen.

Nach der Ölmassage ist Ihr Körper empfindlich. Daher ist es sehr wichtig, sich warm zu halten und vor Kälte und Wind zu schützen. Ein warmes Bad im Anschluss ist besonders für Vata-Konstitutionen und an kalten Tagen sehr förderlich.

Nachfolgend ein paar Öle und ihre Wirkungen.

Sesamöl:

Sesamöl ist das ideale Öl für Vata-Konstitutionen; für Kapha-Konstitutionen ist es bedingt geeignet, nicht so gut jedoch für Pitta.

Sesamöl ist das am häufigsten angewandte Öl im Ayurveda. Es ist das stärkste und aufbauendste Öl und dringt am tiefsten in den Körper ein. Es ist das Öl für Vata-Dosha, aber es senkt auch Kapha-Dosha. Seine Qualität ist süß und zusammenziehend, seine Wirkung erwärmend, aufbauend und heilend. Es senkt die Urin- und Stuhlmenge, dringt selbst in die allerfeinsten Körperkanäle und löst dadurch Blockaden und Giftstoffe, die sich in den Shrotas festgesetzt haben. Gleichzeitig erhöht es dank seiner wärmenden Eigenschaften die Kraft des Verdauungsfeuers Agni. Personen mit einer Pitta-Konstitution sollten vorsichtig mit Sesamöl umgehen. Für sie sind andere Öle wie Olivenöl oder Kokosnussöl besser geeignet.

Kokosnussöl:

Kokosnussöl ist das beste Öl für Pitta-Konstitutionen, besonders in der heißen Jahreszeit. Es hat eine schwere und kühlende Wirkung. Daher wird es bei Temperaturen unter 20 Grad fest. Kokosnussöl senkt Pitta-Dosha sehr stark und baut die Körpergewebe (Dhatus) wieder auf. Es ist besonders geeignet für geschwächte Personen oder nach zehrenden Krankheiten. Es hat zudem eine sehr günstige Wirkung auf das Nervengewebe.

Kokosnussöl ist besonders für Pitta-Konstitutionen geeignet, mit Mandelöl vermischt auch für Vata-Konstitutionen.

Sonnenblumenöl:

Sonnenblumenöl empfiehlt sich besonders für Kapha-Konstitutionen. Es ist bitter, wirkt trocknend, leicht erwärmend, ausgleichend und erhöht die Urinmenge. Es strafft das Gewebe und ist sehr unproblematisch in seiner Anwendung, da es keine einseitigen Wirkungen hat.

Sonnenblumenöl ist besonders für Kapha-Konstitutionen geeignet.

Mandelöl:

Dies ist ein sehr gutes Öl für Vata-Menschen. Es ist geeignet bei nervösen Anspannungen, Unruhe und Schlaflosigkeit. Mandelöl ist süß, leicht erwärmend, aufbauend und beruhigend. Es kann gut mit Kokosnussöl gemischt werden und wirkt im Sommer und bei gestressten Menschen sehr beruhigend und ausgleichend.

Mandelöl tut besonders Vata-Konstitutionen gut, gemischt mit Kokosnussöl auch Pitta-Konstitutionen.

Olivenöl:

Olivenöl hat eine ähnliche Wirkung wie Sesamöl. Es ist jedoch nicht erwärmend und daher auch für Pitta-Konstitutionen im Winter zu empfehlen.

Olivenöl ist für Vata- und Pitta-Konstitutionen geeignet.

Senföl:

Dies ist ein spezielles Öl für Kapha-Konstitutionen, besonders bei Übergewicht. Es ist heiß und leicht. Wegen seiner erhitzenden

Senföl ist nur für Kapha-Konstitutionen geeignet.

und reizenden Wirkung sollte man sehr vorsichtig damit umgehen. Es ist besonders für Pitta-Konstitutionen ungeeignet und sollte bei empfindlichen Menschen nicht angewendet werden. Es hat eine sehr durchdringende Wirkung, ähnlich dem Sesamöl, ist aber ungleich heißer und verursacht mitunter Blasen auf der Haut; daher sollte es nicht auf offene Wunden aufgetragen werden. Es baut überschüssiges Gewebe ab und löst angesammelte Schlackenstoffe im Körper.

Die Behandlung der Energiepunkte (Marmas)

Die Behandlung über das Stimulieren der Energiepunkte (Marmas) wird bei der ayurvedischen Massage oft angewandt. Sie bedarf eines großen Wissens und der Geschicklichkeit des ayurvedischen Therapeuten. Es gibt laut Ayurveda 107 Energiepunkte auf der Körperoberfläche des Menschen; da sie später von den Chinesen in die traditionelle chinesische Medizin übernommen und erweitert wurden, gibt es einige Übereinstimmungen mit der chinesischen Akupunktur – wenngleich man im Ayurveda niemals Nadeln zur Stimulation benutzen würde, sondern dies ausschließlich mit Massagetechniken und Ölgüssen durchführt.

Ein Marma wird definiert als eine Stelle am Körper, an der Muskeln, Sehnen, Arterien, Venen, Knochen und Gelenke zusammenkommen. Es gibt viele empfindliche Punkte auf der Körperoberfläche, zum Beispiel an der Fußsohle, der Ohrmuschel oder der Schulter, die auf kleinsten Druck stark reagieren. Mit der Behandlung der Marmas beeinflusst man die Lebenskraft Prana und kann so direkt auf Körperorgane oder die Tri-Doshas einwirken. Die Massage der Marmapunkte löst Blockaden der Shrotas und wirkt ausgleichend auf die Körperenergien. Besonders bei Schmerzzuständen kann eine effektive Behandlung der Marmapunkte schnell den Schmerz lindern und auf Dauer beseitigen.

Marmas können durch Verletzungen, aber auch durch die Ansammlung von Doshas geschädigt werden. Dies kann ernste Konsequenzen haben. Es gibt zum Beispiel lebensnotwendige Marmas, deren Verletzung unweigerlich zu Behinderung oder gar Tod führt, wie beispielsweise das *Sankha-Marma*, ein Punkt im Bereich der Schläfen.

Das Wissen über die Marmas ist ein wichtiger Bereich im Ayurveda. Um grobem Missbrauch oder therapeutischen Fehlern aus Unerfahrenheit vorzubeugen, wird der Auszubildende erst nach Jahren langsam und vorsichtig an diese Therapieform herangeführt. Man sollte daher bei der Behandlung der Marmas immer mit größter Vorsicht vorgehen.

Das Panchakarma

Das Panchakarma ist die große Ausleitungs- und Reinigungstherapie des Ayurveda. Sie wird bei Erkrankungen eingesetzt, bei der sich Giftstoffe (Ama) und größere Mengen an Tri-Doshas im Körper angesammelt haben. Panchakarma gilt als die Königsdisziplin ayurvedischer Heilkunst, da es äußerster Sorgfalt und großer Erfahrung von Seiten des Therapeuten bedarf, um sie richtig durchzuführen. Auch für den Patienten ist eine echte Panchakarma-Kur eine gewisse Herausforderung. Sie setzt Bereitschaft, Disziplin und ein gewisses Vertrauen dem Therapeuten gegenüber voraus. Eine Panchakarma-Kur kann man nicht »nebenbei« machen – dies ist vielmehr ein intensiver Prozess, der zu tief greifenden Veränderungen auf körperlicher und geistiger Ebene führt. Daher sollten Sie, bevor Sie sich zu einer solchen Kur entschließen, genau darüber informieren, wo und von wem sie angeboten wird.

Das sollten Sie wissen, bevor Sie eine Panchakarma-Kur beginnen:

Eine kleine Warnung vor Panchakarma-Kuren: Mit dem Begriff Panchakarma wird heute in Deutschland gerne geworben, obwohl es im Moment kaum eine Handvoll ayurvedischer Therapeuten gibt, die diese schwierige Behandlungsform wirklich beherrschen. Meistens verbergen sich hinter diesem Namen einfache, aber teure Kurangebote, die mit Panchakarma wenig oder gar nichts zu tun haben. Lassen Sie sich daher nicht von diesem neuen Modewort verführen, sondern prüfen Sie solche Angebote anhand der unten aufgeführten Kriterien eingehend.

1. Eine Panchakarma-Kur verlangt genaue Ernährungs- und Verhaltensweisen. Sie ist ein Prozess, der Ihnen körperlich und geistig einiges abverlangt. Nehmen Sie sich daher Zeit dafür und bereiten Sie sich gut darauf vor.
2. Eine Panchakarma-Kur in einem Luxushotel unter Palmen am Strand ist etwa so sinnvoll wie eine Entgiftungskur mit täglichem Schweinebraten. Entweder Sie wollen Urlaub machen oder eine ernsthafte Panchakarma-Kur. Beides zusammen kann nicht funktionieren.
3. Eine hochwertige Panchakarma-Kur zeichnet sich dadurch aus, dass Sie vorher ausführlich untersucht werden und die Kur individuell auf Sie zugeschnitten wird. Wenn Sie selbst Ihr Pro-

gramm festlegen können oder die Anwendungen bereits vorher feststehen, kann man wohl kaum von einer richtigen Therapie sprechen.

In den klassischen Texten des Arztes Sushruta werden fünf verschiedene Verfahren der Ausleitung beschrieben.

1. Das therapeutische Erbrechen (Vamana):

Vamana ist das therapeutische Erbrechen. Dabei wird überschüssiges Kapha-Dosha aus dem Körper ausgeschieden. Vamana wird somit bei Kapha-Störungen wie Asthma, Husten, chronischen Erkältungen, Diabetes und Verdauungsstörungen angewandt.

2. Das Abführen (Virechana):

Virechana ist das therapeutische Abführen. Es ist angezeigt bei Pitta-Störungen wie Hautkrankheiten, Leber- und Milzkrankheiten, Bluterkrankungen, Verdauungsstörungen und Sodbrennen.

3. Der medizinische Darmeinlauf (Basthi):

Basthi wirkt vornehmlich auf Vata-Dosha ein. Dabei gibt es viele verschiedene Arten von Basthis, die Vata-Dosha entweder aus dem Körper entfernen oder beruhigen sollen. Aufbauende Einläufe werden vorher mit stärkenden Heilpflanzen zusammen verkocht. Den reinigenden Basthis dagegen werden reinigende Heilpflanzen zugegeben, um Giftstoffe aus dem Darm auszuleiten. Der bei uns gebräuchliche Wassereinlauf mit ein oder zwei Litern ist im Ayurveda eher unüblich, da er den Darm austrocknet und Vata-Dosha provoziert. Einläufe werden bei vielen Vata-Krankheiten wie beispielsweise Schmerzzuständen, Lähmungen und Schwäche eingesetzt.

4. Die Therapie über die Nase (Nasya):

Nasya ist das Einbringen von Ölen, Pulvern oder Rauch in die Nase. Auch hier gibt es zwei Arten: zum einen die Ausleitung von überschüssigem Kapha-Dosha im Kopfbereich und zum anderen die Stärkung und Beruhigung des Geistes, um erhöhtes Vata- oder Pitta-Dosha zu senken. Praktisch alle Erkrankungen des Kopfes werden mit Nasya therapiert.

5. Der Aderlass (Raktamoksha):

Raktamoksha ist der therapeutische Aderlass und wurde von Sushruta als fünftes Verfahren dem Panchakarma hinzugefügt. Es wird bei hartnäckigen Blut-, Haut- und Leberkrankheiten durchgeführt, die durch keine anderen Maßnahmen therapierbar sind. Der Aderlass erfolgt entweder durch Einritzen einer Vene oder durch lokales Aufsetzen von Blutegeln.

Die Panchakarma-Therapie erfordert viel Zeit und wird in der Regel kurmäßig über einen Zeitraum von drei bis vier Wochen durchgeführt. Der Patient wird behutsam darauf vorbereitet, indem man ihm innerlich und äußerlich Öl oder Ghee verabreicht, um den Körper weich zu machen. Dadurch lassen sich später die Giftstoffe leichter lösen. Zur weiteren Vorbereitung werden Ölmassagen und Schwitzkuren durchgeführt, bis dann das eigentliche Panchakarma beginnt.

Diese klassische Form des großen Panchakarma ist allerdings in den seltensten Fällen wirklich notwendig und wird selbst in Indien als vollständige Kur mit allen fünf Behandlungsarten eher selten durchgeführt. Denn meist reicht es aus, nur ein kleines Panchakarma mit ein oder zwei Verfahren durchzuführen. Zudem ist dies wesentlich weniger anstrengend und besser verträglich. Welche der oben genannten Verfahren zur Anwendung kommen, kann jedoch nur der erfahrene Therapeut nach eingehender Untersuchung entscheiden. Über Panchakarma wird derzeit viel diskutiert. Viele Patienten wollen es, und viele Therapeuten bieten es an. Großes Panchakarma sollte jedoch nur von erfahrenen ayurvedischen Therapeuten durchgeführt werden, denn eine fehlgeschlagene Panchakarma-Kur ist nicht selten und kann zu ernsten Beschwerden führen.

Die ayurvedische Pharmakologie (Dravyaguna)

An dieser Stelle kann nur sehr kurz auf die ayurvedische Pharmazie eingegangen werden, da es sonst den Rahmen dieses Buches sprengen würde. Wie bereits in der Einleitung erwähnt, verfügt die ayurvedische Medizin über einen großen Wissensschatz über Heilpflanzen und ihre Wirkungen, aber auch über viele Arten der

Herstellung von Medikamenten. In den drei Grundlagenwerken des Ayurveda, der *Caraka-Samhita,* der *Sushruta-Samhita* und der *Asthanga-Hridaya* von Vagbhata, finden sich bereits zahlreiche Rezepturen und Heilpflanzen. Im Laufe der letzten Jahrtausende haben sich diese Rezepturen vielfach weiterentwickelt, sodass von Region zu Region unzählige neue Mixturen entstanden. Ayurveda verfügt über die längste Erfahrung im Umgang mit Heilpflanzen und heute sicherlich auch über die größte Vielfalt an Medikamenten.

Die Medikamente werden in drei Bereiche eingeteilt:

- pflanzliche Medikamente aus Kräutern und Heilpflanzen
- mineralische Medikamente aus anorganischen Substanzen wie Mineralien, alchimistisch verarbeiteten Spuren von Schwermetallen sowie Gold und Silber
- organische Medikamente von Tieren

Es gibt unterschiedliche Darreichungsformen wie Abkochungen, Kräuterliköre, Kräutergelees, Pulver, Pillen, Tabletten, Harze, medizinische Ghees und vieles mehr.

Gerade die Herstellung der mineralischen Medikamente ist ein sehr interessantes Gebiet der ayurvedischen Pharmazie. Es ist faszinierend zu sehen, mit welch umfangreichen Herstellungsverfahren ayurvedische Ärzte ihre Medikamente selbst produzieren. Oft werden feine Spuren von reinem Gold oder Silber beigefügt, die die Wirkungen ayurvedischer Heilpflanzen um ein Vielfaches erhöhen. Die ayurvedische Pharmazie ist daher auch eines der wichtigsten und umfangreichsten Fächer im ayurvedischen Medizinstudium.

In Indien werden die Medikamente meistens noch speziell für den Patienten in der Arztpraxis hergestellt und gemischt. Die Patienten warten nach ihrer Konsultation, bis ihre Medikamente von der praxiseigenen Apotheke fertiggestellt sind. Diese Vorgehensweise mag zwar sehr praktisch sein und garantiert eine individuelle Behandlung; ist jedoch aus hygienischen und arzneimittelrechtlichen Gründen in Deutschland nicht möglich.

XI. TIPPS UND TRICKS IM ALLTAG

Dieses Kapitel soll Ihnen den Einstieg mit Ayurveda im Alltag erleichtern. Es beinhaltet Rezepte für die Küche sowie Vorschläge und Empfehlungen bei leichteren Störungen im Allgemeinbefinden.

Ayurveda in der Küche

Viele Menschen fühlen sich angesichts der zahlreichen neuen Denkansätze mit der ayurvedischen Küche am Anfang etwas überfordert. Fremdartige Begriffe, exotische Gewürze und Heilpflanzen sowie unbekannte Zubereitungsarten können zu einer gewissen Verwirrung führen. Eines sei jedoch vorweggenommen: Ayurvedische Ernährung bedeutet nicht, alle bisherigen Nahrungsmittel und Essgewohnheiten einfach über den Haufen zu werfen und ausschließlich indische Nahrung zu sich zu nehmen! In den ayurvedischen Schriften wird ausdrücklich betont, dass die Nahrung, die natürlicherweise in einer Region vorkommt, die beste für die dort lebenden Menschen ist. Exotische oder importierte Nahrungsmittel sind nur zweite Wahl und sollten nicht den Hauptbestandteil der Ernährung ausmachen. Allgemein gilt: Je frischer die Nahrung, umso gesünder! Gelagerte oder tiefgefrorene Kost ist nicht empfehlenswert.

Wir leben jedoch in einer Welt, in der importierte Nahrung zum Alltag gehört. Es ist für uns selbstverständlich, dass Zitrusfrüchte das ganze Jahr über zu haben sind, dass man Erdbeeren im Winter kaufen kann und Salate im Treibhaus gezüchtet werden. Ayurvedische Ernährung freilich heißt natürliche Ernährung! Je mehr Sie sich wieder dem natürlichen Zyklus unserer Kulturpflanzen annähern, umso leichter wird es Ihrem Körper fallen, in sein Gleichgewicht zu kommen. Dabei sollte die natürliche Ernährung eine Orientierung für Sie sein, keineswegs ein Dogma. Es ist kein Problem, exotische Nahrungsmittel zu sich zu nehmen, man sollte es aber auch nicht damit übertreiben.

Ich habe mich bei der Auswahl der ayurvedisch wertvollen Nahrungsmittel hauptsächlich auf die Gewürze beschränkt. Wir verfügen zwar ebenfalls über einige heimische Küchenkräuter, aber die nachfolgend beschriebenen Gewürze stellen eine gesun-

Eine ayurvedische Ernährungsweise bedeutet nicht, vorwiegend exotische Nahrungsmittel zu sich zu nehmen, sondern heimische Lebensmittel unter ayurvedischen Gesichtspunkten einzusetzen.

de Ergänzung dazu dar. Wie bereits erwähnt, fungieren Gewürze als kurzzeitig wirkende Aktivatoren unserer Verdauung. Sie reichern sich im Gegensatz zu den Nahrungsmitteln nicht im Körper an, sondern entfalten nur ihre Energie, um unsere Verdauungsenzyme anzuregen.

Exotische Gewürze sind bereits seit dem frühen Mittelalter in Europa bekannt. Die große Hildegard von Bingen[110] schätzte bereits die Wirkkraft von Gewürzen wie Ingwer, Galgant, Zimt, Bockshornklee, Muskatnuss, Pfeffer, Ysop und Kümmel, die sich bis heute in unseren Breiten großer Beliebtheit erfreuen.

Ayurvedisch wertvolle Gewürze und Zutaten

Asafoetida (Stinkasant, Teufelsdreck):

Asafoetida ist das große Gewürz gegen Blähungen und Verdauungskoliken.

Asafoetida ist ein hochwirksames Pulver, um die Verdauung anzuregen. Es hilft besonders gegen Blähungen und Koliken, schmeckt nur leicht scharf und ist relativ unaufdringlich. Menschen mit feiner Nase werden jedoch vom Geruch des Pulvers alles andere als begeistert sein; man gebraucht es daher nur in geringen Mengen. Asafoetida ist für Vata- und Kapha-Konstitutionen sehr gut geeignet und sollte Speisen zugesetzt werden, die Blähungen erzeugen, wie Bohnen-, Erbsen-, Linsen- und schwer verdauliche Fleischgerichte.

Chili (Cayennepfeffer):

Chili sollte nur in geringen Mengen benutzt werden. Für Pitta-Konstitutionen ist er ungeeignet.

Chili ist mit größter Vorsicht zu genießen. Er gehört – wie Senf und Rettich – zu den Gewürzen mit der größten Schärfe und kann bei magenempfindlichen Menschen schon in kleinen Dosen zu Beschwerden führen. Chili stärkt das Verdauungsfeuer Agni bereits in geringer Menge und regt den Speichelfluss stark an. Pitta-Konstitutionen ist von seinem Gebrauch abzuraten. Äußerlich kann man Chili bei vielen Schmerzzuständen wie Hexenschuss und Ischialgie mit etwas Öl auftragen. Er führt jedoch bei empfindlichen Menschen schnell zu Hautrötungen und Reizungen. Chili ist vielen indischen Gewürzmischungen wie Currys und Masalas in geringen Mengen beigesetzt und gehört zu den typischen asiatischen Gewürzen.

Fenchelsamen:

Die therapeutische Wirkung von Fenchel in Teeform ist auch bei uns seit langem bekannt. Fenchel stärkt die Verdauung und hilft gegen Blähungen und Koliken, besonders bei Säuglingen. Er unterstützt die Bildung von Muttermilch und ist allgemein kräftigend und ausgleichend. Da Fenchel eine kühlende Wirkung hat, ist er für Pitta-Konstitution bestens geeignet. Ein Teelöffel Fenchel nach dem Essen bessert die Verdauung und wird in Indien in den meisten Restaurants serviert. Er verringert unangenehmen Mundgeschmack und Mundgeruch.

Fenchel ist das beste Gewürz für Säuglingskoliken.

Galgant:

Galgant wird oft als thailändischer Ingwer bezeichnet und ist dem Ingwer in seinen Wirkungen auch tatsächlich sehr ähnlich. Er steigert die Verdauungstätigkeit und ist bei Hals- und Rachenentzündungen sehr wohltuend. Daher sollte man einfach mehrmals am Tag auf einem kleinen Stück Galgantwurzel herumkauen. Zum Essen schneidet man kleine Stücke der Wurzel und lässt sie einfach mit der Mahlzeit mitkochen.

Galgant ist das beste Gewürz bei Rachenentzündungen.

Gelbwurz (Kurkuma):

Gelbwurz ist ein so wichtiges Gewürz, dass es an keinem Hauptgericht fehlen sollte. Es schmeckt weder scharf noch besonders intensiv, stärkt aber die Verdauung und entgiftet den Organismus. Dabei ist es für alle drei Konstitutionen sehr gut geeignet. Kurkuma hat große Wirkungen auf die Reinigung des Blutes und der Körpersäfte. Es wird auf blutende Wunden aufgetragen, da es desinfizierend, entzündungshemmend und blutstillend ist. Auch bei vielen Hautkrankheiten und Entzündungen kann man es als Pulver auftragen und einnehmen.

Kurkuma sollte täglich benutzt werden, da es das Blut reinigt.

Gewürznelken:

Gewürznelken werden bei uns zusammen mit Anis gern in der Weihnachtszeit für Gebäck und Glühwein verwendet. Man kann sie auch an Reisgerichte zusammen mit Kardamom geben. Die Nelke ist ein sehr aromatisches Gewürz, das einen guten Effekt auf die Atemwege und die Verdauung hat. Es wird bei vielen Verdauungsstörungen und Ama-Zuständen zur Unterstützung eingesetzt.

Gewürznelken sind durststillend und senken Kapha- und Pitta-Dosha. Sie sind Bestandteil des so genannten Yogitees.

Ingwer:

Ingwer gehört zu den wirksamsten Gewürzen und Heilpflanzen des Ayurveda. Er ist ein Tonikum für Agni, beseitigt Giftstoffe (Ama), hilft gegen Völlegefühl, Übelkeit, Blähungen, Durchfall und Hämorrhoiden. Ingwer reinigt die Körpersäfte, stärkt die Abwehrkraft und ist zum Einsatz gegen Erkältungen und Verschleimungen hervorragend geeignet. Er hat auch eine antivirale (gegen Viren gerichtete) Wirkung. Ingwer empfiehlt sich für Vata- und Kapha-Konstitutionen, aber auch für Pitta-Konstitutionen in der feuchtkalten Jahreszeit.

Ingwer gehört zu den Gewürzen mit dem größten Wirkspektrum bei Erkältungen und Verdauungsstörungen.

Jaggery (roher Palmzucker):

Jaggery ist getrockneter, roher Palmzucker. Er hat einen karamellartigen Geschmack und gibt dem Essen eine köstliche, süßliche Note. Er ist kräftigend, aufbauend, Blut bildend und ein Tonikum für das Herz. Er empfiehlt sich besonders für Vata- und Pitta-Konstitutionen und ist eine gute Ergänzung zum Essen. Kapha-Konstitutionen sollten sich jedoch mit dem Gebrauch von Jaggery etwas zurückhalten, da er Kapha-Dosha erhöht. Jaggery ist auch hervorragend zum Süßen von Tees oder warmer Milch geeignet.

Grüner Kardamom:

Kardamom ist ein im Ayurveda häufig benutztes Gewürz. Mit seinem süßlichen Geschmack verfeinert er viele Gerichte, senkt alle Doshas und ist somit auch für Pitta-Dosha geeignet. Er reinigt zudem den Verdauungstrakt und stärkt Agni. Kardamom ist hilfreich gegen Mundgeruch, schlechten Mundgeschmack und Appetitlosigkeit und häufiger Bestandteil so genannter Yogiteemischungen. Sie sollten die ganzen Bohnen benutzen und vor dem Würzen mit einem Mörser zermahlen. Eine Prise Kardamompulver verleiht dem Kaffee einen interessanten Geschmack und gleicht seine negativen Wirkungen aus. Schwangere sollten ihn jedoch nicht zu sich nehmen, da er die Gefahr einer Fehlgeburt erhöht.

Kardamom darf nicht in der Schwangerschaft verwendet werden.

Koriander:

Koriander ist das beste Gewürz für Pitta-Konstitutionen, da es eine sehr kühlende Wirkung hat. Er ist durststillend, stärkt die Verdauung und hilft bei allerlei Störungen im Magen-Darm-Trakt. Ein sehr gutes Pitta-Getränk im Sommer ist folgender kühl zu trinkender Tee: 20 g Koriander und 20 g Kreuzkümmel werden auf 1 l Wasser gegeben und 20 Minuten gekocht. Koriander ist Bestandteil vieler indischer Currymischungen.

Koriander ist das beste Gewürz für Pitta-Konstitutionen im Sommer.

Kreuzkümmel:

Der Kreuzkümmel ist von der Wirkung her mit dem gewöhnlichen Kümmel vergleichbar. Im Geschmack unterscheidet er sich allerdings vom Kümmel, ist aber nicht minder intensiv. Er ist in der indischen Küche allgegenwärtig und wird vielen Gerichten beigemischt. Kreuzkümmel wird auch gern zusammen mit Reis gekocht. Er hat große Wirkungen auf den Verdauungstrakt, ist aber auch für Pitta-Konstitutionen im Allgemeinen gut verträglich. Bei Durchfällen und Ama-Zuständen ist Kreuzkümmel ein Spezifikum.

Muskatnuss:

Die Muskatnuss ist mittlerweile auch in Deutschland ein beliebtes Gewürz. Sie stärkt die Verdauung und ist besonders bei Durchfall sehr hilfreich. Muskat wird auch als Aphrodisiakum und bei frühzeitigem Samenerguss eingesetzt.

Zu viel Muskatnuss führt zu Rauschzuständen, Schwindel und der Gefahr einer Fehlgeburt.

Neemblätter:

Neemblätter werden die großen Heiler allen Leidens genannt. In Indien ist es oft noch üblich, jeden Tag ein Neemblatt zu kauen, um gegen Infektionen, Würmer und Gifte immun zu sein.[111] Neem ist ein großer Reiniger. Seine Bakterien und Gift abtötende Wirkung ist mittlerweile auch wissenschaftlich bestätigt. Es reinigt Blut und Körpersäfte und ist ein hervorragendes Hauttherapeutikum. Neemblätter schmecken sehr intensiv und bitter. Man braucht sie nur in sehr geringer Menge dem Essen beizugeben. Neemöl wirkt äußerlich gegen Fußpilz und kann bei Ohrenschmerzen ins Ohr geträufelt werden. Es sollte immer verdünnt, beispielsweise mit Teebaum- oder Kokosnussöl, aufgetragen wer-

Neemblätter sind die großen Reiniger aller Körpersäfte und sollten besonders bei chronischen Hautproblemen benutzt werden.

den. Von einer oralen Einnahme von Neemöl sollte man Abstand nehmen, da es Übelkeit und Durchfälle hervorrufen kann.

(Langer) Pfeffer:

Pippali, der lange Pfeffer, ist bei uns eher unbekannt. Er ist ein sehr interessantes Gewürz mit breitem Wirkspektrum, besonders im Bereich der Atemwege und die Verdauung. Pippali ist ein Verjüngungsmittel (Rasayana) für die Lungen und sollte bei Asthma regelmäßig konsumiert werden. Er hat eine kühlende Wirkung und verringert Pitta-Dosha. Langer Pfeffer ist Bestandteil der ayurvedischen Heilmischung *Trikatu*, die bei vielen Erkältungs- und Verdauungsstörungen verabreicht wird.

(Schwarzer) Pfeffer:

Der schwarze Pfeffer ist bei uns bestens bekannt. Seine verdauungsfördernden Wirkungen ähneln denen des langen Pfeffers, aber schwarzer Pfeffer erhitzt auch etwas und hat einen leicht erhöhenden Effekt auf Pitta-Dosha. Er ist ebenfalls Bestandteil des Trikatupulvers. Schwarzer Pfeffer wirkt bei Erkältungen, Verschleimungen und Blockaden der Körperkanäle (Shrotas).

Safran:

Safran ist ein kostbares Gewürz, das ursprünglich aus der Türkei stammt und heute in Kaschmir und Spanien angebaut wird. Er sollte nicht in Form von Pulver, sondern von getrockneten Fäden verwendet werden. Safran, der mit Reis verkocht wird, verleiht diesem eine goldgelbe Farbe und einen leicht bitter-scharfen Geschmack. Mit Milch gekocht, ist er ein wunderbares Nerventonikum für die Nacht. Safran beruhigt, lindert Schmerzen und wirkt als Aphrodisiakum wie auch als allgemeines Verjüngungsmittel.

Zimt:

Auch der Zimt gehört mittlerweile in unsere gute Weihnachtsküche. Er verleiht Gebäck und Lebkuchen ihren wunderbar bitter-süßlichen Geschmack. Zimt kann als Pulver und Zimtrinde verwendet werden. Als Rinde ist er Bestandteil vieler Yogitees und wird auch gern mit Reis verkocht. Das Pulver kann dem Kaffee beigemischt werden, was ihm ein wohlschmeckendes Aroma verleiht. Außerdem gleicht Zimt die negativen Wirkungen von Kaffee etwas aus. Zimt ist leicht erhitzend, stärkt Agni und erhöht Pitta-Dosha. Er wirkt im Winter aber als wohlig erwärmendes Gewürz für jedermann.

Kochen mit Ayurveda

Ghee

Ghee spielt in der ayurvedischen Ernährung eine herausragende Rolle: Viele Speisen werden damit zubereitet. Es ist bekömmlicher und leichter als Butter, ist hitzestabil und besser geeignet zum Erhitzen und Braten als alle Pflanzenöle. Besonders Pitta-Konstitutionen sollten keine heißen Pflanzenöle essen, da sie Pitta-Dosha erhöhen. Kühle Pflanzenöle in Salaten dagegen sind auch für Pitta-Dosha in Ordnung, solange es sich dabei nicht um erhitzende Öle wie Sesam- oder Senföl handelt. Ghee dagegen erhöht das Verdauungsfeuer Agni, senkt aber Pitta-Dosha, auch wenn es warm verzehrt wird. Es ist für alle drei Konstitutionen empfehlenswert, besonders für Pitta- und Vata-Konstitutionen. Kapha-Konstitutionen und besonders Übergewichtige sollten sich bei der Menge etwas einschränken.

Zubereitung:

Die Sauerrahmbutter erhitzen, auf mittlerer Flamme knapp 1 Stunde lang köcheln lassen und nur am Anfang, bis die Butter vollständig geschmolzen ist, mit einem Holzlöffel umrühren. Mit der Zeit setzt sich am Topfboden ein weißer, dicker Belag ab. Wenn sich dieser weiße Belag braun zu färben beginnt und das flüssige Ghee eine goldgelbe Farbe annimmt, den Topf vom Herd nehmen und etwas abkühlen lassen. Danach das fertige Ghee durch einen Stofffilter seihen und in einem verschließbaren Glas- oder Metallbehälter aufbewahren.[112]

Ghee können Sie praktisch unbegrenzt außerhalb des Kühlschranks aufbewahren, ohne dass es schlecht wird. Je älter das Ghee ist, umso besser wird es. Ghee, das jahrelang gelagert wurde, bekommt mit der Zeit eine rötliche Färbung.

Mindestens 1 kg hochwertige Sauerrahmbutter

Je weniger Butter Sie nehmen, umso größer die Gefahr, dass sie anbrennt. Wenn Sie am Anfang mit einer kleineren Menge Butter beginnen wollen, kochen Sie sie auf kleinerer Flamme und kürzer.

Ayurvedische Kochrezepte

Sesamreis mit Gemüse:

Für 2 Personen
200 g Basmatireis
½ TL Safranfäden
1 TL Kardamomschoten
5 Gewürznelken
1 EL Ghee
2 gehackte Zwiebeln
1 Zimtstange
1 EL Sesamsamen
Salz
1 EL Jaggery
1 EL gehackte Pinienkerne
1 EL gehackte Mandelkerne
1 EL Rosinen
2 Zucchini
2 Karotten
½ TL Trikatu
½ TL Kurkuma
½ TL mildes Currypulver
½ TL Kreuzkümmel-
pulver
2 EL Naturjoghurt

Den Reis gründlich waschen und mit Wasser bedeckt einweichen, dann abtropfen lassen. Den Safran mit 4 EL heißem Wasser 1 Stunde quellen lassen. Kardamom und Nelken im Mörser zerkleinern. Eine Hälfte des Ghee erhitzen, die Hälfte der gehackten Zwiebeln, zerbröselte Zimtstange, Sesamsamen, Kardamom und Nelken anrösten, den Reis dazugeben und kurz anbraten. Mit ½ l Wasser aufgießen, Salz, Jaggery und Safran mit Einweichwasser zugeben. Alles aufkochen und dann mit schwacher Hitze bedeckt köcheln lassen, bis das Wasser ganz aufgesogen ist. Pinienkerne, Mandeln und Rosinen locker unterheben. Gleichzeitig Gemüse mit dem Rest von Zwiebeln und Ghee in der Pfanne andünsten und Gewürze hinzugeben. Am Ende mit einem Schlag Naturjoghurt servieren.

Süßkartoffel-Zucchini-Curry:

Für 2 Personen
250 g Süßkartoffeln
250 g Zucchini
5 cm frische Ingwerwurzel
3 EL Mohnsamen
1 EL Ghee
1 TL Kurkuma
1 TL mildes Currypulver
1 TL edelsüßes Paprika-
pulver
Salz
1 EL gehackte Petersilie
½ TL Trikatu
½ TL Asafoetida

Kartoffeln schälen und in etwa 2 cm große Würfel schneiden. Zucchini waschen und grob würfeln. Ingwer fein reiben. Mohnsamen im Mörser zerstoßen. Ghee erhitzen, Kartoffeln und Zucchini darin anbraten. Gewürze zufügen und kurz anbraten. 400 ml Wasser dazugeben und kurz aufkochen lassen. Die Mohnsamen unterrühren und bedeckt etwa 15 Minuten köcheln lassen, bis die Kartoffeln weich sind, dabei öfter umrühren.

Kokos-Karotten-Suppe:

Geschnittene Zwiebel und Knoblauch in Ghee goldbraun anbraten. Mit etwa 300–400 ml Wasser aufgießen. Geraspelten Ingwer, klein geschnittene Karotten und Gewürze dazu. Bei geschlossenem Deckel langsam einköcheln, bis die Karotten weich sind. Alles pürieren, danach Kokosmilch, Sahne, Kokosflocken und Jaggery unterziehen. Mit Mandeln garnieren und mit Gheetoasts servieren.

Für 1 Person
1 Zwiebel
1 Knoblauchzehe
2 EL Ghee
5 cm frische Ingwerwurzel
5–7 Karotten
1 TL Trikatu
1 TL schwarzer Pfeffer
1 TL Kurkuma
1 TL Kreuzkümmel
2 EL Kokosmilch
2 TL Sahne
1 TL Kokosflocken
1 TL Jaggery
1 EL fein gemahlene Mandeln

Gebratener Spinat mit Rosmarinkartoffeln:

Die Kartoffeln schälen, würfeln und in leicht gesalzenem Wasser zusammen mit dem Rosmarin kochen. Währenddessen Zwiebeln und Knoblauch fein hacken, Ingwer raspeln. Ghee in der Pfanne erhitzen. Zwiebeln, Knoblauch und Ingwer goldbraun anbraten. Gewürze dazugeben, kurz anbraten, anschließend Spinat dazugeben und zusammenfallen lassen. Am Schluss die Sahne unterziehen. Nur leicht salzen. Mit den Rosmarinkartoffeln servieren.

Für 2–3 Personen
5–7 Kartoffeln
1 TL Rosmarin
2 Zwiebeln
1 Knoblauchzehe
3 cm frische Ingwerwurzel
1 EL Ghee
½ TL Kurkuma
½ TL Muskatnusspulver
¼ TL Asafoetida
Salz
½ TL Trikatu
400 g frischer Blattspinat
2 EL Sahne

Kitchari:

Kitchari ist ein einfaches und vor allem leicht verdauliches Gericht. Es ist für alle drei Konstitutionen gleichermaßen bekömmlich und kann im Rahmen einer Kur als nahrhafte Schonkost gegessen werden.

Den Reis und das Mung-Dal mit viel Wasser waschen und abtropfen lassen. Das Mung-Dal danach einige Stunden lang in Wasser einweichen. Alle Zutaten zusammen mit 6 Tassen Wasser in einen Topf geben, erhitzen und 5 Minuten ohne Deckel kochen lassen. Ein paar Mal umrühren, damit nichts anbrennt. Danach mit Deckel so abdecken, dass ein kleiner Spalt offen bleibt, und auf niedriger Flamme etwa ½ Stunde köcheln lassen, bis alles weich ist.

Für 2–3 Personen
1 Tasse Basmatireis
1 Tasse Mung-Dal (gelbe Bohnen)
½ TL Kreuzkümmel
½ TL Koriandersamen
½ Senfkörner
2 TL Ghee

Kitchari kann man auch mit anderen Gewürzen wie Kurkuma, schwarzem Pfeffer und Muskatnuss variieren.

Mangoquark:

Eine leckere Süßspeise, die nicht als Dessert, sondern besser vor den Mahlzeiten gegessen werden sollte. Man kann Mangoquark auch am Abend genießen. Er ist jedoch relativ schwer und sollte besonders von Kapha-Konstitutionen nicht in zu großen Mengen verzehrt werden. Er baut alle Gewebe auf und kräftigt sie.

Frische Mango schälen, auslösen und in kleine Stücke schneiden oder kurz mit dem Mixer pürieren. Danach die Mango mit Quark und Honig vermischen und mit gehackten Mandeln garnieren.

Als Ersatz für eine frische Mango kann man auch Mangomus aus der Dose verwenden.

> Mango ist die einzige Frischfrucht, die mit Milchprodukten zusammen gegessen werden darf, weil eine reife Mango praktisch frei ist von Fruchtsäuren.
>
> *Für 3–5 Personen*
> 1 frische Mango
> 500 g Quark (40 % Fett)
> 2–3 TL flüssiger Honig
> gehackte Mandeln

Teerezepte

Yogitee:

Es gibt viele Möglichkeiten, Yogitee herzustellen; jeder gute Teeladen hat sein eigenes Geheimrezept. Unser Rezept ist sehr einfach und für alle Konstitutionen geeignet. Das Geheimnis liegt in der langen Kochzeit. Sie müssen einen guten Yogitee mindestens 1 Stunde lang kochen. Je länger, umso intensiver ist der Geschmack. Fertigtees sollten Sie grundsätzlich meiden; Sie enthalten meist zu viele erhitzende Gewürze, die dem Organismus nicht zuträglich sind.

Alle Zutaten in einem Handmörser zerstoßen und in 1 l Wasser mindestens 1 Stunde bei geschlossenem Deckel auf mittlerer Flamme kochen. Danach mit etwas Milch und Rohrzucker servieren.

Sie sollten die Würzmischung des Yogitees der Jahreszeit anpassen. Im Winter können Sie etwas frischen Ingwer mitkochen lassen, im Sommer 1 TL Süßholzwurzel.

> ½ Zimtstange
> 5 Kardamomschoten
> 5 Nelken
> 1 TL Fenchel

> Sie können auch die letzten Minuten einen Beutel Schwarztee mitkochen lassen.

Ingwertee:

Ingwer ist eines der wichtigsten Gewürz- und Heilmittel im Ayurveda. Der Ingwertee beugt gerade in der kalten Jahreszeit Erkäl-

> 7 Scheiben von einer frischen Ingwerwurzel

tungen und Husten vor oder bessert die Beschwerden zumindest. Außerdem erleichtert der warme Ingwertee die Verdauung gerade nach schweren Mahlzeiten.

Ingwerwurzelscheiben in 1 l heißes Wasser schneiden und 20 Minuten kochen. Man kann den Ingwertee mit etwas Jaggery (rohem Palmzucker) oder etwas Rohrzucker und Milch trinken.

Honigwasser:

Lauwarmes Honigwasser ist ein wichtiges und entschlackendes Getränk für Kapha-Konstitutionen, besonders im Winter und Frühling. Honig ist scharf in seiner Wirkung und reinigt von überschüssigem Schleim. Da Honigwasser auch Gewicht reduziert, ist es für Vata-Konstitutionen weniger geeignet.

Den Honig in ein Glas lauwarmes Leitungswasser geben. Achten Sie darauf, dass das Wasser weder zu kalt (erhöht Kapha-Dosha) noch zu warm (zerstört den Honig) ist. Trinken Sie davon morgens und abends je 1 Glas.

1–2 TL alter Honig (mindestens ½ Jahr alt)

Bitterer Kräutertee:

Bittere Kräutertees schmecken zwar nicht sonderlich gut, sind aber therapeutisch hochwirksam bei Pitta- und Kapha-Störungen sowie bei Leber-Galle-Problemen. Ayurveda kennt viele Arten von bitteren Kräutertees, je nachdem, welchen therapeutischen Schwerpunkt man setzen möchte. Unser Kräutertee ist von seiner Wirkung her ausgewogen, stärkt Agni und führt zu einer milden Entgiftung. Er senkt Pitta- und Kapha-Dosha.

Von dieser Mischung 3 TL auf 1 l Wasser geben, 10 Minuten lang kochen lassen und abseihen. Davon 2–3 Tassen am Tag trinken.

Für Pitta- und Kapha-Konstitutionen.

25 g Fenchelsamen
25 g Zichoriewurzel
20 g Koriander
20 g Löwenzahn (Blätter und Wurzel)
10 g Neemblätter

Erhitzender Kräutertee:

Alle erhitzenden Getränke sind für Pitta-Konstitutionen ungeeignet. Sie sind den frierenden Vata- und Kapha-Konstitutionen vorbehalten. Erhitzende Kräutertees eignen sich besonders für die feuchtkalte Jahreszeit. Sie fachen Agni an, lösen Giftstoffe und fördern die Zirkulation der Körpersäfte. Zudem lindern sie alle Erkältungskrankheiten.

Für Vata- und Kapha-Konstitutionen geeignet.

5 Scheiben frische Ingwerwurzel
1 TL gemahlener schwar-
zer Pfeffer
1 Zimtstange
1 TL Fenchelsamen

Die Mischung in 1 l Wasser 20 Minuten lang kochen lassen. Vata-Konstitutionen sollten diesen Tee mit etwas Jaggery und Milch trinken.[113]

Für Pitta-Konstitutionen
besonders im Sommer
geeignet.

20 g Koriandersamen
20 g Kreuzkümmel

Kühlender Kräutertee:
Beide Zutaten in 1 l Wasser 20 Minuten kochen und bei Zimmertemperatur trinken.

Besonders für Vata-Kon-
stitutionen geeignet.

1 TL Süßholzwurzel
1 TL Fenchelsamen
1 TL Rosenblätter
3 Scheiben frische Ingwerwurzel

Stärkender Kräutertee:
Alle Zutaten in 1 l Wasser 20 Minuten lang kochen lassen. Danach mit Jaggery und warmer Milch kurz aufkochen und warm trinken.

Die Behandlung von kleineren Beschwerden

Augenreizungen

Augenreizungen treten oft durch längeres Arbeiten am Computer oder bei handwerklichen Tätigkeiten auf. Dies ist eine einfache Übung, um überanstrengte Augen wieder zu beruhigen und zu stärken:

Gheelampe:

Gheelampen sind güns-
tig im Asienversand-
handel zu erstehen.

Legen Sie einen kleinen Baumwolldocht in eine Schale und füllen Sie etwas Ghee hinein. Bevor Sie den Docht anzünden, tropfen Sie etwas Ghee auf die Spitze. Stellen Sie die brennende Lampe etwa einen Meter entfernt auf Augenhöhe. Schauen Sie einige Minuten in die Flamme, ohne dabei zu blinzeln. Wiederholen Sie die Übung mehrmals am Tag.

Das Licht der Gheelampe hat eine sehr heilsame Wirkung auf die Augen. Wenn Ihre Augen sehr trocken sind, können Sie auch 1–2 Tropfen Ghee mehrmals am Tag hineinträufeln.

Erkältungen

Schnupfen und Erkältungen sind Krankheiten, die durch ein zu hohes Kapha-Dosha ausgelöst werden. Sie sollten Kapha-Dosha provozierende Nahrung und besonders Süßigkeiten, Eis, kalte Getränke, Quark und Bananen dann eine Zeit lang meiden.

Morgenmischung:

Nehmen Sie Ingwer und Jaggery (roher Palmzucker) morgens nüchtern in den Mund und kauen Sie beides langsam und gut durch. Diese Maßnahme hilft ebenso bei chronisch oder akut verstopfter Nase. Sie können sie gegebenenfalls mehrmals am Tag wiederholen.

1 daumendickes Stück Ingwer
1 daumendickes Stück Jaggery

Erkältungstee:

Ingwer und Süßholzwurzel in 1 l Wasser 20 Minuten lang kochen. Danach Lindenblüten hinzugeben und 10 Minuten ziehen lassen. Jaggery darin auflösen und heiß trinken.

7 Scheiben frische Ingwerwurzel
1 TL Süßholzwurzel
2 TL Lindenblüten
1 TL Jaggery

Fieberhafte Erkältung

Wenn die Erkältung von Fieber begleitet wird, befinden sich neben einem erhöhten Kapha-Dosha auch noch Giftstoffe (Ama) im Körper. Der Körper entledigt sich dieser Giftstoffe, indem er sie regelrecht verbrennt. Sie sollten daher das Fieber nur im Notfall unterdrücken, wenn es also über 40 Grad ansteigt oder über einige Tage auf hohem Niveau bleibt. Kühle Wadenwickel oder ein Einlauf senken das Fieber und bringen Erleichterung. Sie sollten unbedingt Bettruhe wahren und einige Tage fasten oder nur leichte Suppen zu sich nehmen.

Konsultieren Sie einen Therapeuten bei folgenden Symptomen:
– Fieber über 40 Grad
– jedes Fieber bei Säuglingen unter vier Monaten
– mehr als vier Tage Fieber über 39 Grad
– Fieber nach Tropenreisen
– Fieber bei Patienten mit chronischen Erkrankungen (Diabetes, Asthma, Herzerkrankungen)

Erkältungstee bei Fieber:

5 Scheiben frische Ingwerwurzel
1 TL Kalmuswurzel
3 TL Lindenblüten
1 TL Jaggery

Ingwer und Kalmus in 1 l Wasser 20 Minuten lang kochen. Danach Lindenblüten hinzugeben und 10 Minuten ziehen lassen. Jaggery darin auflösen und heiß trinken.

Husten

Akuter Husten entsteht oft im Rahmen einer schlimmeren Erkältung und ist meist von Auswurf begleitet. Falls höheres Fieber und körperliche Abgeschlagenheit auftreten, sollten Sie vorsichtig sein und besser einen Arzt aufsuchen.

Tee für feuchten Husten:

2 TL Süßholzwurzel
5 Scheiben frische Ingwerwurzel
1 TL Eibischblüten
Jaggery

Süßholz und Ingwer in 1 l Wasser 20 Minuten kochen. Danach Eibischblüten hinzugeben, 10 Minuten ziehen lassen und mit etwas Jaggery heiß trinken. Dazu dreimal täglich 1 TL Honig mit 1 Messerspitze gemahlenem schwarzen Pfeffer geben.

Tee für trockenen und feuchten Husten:

Hartnäckiger Husten, der über mehrere Wochen anhält, sollte immer von einem Arzt abgeklärt werden.

1 TL Ysopkraut
1 TL Süßholzwurzelpulver

Trockener Husten ohne Auswurf kann bei einer akuten Infektion, aber auch danach als hartnäckiger Husten auftreten. Es ist wichtig, die Atemwege zu befeuchten, damit der Husten abklingen kann.

Alle Zutaten auf 1 Tasse kochendes Wasser mehrmals am Tag trinken. Dazu öfter 1 TL Honig mit 1 Messerspitze Trikatupulver einnehmen.

Sirup bei hartnäckigem oder schwächendem Husten:

100 g ungeschwefelte
Rosinen
5 ungeschwefelte Feigen
1 Zimtstange
1 TL zermahlene Karda-
momschoten
1 TL Trikatupulver
2 TL Süßholzwurzel
1 TL Rohrzucker
1 TL schwarzer oder
5 Schoten langer Pfeffer

Alle Zutaten auf 2 l Wasser bis auf die Hälfte einkochen. Danach abfiltern und mehrmals am Tag 1 Tasse warm trinken. Sie können jeder Tasse noch 1 TL Chyawanprash beigeben.[114]

Lungen-Rasayana

Viele Asthmatiker, aber auch Menschen mit chronischen Problemen der Bronchien und Lungen sollten etwas zur Stärkung in diesem Bereich tun. Neben den besonderen Atemübungen (Pranayama, siehe Seite 247 ff.) empfiehlt sich folgendes einfache Rezept.

Kur zur Stärkung der Lungen:

Die Milch und ½ Tasse Wasser mit dem langen Pfeffer (Pippali) in einem Topf auf niedriger Temperatur köcheln lassen. Wenn das Wasser vollständig verdampft ist, Chyawanprash dazugeben und das Ganze warm trinken. Am nächsten Tag nimmt man 2 Pfefferschoten auf die gleiche Menge Wasser und Milch, am dritten Tag 3 Pfefferschoten. Jeden Tag fügt man eine weitere Pfefferschote hinzu, bis man 9 erreicht hat. Dann reduziert man die Pfefferschoten jeden Tag, bis man wieder eine erreicht hat. Dieser Zyklus dauert 17 Tage. Dann beginnt man wieder die Pfefferschoten zu erhöhen, bis 9 erreicht sind, und reduziert sie wieder zurück auf eine. Der gesamte Zyklus sollte insgesamt drei Monate andauern und wird am besten in der Zeit durchgeführt, wenn die Beschwerden gering sind. Durch diese Kur werden die Lungen gestärkt und können sich regenerieren. Sie sollte jedes Jahr wiederholt werden.

> Diese Kur kann die medizinische Behandlung von Asthma nicht ersetzen.
>
> ½ Tasse Milch
> 1 Schote langer Pfeffer
> 1 TL Chyawanprash

Ohrenschmerzen

Ohrenschmerzen können verschiedene Ursachen haben. Sie entstehen durch Zugluft, durch Verletzungen oder im Rahmen einer Infektion (Mittelohrentzündung). Wenn die Schmerzen sehr stark werden oder Verletzungen in Frage kommen, sollte man immer einen Arzt zur Abklärung aufsuchen. Bei unkomplizierten Ohrenschmerzen hilft oft folgendes Rezept.

> Verhindern Sie, dass bei akuten Schmerzen Wasser in die Ohren gelangt.

Ohrentrost:

Die Knoblauchzehe in kleine Stücke schneiden und nur kurz in wenig heißem Öl anbraten. Das Öl etwas abkühlen lassen und es warm in *beide* Ohren träufeln (in das betroffene Ohr etwa 5–7 Tropfen, in das gesunde 2–3 Tropfen); danach mit Watte verschließen. Je nach Schwere der Entzündung verschwinden die

> 1 Knoblauchzehe
> Öl

Schmerzen nach 1–2 Tagen. Alternativ kann man auch ein paar Tropfen Neemöl mit Teebaumöl mischen und in die Ohren geben.

Schlaflosigkeit

Chemische Schlafmittel machen abhängig und schwächen die Nervenkraft immer weiter. Gehen Sie äußerst vorsichtig damit um und nehmen Sie solche Medikamente niemals über einen längeren Zeitraum hinweg.

Viele Menschen leiden heute unter Schlaflosigkeit: manche nur hin und wieder, andere konstant. Schlaflosigkeit ist ein Zeichen von zu hohem Vata-Dosha und Ausdruck einer geringen Nervenkraft: zu viele Gedanken, zu viel Unruhe, zu wenig Erdung in sich selbst. Chronische Einschlafprobleme sind Ausdruck eines unausgeglichenen Lebens und sollten nicht einfach mit Medikamenten ausgeblendet werden. Gehen Sie der Ursache auf den Grund und lernen Sie, sich wieder zu entspannen. Meditation, Yoga und Atemübungen (Pranayama) werden Sie dabei unterstützen.

Rezepte bei Schlaflosigkeit:

- ½ Stunde vor dem Schlafengehen warme Milch mit gemahlenen Mandeln, einer Messerspitze Muskatnuss, Rohrzucker und etwas Safran trinken. Vorher die Milch mit dem Safran etwa 30 Minuten lang auf niedrigster Flamme köcheln lassen, damit dieser seine Wirkung entfalten kann.
- 2 TL Baldrianwurzel auf 1 Tasse Wasser kurz aufgekocht oder fertige Baldrianpräparate sind ebenfalls sehr wirksam. Baldrian muss aber relativ hoch dosiert eingenommen werden.
- Abends die Stirn und den Scheitel mit Mandelöl einölen.
- Ein paar Tropfen ätherisches Lavendelöl in eine Duftlampe geben und 30 Minuten vor dem Zubettgehen im Schlafzimmer aufstellen. Beim Schlafengehen dann wieder löschen, da der Geruch sonst zu intensiv werden kann.

Sodbrennen

Chronisches Sodbrennen sollte immer ursächlich behandelt werden.

Auch Sodbrennen ist ein häufiges Problem in unserer Gesellschaft. Die Ursachen liegen offensichtlich in einer falschen Ernährungsweise. Sodbrennen ist nicht nur das Problem eines provozierten Pitta-Doshas, sondern eine hausgemachte Störung, die durch unregelmäßiges Essen, schlechte Verdauung, Stress, Rauchen, Alkohol und das Konsumieren von minderwertiger Nahrung verursacht wird. Sie sollten daher das regelmäßige Auftreten von Sodbrennen als ein Zeichen dafür deuten, dass Sie gegen Ihre Natur leben. Sodbrennen mit Säureblockern zu bekämpfen, ist im Übrigen genauso unsinnig, wie Schmutz unter den Teppich zu kehren. Irgendwann erhalten Sie dafür die Quittung.

Betrachten Sie die Vorschläge gegen Sodbrennen nicht als Dauermaßnahme, sondern als Ausnahme, beispielsweise nach einem großen Festessen.

Natronmischung:

Alle Zutaten in 1 Glas Wasser geben und trinken.

Frischer Granatapfel oder getrocknete Granatapfelkerne helfen meist bei leichteren Formen des Sodbrennens.

10 Tropfen Zitronensaft
½ TL Rohrzucker
¼ TL KaiserNatron
(Natriumbikarbonat)

Verstopfung

Chronische Verstopfung ist ein häufiges Leiden, besonders bei Frauen. Verantwortlich dafür ist meist ein zu hohes Vata-Dosha. Aber auch Kapha- und Pitta-Konstitutionen können unter Verstopfungen leiden.

Ändern Sie Ihre Ernährungsgewohnheiten und verringern Sie den Anteil Vata provozierender Nahrung. Achten Sie besonders auf einen regelmäßigen Tages- und Nachtrhythmus. Eine hartnäckige chronische Verstopfung sollte von einem Therapeuten untersucht und behandelt werden.

Meiden Sie chemische oder mineralische Abführmittel. Sie machen abhängig und schädigen auf Dauer die Darmflora. Wenn Ihnen akut nichts anderes hilft, dann machen Sie lieber einen Einlauf mit 30 ml Sesamöl. Das ist absolut unschädlich und führt fast immer zum Erfolg.

Rezepte gegen Verstopfung:

- Triphalapulver ist das beste Mittel gegen Verstopfung. Geben Sie abends vor dem Schlafen 1 TL in kochendes Wasser und trinken Sie es langsam. Triphala führt auch bei monatelanger Anwendung zu keinerlei Abhängigkeit oder negativen Wirkungen.
- Trinken Sie morgens warmes Wasser, das die ganze Nacht über in einem Kupfertopf aufbewahrt wurde. Kupfer hat eine beruhigende Wirkung auf Vata-Dosha.
- Trinken Sie 1 Stunde vor dem Schlafen warme Milch mit 1 TL Ghee.

– Weichen Sie Flohsamenhülsen in warmes Wasser ein und trinken Sie es vor dem Schlafengehen. Verstärkt wird diese Wirkung, wenn Sie Wasser benutzen, das Sie 1 Tag lang in einem Kupfergefäß aufbewahrt haben. Dieses Rezept ist besonders für Schwangere geeignet.

Übergewicht

Übergewicht ist immer auf eine Zunahme von Kapha-Dosha zurückzuführen. Verbunden mit einer Gewichtszunahme sind oft frühzeitige Beschwerden wie Müdigkeit, Schwere, Trägheit und Verschleimungen. Sie sollten dann Ihre Ernährung umstellen und Kapha provozierende Nahrung wie kalte Getränke, Eis, Süßigkeiten und gegebenenfalls auch alle Milchprodukte meiden. Schwere Nahrung und fettes Essen (Fleisch) sollten eingeschränkt werden. Reduzieren Sie die Menge und Anzahl Ihrer Mahlzeiten oder legen Sie gleich ein paar Fastentage ein. Ein hervorragendes Rezept, um Übergewicht langsam und schonend zu reduzieren, ist eine Kur mit Honigwasser.

Honigwasserkur:

Trinken Sie in der ersten Woche 1 TL alten Honig (mindestens ½ Jahr alt) auf 6 TL lauwarmes Leitungswasser, und zwar dreimal am Tag. Danach steigern Sie jede Woche um 1 weiteren TL Honig und 6 weitere TL Wasser.

Dauer	Honig	Wasser
1. Woche	1 TL	6 TL
2. Woche	2 TL	12 TL
3. Woche	3 TL	18 TL
4. Woche	4 TL	24 TL
5. Woche	5 TL	30 TL
6. Woche	6 TL	36 TL

Nach der sechsten Woche behalten Sie das Niveau von 6 TL Honig und 36 TL Wasser für weitere 6 Wochen bei, sodass die Kur insgesamt 12 Wochen andauert. Nach dieser Zeit sollten Sie damit und mit einer Nahrungsumstellung etliche überschüssige Pfunde verloren haben und die Kur beenden. Ein längeres Einnehmen des Honigwassers würde zum einen nicht weiter zur Gewichtsreduktion beitragen, zum anderen könnte es auf Dauer negative Auswirkungen auf Ihren Körper haben.

Ayurvedische Heilpflanzenkuren

Rizinusöl (Eranda Taila):

Rizinusöl ist ein wunderbares Heilmittel im Ayurveda. Bei uns ist es nur als stark wirkendes Abführmittel bekannt, das mittlerweile in Verruf geraten ist, weil es die Magen-Darm-Schleimhäute reizt. Dies geschieht jedoch nur bei falscher Anwendung. Rizinusöl führt – richtig eingenommen – selbst über einen Zeitraum von drei bis vier Wochen zu keinerlei Problemen.

Es entschlackt, entgiftet Leber und Milz, ölt den Verdauungstrakt und hilft so gegen harten Stuhl. Gerade, wenn man mit schwerem und fettem Essen »gesündigt« hat, hilft Rizinusöl dem Körper bei der Entgiftung. Man fühlt sich danach schnell wieder leicht und befreit. Rizinusöl ist auch ein hervorragendes Schmerzmittel bei Hexenschuss, Ischialgie und anderen Schmerzzuständen. Es kann innerlich und äußerlich angewandt werden. Rizinusöl wird in der ayurvedischen Therapie auch als Unterstützung bei Asthma, Bronchitis, Gicht, Ohrenentzündungen und Schluckauf verwendet.

Innerliche Anwendung

Nehmen Sie Rizinusöl niemals tagsüber ein! Es führt zu drastischen Durchfällen und reizt Magen und Darm. Rizinusöl sollte immer am Abend unmittelbar vor dem Zubettgehen zugeführt werden. Sie lösen es am besten in kochendem Wasser und trinken es heiß. Danach sollten Sie noch etwas heißes Wasser, gegebenenfalls mit etwas Honig oder Zitrone, trinken, um den schlechten Geschmack zu vertreiben. Rizinusöl in heißer Milch mit etwas Ingwerpulver getrunken mildert die drastische Wirkung und ist auch für empfindliche Menschen gut verträglich.

Wenn Sie abends Rizinusöl einnehmen, dauert es meistens bis zum frühen Morgen, bis die Reaktion einsetzt. Oft ist der Stuhl

Nehmen Sie größere Mengen (3 und mehr EL) Rizinusöl nicht ohne therapeutische Anleitung ein.

einfach nur weicher oder breiiger, selten führt es zu größeren Durchfällen oder leichten Krämpfen. Natürlich ist die Wirkung von der Dosis abhängig. Empfindliche Menschen sollten mit 1 EL beginnen und können dann steigern, wenn die Reaktion gering ist. Robuste Kapha-Konstitutionen können gleich mit 2–3 EL anfangen. Eine Entschlackungskur mit Rizinusöl bietet sich besonders für Kapha-Konstitutionen im Frühjahr an; sie kann zusammen mit der auf Seite 288 beschriebenen Frühjahrskur gemacht werden. Vata-Konstitutionen sollten Rizinusöl nicht längerfristig und nicht in hohen Dosen nehmen. Bei Pitta-Konstitutionen sollte der Einsatz von Rizinusöl nur vom Therapeuten verordnet werden.

Äußerliche Anwendung

Rizinusöl kann zusammen mit erhitzenden Kräutern wie Kalmuswurzelpulver oder Senfkörnern als warme Auflage bei Schmerzzuständen und Koliken eingesetzt werden. Erhitzen Sie das Öl, geben Sie das Pulver hinzu und massieren Sie es an der betroffenen Stelle ein. Danach machen Sie eine Ölpackung, indem Sie ein Taschentuch damit tränken. Legen Sie das warme Öltuch auf die schmerzende Stelle, darüber eine Plastiklage und dann ein Handtuch. Darauf können Sie eine heiße Wärmflasche legen und 20–30 Minuten liegen lassen. Diese Ölpackung wirkt schmerzlindernd und löst Verspannungen.

Rizinusöl ist auch ein gutes Mittel bei stillenden Müttern, die unter Brustwarzenentzündungen leiden. Sie sollten jedoch vor dem Stillen das Öl wieder entfernen, damit das Baby keine Durchfälle bekommt. Man kann Rizinusöl auch bei schmerzhaften Hämorrhoiden lokal auftragen. Es vermindert die Schwellung und lindert die Schmerzen.

Aloe vera (Kumari):

Aloe vera darf – wegen der Gefahr einer Fehlgeburt – nicht von Schwangeren eingenommen werden.

Aloe vera gehört zu den immergrünen Liliengewächsen und wurde schon vor Jahrtausenden unter anderem von den Ägyptern und den Maya als große Heilpflanze verehrt, denn sie zeichnet sich durch ein breites Wirkspektrum bei guter Verträglichkeit aus. Sie wird innerlich als Saft oder konzentriertes Gel eingenommen oder äußerlich auf die Haut aufgetragen. Aloe vera ist ein mildes Abführmittel, kühlt, entgiftet Leber und Milz, öffnet die Körperkanäle und reinigt Blut und Körpersäfte. Sie hat eine starke Wirkung auf die weiblichen Unterleibsorgane, denn sie fördert die Menstruation, wirkt entzündungshemmend und beseitigt Ausfluss; von Schwangeren darf sie nicht eingenommen werden, da sie Fehlgeburten auslösen kann. Aloe vera hilft bei vielen Verdauungsstörungen und ist gegen Hämorrhoiden wirksam. Auch bei Hautunreinheiten ist sie ein sehr gutes Mittel.

Schmerzhafte Menstruation

Nach dem Eisprung bis zum Einsetzen der Blutungen dreimal täglich 30 ml Aloe vera mit 1 Messerspitze schwarzem Pfeffer einnehmen.

> Sie sollten bei Aloe vera unbedingt auf eine gute Qualität achten und sie im Bioladen oder Reformhaus kaufen.

Pickel, Furunkel, Akne

Zweimal täglich 50 ml Aloe vera mit 1 Messerspitze Kurkumapulver einnehmen.

Sonnenbrand, Verbrennungen

Frisches Aloegel auf die betroffenen Hautstellen auftragen.

Lippenherpes

Aloegel oder Aloesalbe auf die Bläschen auftragen.

Fasten und Ayurveda

Im Ayurveda gibt es zwei Wege des Fastens: das therapeutische und das allgemeine Fasten. Das therapeutische Fasten hat zum Ziel, den Körper leichter zu machen und zu reinigen. Es ist angezeigt bei folgenden Störungen und Erkrankungen:

- bei Ama-Zuständen, die mit Fieber einhergehen
- bei Verdauungsstörungen, die mit träger Verdauung und der Bildung von Ama einhergehen
- bei Übergewicht, chronischen Hautunreinheiten oder entzündlichen Hautkrankheiten, Milzkrankheiten und Verschleimungskrankheiten von Kopf und Hals

> Fasten ist nicht geeignet
> - für Schwangere
> - für sehr schlanke und schwache Personen
> - sehr alte und sehr junge Personen
> - bei Krankheiten mit Auszehrung und Mangelernährungserscheinungen.

Therapeutisches Fasten sollte, wie der Name schon sagt, nur unter Anleitung eines Therapeuten erfolgen.

Die Frühjahrsfastenkur

Das allgemeine Fasten kann von jedermann durchgeführt werden. Eine Kur sollte bei Kapha-Konstitutionen nicht länger als 7 Tage dauern, bei Pitta-Konstitutionen 3–6 Tage und bei Vata-Konstitutionen maximal 3–4 Tage. Grundsätzlich erhöht das Fasten Vata-Dosha. Es macht den Körper leicht, reinigt ihn von Ama und überschüssigem Kapha-Dosha und erhöht Agni (wenn man nicht länger als 7 Tage fastet).

Nur eine Methode des ayurvedischen Fastens kommt für alle Konstitutionen im Alltag in Frage. Sie wird mit Flüssigkeiten wie Frucht- oder Gemüsesäften, Kräutertees oder warmer Milch durchgeführt. Die beste Jahreszeit für das Fasten ist der frühe Frühling (Februar bis April).

Vortag:
- Beginnen Sie Ihre Fastenkur mit einem Vorbereitungstag. Reduzieren Sie Ihre Mahlzeiten deutlich und essen Sie am Abend nur noch eine heiße, dünne Gemüsebrühe.
- Trinken Sie 1 TL Triphalapulver auf 1 Glas kochendes Wasser langsam vor dem Schlafengehen. Dies sollten Sie jeden Abend bis zum Ende der Kur beibehalten.

Beginn der Fastenkur:
- Halten Sie während der Fastentage unbedingt einen gleichmäßigen Tages- und Nachtrhythmus ein. Beginnen Sie morgens mit Yoga und Atemübungen.[115]
- Trinken Sie morgens und abends ein Glas heißes Wasser, das vorher 20 Minuten lang gekocht hat.
- Tagesgetränk: Vata- und Pitta-Konstitutionen können öfter am Tag Getränke zu sich nehmen. Dabei sollten Vata-Konstitution unbedingt warme Getränke, eventuell mit etwas Milch, Pitta-Konstitutionen nur lauwarme Leber-Galle-Tees trinken. Kapha-Konstitutionen sollten nicht mehr als ½ l lauwarmes Honigwasser (siehe Seite 277) oder bittere Kräuter-

tees (beispielsweise Leber-Galle-Tees) über den Tag verteilt trinken.

- Vermeiden Sie körperliche und geistige Anstrengungen.
- Legen Sie tagsüber öfter Ruhepausen ein, ohne aber zu schlafen.
- Falls Sie eine innere Hitze verspüren, nehmen Sie ein kurzes, kühles Bad. Wenn Ihnen kalt sein sollte, baden Sie warm, aber nicht zu heiß und zu ausgiebig.
- Achten Sie darauf, sich nicht in schlechter Gesellschaft aufzuhalten, und setzen Sie sich nicht starken Gefühlsregungen aus.
- Bewahren Sie eine ruhige Geisteshaltung und konzentrieren Sie sich auf Ihr inneres Selbst.
- Achten Sie auf einen ruhigen Atem. Praktizieren Sie Atemübungen (Pranayama, siehe Seite 247 ff.).
- Meditieren Sie vor dem Einschlafen und reinigen Sie Ihren Geist von allen überflüssigen oder belastenden Inhalten.

Ende der Kur:
- Nach spätestens sieben Tagen sollten Sie das Fasten beenden.
- Beginnen Sie die ersten drei Tage nach der Kur, Ihren Körper wieder langsam mit einfachen Gemüsebrühen an feste Nahrung zu gewöhnen.
- Meiden Sie in dieser Zeit in jedem Fall Rohkost und schweres, üppiges Essen.

Die ayurvedische Herbstkur

Eine intensive ayurvedische Kur im Herbst wirkt auf jede Konstitution unterschiedlich und sollte nur unter Anleitung eines Therapeuten stattfinden. Die hier vorgeschlagene Herbstkur ist jedoch sehr mild und kann praktisch von allen gesunden Menschen durchgeführt werden. Sie wirkt reinigend und gleichzeitig aufbauend. Die beste Zeit für die Herbstkur ist Anfang Oktober bis Mitte November.

Die ersten drei Tage/Die innere Ölung:
Nehmen Sie während der ersten drei Tage jeden Morgen ½ Glas warmes Ghee zu sich. Vata-Konstitutionen sollten etwas Salz hinzufügen und Kapha-Konstitutionen etwas Trikatupulver. Ghee

Hinweise:
- Essen Sie während der gesamten Kur nur leichte Kost: Suppen mit Reis oder Nudeln, Toast- oder Knäckebrot.
- Trinken Sie jeden Abend nach dem Abkühlen langsam 1 TL Triphalapulver auf kochendes Wasser.

macht den Körper weich und und erleichtert die Ausscheidung von Giftstoffen.

Vierter bis achter Tag/Die äußere Ölung:

Beginnen Sie nach drei Tagen Ihren Körper einzuölen. Benutzen Sie dafür warmes Sesamöl (Vata-Konstitution), Kokosnussöl oder Olivenöl (Pitta-Konstitution) oder Sonnenblumenöl (Kapha-Konstitution). Lassen Sie sich dafür Zeit und nehmen Sie ein warmes Bad danach.

Sechster bis achter Tag/Die Einläufe:

Nun können Sie nach der Ölmassage und dem anschließenden Bad einen kleinen Einlauf durchführen. Dazu brauchen Sie eine heiße Wärmflasche, eine Plastikspritze (100 ml), gefüllt mit 30 ml Sesamöl, und einen Einmalkatheter. Der Einmalkatheter wird auf die Mündung der Spritze gesteckt. Wärmen Sie zunächst den Bauch mit der Wärmflasche mindestens 10 Minuten und führen Sie dann den Katheter langsam in den Anus ein. Lassen Sie dann das leicht erwärmte Sesamöl behutsam in den Enddarm laufen. Danach sollten Sie den Einlauf einige Minuten halten – je länger, umso besser. Wenn Sie starken Druck empfinden, gehen Sie auf die Toilette und versuchen nicht, den Stuhlgang mit aller Macht zu unterdrücken. Machen Sie sich keine Sorgen, wenn sich kein Stuhldrang einstellt. Das Sesamöl kann gerade bei Vata-Konstitutionen vollständig resorbiert werden und muss nicht ausgeschieden werden.

Ende der Kur:

Beginnen Sie langsam wieder feste Nahrung zu sich zu nehmen. Meiden Sie in den ersten drei Tagen schweres und üppiges Essen.

SCHLUSSWORT

Die letzten Seiten dieses Buches wurden beendet unter dem Eindruck der schrecklichen Terrorattentate in New York und Washington vom 11. September 2001.

Dieser Schock macht nachdenklich: Wie groß erscheinen uns die Probleme des Alltags – und wie unwichtig sind sie doch angesichts dieser Dimension von Leid und Trauer. Was für einen Sinn hat ein Ayurveda-Buch, was für einen Sinn hat das Leben überhaupt?

Nichts wird nach den unfassbaren Ereignissen so sein wie vorher. Und doch geht das Leben weiter. Wir können vielleicht uns und unseren Planeten zerstören, das Leben und die Schöpfung jedoch werden wir nicht besiegen können. Der Mensch und das Universum sind nicht voneinander zu trennen. Sie bestehen aus denselben Grundbausteinen und existieren unter den gleichen Bedingungen.

Zwei Drittel der Erde bestehen aus Wasser, genauso wie der Mensch. Wir atmen den Sauerstoff, den uns die Pflanzen zur Verfügung stellen. Wir essen die Gaben, die uns die Natur schenkt. Somit nehmen wir jeden Tag aufs Neue ein Stückchen unseres Planeten in uns auf und geben ihm im Austausch dafür einen Teil von uns zurück. Am Ende unseres Daseins kehren wir schließlich zurück in den Schoß unserer Mutter Erde und zerfallen wieder in ihre Bestandteile.

Die ayurvedische Medizin hat diese weisen Einsichten bereits vor langer Zeit offenbart; heute scheint es jedoch drängender denn je, dass wir diese Erkenntnisse wieder verstehen lernen und unsere Einstellung zur Welt mit all ihren Bewohnern überdenken. Wenn wir erkennen, dass Sie und ich ein Teil vom großen Ganzen sind, können wir gar nicht anders, als in Frieden miteinander zu leben. Jede Gewalt gegen andere ist letztlich nur Gewalt gegen uns selbst. Jeder Krieg wird nicht nur die Welt, sondern auch Sie und mich zerstören.

Martin Luther soll gesagt haben: »Wenn ich wüsste, dass morgen die Welt unterginge, würde ich heute ein Apfelbäumchen pflanzen.« Jeder Tag ist ein neuer Anfang im unendlichen Zyklus des Lebens. Arbeiten wir daran, ihn gut werden zu lassen!

Seien Sie gesegnet!

ANHANG

Die Nahrungsmitteltabelle

Hauptkriterium dafür, welchen Geschmack ein Lebensmittel hat, sind Ihre Geschmacksnerven. Es gibt Nahrungsmittel, die ihren Geschmack je nach Reifegrad ändern. So sind etwa die bei uns erhältlichen Bananen überwiegend sauer, da sie unreif gepflückt und gekühlt gelagert werden. Ihre nachträgliche Reifung belässt viele Fruchtsäuren in der Frucht. Frisch gepflückte Bananen jedoch sind überwiegend süß. Andere Nahrungsmittel wie Äpfel sind je nach Sorte süß oder sauer. Man kann sie jedoch leicht am Geschmack erkennen.

Es gibt auch einige Nahrungsmittel, die nicht eindeutig nur einem Geschmack zugeordnet werden können. Sie haben zwei oder mehr Hauptgeschmacksrichtungen, wie beispielsweise Pilze, die süß und zusammenziehend sind. Sie finden diese Nahrungsmittel daher auch in den beiden betreffenden Spalten wieder.

Alle Lebensmittel sind nach ihrer Aktivität (Virya) in kühlend oder erhitzend unterteilt. Erhitzende Speisen sollten von Pitta-Konstitutionen nicht im Übermaß gegessen werden, zu viel kühlende Nahrung ist für Kapha- und Vata-Konstitutionen nicht zu empfehlen. Sie können durch diese Unterteilung besser unterscheiden, welche Lebensmittel für Ihre Konstitution geeignet sind und welche nicht.

Geschmack und seine Wirkung auf die Tri-Doshas	Kühlend (beruhigt Pitta-Dosha)	Erhitzend (erhöht Pitta-Dosha)
Süß (Madhura) Kapha-Dosha + Pitta-Dosha – Vata-Dosha –	Butter, Frischkäse, Ghee, Milch, Quark Äpfel (süß), Aprikosen (süß), Birnen*, Blaubeeren*, Datteln, Feigen, Granatäpfel*, Kokosnüsse, Mangos*, Melonen, Weintrauben (rot) Avocados, Bohnen*, Erbsen*, Fenchel*, Gurken, Karotten*, Kartoffeln, Kichererbsen, Kürbis*, Mais, Oliven (schwarz), Pilze*, Sojabohnen*, Spargel, Spinat*, Süßkartoffeln, Zucchini Jaggery, Gerste*, Hafer, Kichererbsen*, Linsen*, Reis, Rohrzucker, Weizen (Nudeln) Eier, Hirsch, Lamm, Truthahn, Ziege Fisch aus kleinen Seen und Teichen Erdnüsse, Sonnenblumenkerne Eibisch, Fenchelsamen*, Pfeffer (lang)*, Süßholzwurzel	Cashews*, Leinsamen*, Mandeln, Pinienkerne*, Sesamsamen* Anis, Lorbeerblatt*, Zimt*, Zwiebeln* (gekocht) Flussfisch, Meeresfisch, Meeresfrüchte Ente, Hammel, Rebhuhn, Rind, Schaf, Schwein Auberginen*, Oliven (grün)*
Ausnahmen	Honig, Gerste, Gurken, Kichererbsen, Linsen und Mais senken Kapha-Dosha. Blähungstreibende Nahrung wie Bohnen, Linsen und Erbsen verstärken Vata-Dosha	
Sauer (Amla) Kapha-Dosha + Pitta-Dosha + Vata-Dosha –	Zitronen	Buttermilch*, Joghurt, Sauermilch, Kefir Äpfel (sauer), Ananas, Aprikosen (sauer), Bananen, Erdbeeren, Grapefruits, Guaven*, Hagebutten, Himbeeren, Johannisbeeren, Kirschen, Kiwis, Orangen, Pfirsiche, Pflaumen, Stachelbeeren, Tamarinden, Tomaten, Weintrauben (grün) Gurken (sauer)* Walnüsse*
Salzig (Lavana) Kapha-Dosha + Pitta-Dosha + Vata-Dosha –		Algen, Meersalz, Sojasauce, Steinsalz
Scharf[1] (Katu) Vata-Dosha + Pitta-Dosha + Kapha-Dosha –	Koriander, Fenchelsamen*, Gewürznelken*, Kreuzkümmel, Melisse, Pfeffer (lang)*, Tausendgüldenkraut Spinat*, Yamswurzel	Alter Käse Die meisten Gewürze wie Asafoetida, Basilikum, Bockshornklee, Bohnenkraut, Brunnenkresse, Eukalyptus*, Dill, Galgant, Ingwer, Kalmus, Kampfer*, Kardamom, Knoblauch, Kümmel, Lavendel*, Majoran, Mate, Muskatnuss, Peperoni, Petersilie, Pfeffer (schwarz), Pfefferminze, Rettich, Safran*, Schwarzkümmel, Senf, Thymian, Zwiebeln* (roh), Zimt* Auberginen*, Lauch, Oliven (grün)*, Paprika Papayas* Kaffee*, schwarzer Tee
Ausnahmen	Die meisten Gewürze senken Vata-Dosha wegen der erhitzenden Eigenschaften. Dies gilt besonders für: Asa Foetida, Ingwer, Knoblauch, Kreuzkümmel, langer und schwarzer Pfeffer	

Geschmack und seine Wirkung auf die Tri-Doshas	Kühlend (beruhigt Pitta-Dosha)	Erhitzend (erhöht Pitta-Dosha)
Bitter (Thiktha) Vata-Dosha + Pitta-Dosha – Kapha-Dosha –	Artischocken, Fenchel*, Karotten*, Kürbis*, Rhabarber, Sellerie, Sojabohnen* Viele Heilpflanzen wie Aloe vera, grüner Tee, Hopfen, Gewürznelken*, Kamille, Löwenzahn, Neemblätter, Schafgarbe Salate und hier besonders Chicorée, Endivien, Rucola, Radicchio	Auberginen* Leinsamen*, Pinienkerne*, Pistazien Berberitze (Wurzel), Enzian, Eukalyptus*, Gelbwurz, Kampfer*, Lavendel*, Lindenblüten, Lorbeerblatt*, Safran*, Ysop, Zimt* Papayas* Kaffee*, Kakao
Ausnahmen	Enzian, Eukalyptus Gelbwurz, Kampfer*, Lavendel*, Leinsamen, Lindenblüten, Lorbeerblatt*, Pinienkerne, Pistazien, Safran*, Ysop, Zimt, Papaya senken Vata-Dosha.	
Zusammen-ziehend (Kashaaya) Vata-Dosha + Pitta-Dosha – Kapha-Dosha –	Birnen*, Blaubeeren*, Brombeeren, Granat-äpfel*, Mangos*, Quitten, Schlehen Dinkel, Gerste*, Hirse, Kichererbsen*, Roggen Alle Kohlsorten wie Blumen-, Rosen-, Chinakohl, Brokkoli Bohnen* Erbsen*, Mais, Mangold, Pilze*, Topinambur Kaninchen Bärentraubenblätter, Brennnessel, Wacholder	Buttermilch* Guaven* Cashews*, Sesamsamen*, Walnüsse* Hühnchen
Ausnahmen	Buttermilch, Birnen, Granatapfel, Guave, Cashews, Mango, Sesamsamen, Walnuss, Hühnchen senken Vata-Dosha.	

* Die mit einem Sternchen gekennzeichneten Nahrungsmittel haben mehr als eine Geschmacksrichtung und finden sich somit in mehreren Spalten wieder.

Glossar

Agni   1. Das Verdauungsfeuer, das alle biologischen Umwandlungsprozesse im Körper reguliert. 2. Das Element Feuer.

Abhyanga   Die ayurvedische Ölmassage.

Ahamkara   Die Ich-Werdung (Ego).

Akasha   Das Element Raum.

Alochaka   Eine der fünf Untergruppen von Pitta-Dosha. Sitzt in den Augen und reguliert das Sehen.

Ama   Giftstoff, der sich durch unvollständige Verdauung im Körper bildet, ansammelt und Ursache vieler Erkrankungen ist.

Apana   Eine der fünf Untergruppen von Vata-Dosha. Sitzt im Enddarm und steuert alle Ausscheidungsvorgänge.

Asana   Körperübung im Yoga.

Asthi-Dhatu   Knochengewebe.

Atman   Synonym für das wahre Selbst oder die unvergängliche göttliche Seele.

Avalambaka   Eine der fünf Untergruppen von Kapha-Dosha. Ölt und schützt die Lungen, das Herz und den Darm vor Verschleiß.

Basthi   Medizinischer Einlauf.

Bhrajaka   Eine der fünf Untergruppen von Pitta-Dosha. Sitzt in der Haut und reguliert die Hauttemperatur sowie die Pigmentierung.

Bodhaka   Eine der fünf Untergruppen von Kapha-Dosha. Schützt den Mund vor zu aggressiver Nahrung.

Buddhi   Die göttliche Intelligenz im Körper, die dafür sorgt, dass alle Körpervorgänge nach der natürlichen Ordnung ablaufen.

Dhatu-Agnis   Die sieben Verdauungsfeuer der Körpergewebe (Dhatus).

Dhatus	Die sieben Körpergewebe.
Doshas	Die drei körperlichen Kräfte oder Bioenergien.
Dravya	Synonym für Substanz.
Dravyaguna	Ayurvedische Pharmakologie, nach der alle Substanzen in ihre Eigenschaften und Wirkungen eingeteilt werden.
Ghee	Bereinigter Butterschmalz, der sehr verdauungsfördernde und kräftigende Wirkung hat.
Gunas	Eigenschaften, die allen Substanzen innewohnen.
Jala	Das Element Wasser.
Kapha	Eine der drei grundlegenden Körperenergien. Für Kraft und Aufbau im Körper zuständig.
Karma	1. Wirkung, die sich aus den Gunas (Eigenschaften) aller Substanzen ergibt. 2. Wirkung aus den Vorleben, die sich auf das derzeitige Leben auswirkt.
Kledaka	Eine der fünf Untergruppen von Kapha-Dosha. Schützt den Magen-Darm-Trakt vor den aggressiven Verdauungssäften von Pitta-Dosha.
Mahat	Die göttliche Intelligenz, die alle Vorgänge im Universum nach der kosmischen Ordnung ablaufen lässt.
Majja-Dhatu	Das Knochenmark und Nervengewebe.
Malas	Die Ausscheidungsprodukte: Stuhl, Urin und Schweiß.
Mamsa-Dhatu	Das Muskelgewebe.
Mantra	Die Bezeichnung heiliger, kraftvoller Wörter und Formeln, die in allen Religionen seit jeher benutzt wurden, um Körper und Geist zu reinigen und in eine höhere Schwingung zu versetzen. Mantras sollen die kosmische Energie weiterleiten.

Marmas	Energiepunkte an der Körperoberfläche, über die Körperorgane und Körperfunktionen therapeutisch beeinflusst werden können.
Meda-Dhatu	Das Fettgewebe.
Nasya	Die ayurvedische Nasenbehandlung.
Ojas	Feinstoffliche Energie, die aus dem Shukra-Dhatu gebildet wird. Regeneriert den gesamten Organismus und ist für die mentale Stabilität und das Immunsystem verantwortlich.
Pachaka	Eine der fünf Untergruppen von Pitta-Dosha. Reguliert die Verdauung im Magen-Darm-Trakt.
Panchakarma	Die fünf großen Ausleitungsverfahren: Erbrechen, Abführen, Einlauf, Nasenbehandlung und Aderlass.
Panchamahabhutas	Die fünf Elemente: Erde, Wasser, Feuer, Luft und Raum.
Pitta	Eine der drei grundlegenden Körperenergien. Reguliert Verdauung und Wärmehaushalt des Körpers.
Prakriti	1. Synonym für die aktive, weibliche Urnatur der Schöpfung. 2. Synonym für die Konstitution (Urnatur eines Lebewesens).
Prana	Eine der Untergruppen von Vata-Dosha. Synonym für die Lebenskraft, die über den Atem aufgenommen wird. Reguliert alle Sinnesorgane und ist an vielen mentalen Prozessen beteiligt.
Prithvi	Das Element Erde.
Purusha	Synonym für den unmanifestierten Urgeist aller Schöpfung; das reine, objektive Wissen.
Rajas	Eines der drei mentalen Gunas (Eigenschaften). Rajas steht für Aktivität, Unruhe und Entwicklung.
Rakta-Dhatu	Der rote Anteil des Blutgewebes.

Ranjaka	Eine der fünf Untergruppen von Pitta-Dosha. Reguliert die Umwandlung der Nahrung in der Leber und die Blutbildung.
Rasas	Die sechs Geschmacksrichtungen.
Rasa-Dhatu	Das Grundplasma und erste Gewebe, das nach der Verdauung entsteht.
Rasayana	Die Verjüngungstherapie oder ein verjüngendes Medikament.
Sadhaka	Eine der fünf Untergruppen von Pitta-Dosha. Reguliert die geistige Verarbeitung von Informationen.
Samana	Eine der fünf Untergruppen von Vata-Dosha. Reguliert die Nervenkraft der Verdauung.
Sattva	Eines der drei mentalen Gunas (Eigenschaften). Sattva bedeutet Makellosigkeit und ist der einzige reine Geisteszustand.
Shirodhara	Der ayurvedische Stirnölguss.
Shrotas	Die grobstofflichen und feinstofflichen Körperkanäle.
Shukra-Dhatu	Das weibliche und männliche Fortpflanzungsgewebe inklusive dem Sperma.
Sleshaka	Eine der fünf Untergruppen von Kapha-Dosha. Für die Gelenkschmiere zuständig.
Tamas	Eines der drei mentalen Gunas (Eigenschaften). Steht für Trägheit, Dunkelheit und Widerstand.
Tarpaka	Eine der fünf Untergruppen von Kapha-Dosha. Für Ernährung und Schutz von Gehirn und Wirbelsäule zuständig.
Tejas	Das Verdauungsfeuer der sieben Dhatu-Agnis.
Tri-Dhatus	Der Zustand von Vata, Pitta und Kapha als stabiles Körpergewebe.
Tri-Doshas	Der Zustand von Vata, Pitta und Kapha als instabile Körperenergie.

Tri-Malas	Der Zustand von Vata, Pitta und Kapha als Abfallprodukt.
Udana	Eine der fünf Untergruppen von Vata-Dosha. Für die Sprache und Willenskraft zuständig.
Vata	Eine der drei grundlegenden Körperenergien. Reguliert alle Bewegungen und Aktivitäten im Körper.
Vayu	Das Element Luft.
Vikriti	Der (krankhafte) Zustand außerhalb der Konstitution, der durch ein Ungleichgewicht der Tri-Doshas verursacht wird.
Vipaka	Der Effekt einer Geschmacksrichtung nach der Verdauung.
Virya	Die Aktivität (Potenz) einer Substanz vor der Verdauung.
Vyana	Eine der fünf Untergruppen von Vata-Dosha. Für die Verteilung der Nährstoffe vom Herzen in die Peripherie zuständig.
Yoga	Die Verwirklichung des wahren Selbst durch gesunde Lebensführung sowie geistige und körperliche Praktiken.

Literatur

Der Großteil meines Wissens über Ayurveda stammt aus meinen Seminaren und Studien bei Dr. Vilas M. Nanal und der Nanal Foundation, Pune (Indien). Sie bilden zugleich die Grundlage für dieses Buch.

Ayurvedische Ausbildung in Indien

Vaidya M. P. Nanal Ayurvedic Foundation
c/o Vaidya Vilas M. Nanal,
606, Sadashiv Peth, Kunte Chowk, Laxmi Road,
Vaidya Nanal Niwas, Pune – 411030, MS (India)
www.nanalfoundation.org

Ayurveda-Literatur

Frawley, David: *Das große Ayurveda-Heilungsbuch. Prinzipien und Praxis*, München: Droemer Knaur 2001

Lad, Vasant und David Frawley: *Die Ayurweda Pflanzen-Heilkunde. Das Yoga der Kräuter. Anwendung und Rezepte ayurwedischer Pflanzenheilmittel*, Aitrang: Windpferd ⁵2000

Lad, Vasant: *Selbstheilung mit Ayurveda. Das Standardbuch der ayurvedischen Heilkunde*, Bern/München/Wien: Barth 1999

Ranade, Subhash: *Ayurveda, Wesen und Methodik*, Heidelberg: Haug 1994

Rhyner, Hans-Heinrich: *Das Praxis Handbuch Ayurveda. Gesund leben, sanft heilen*, Neuhausen: Urania ³2000

Zoller, Andrea und Hellmuth Nordwig: *Heilpflanzen der Ayurvedischen Medizin. Ein praktisches Handbuch*, Heidelberg: Haug 1997

Englischsprachige Fachliteratur

Sharma, R. K. und B. Dash: *Caraka Samhita*, Bd. 1–4, Varanasi: Chowkambha Sanskrit Series Office 1995

Dash, Bhagwan und Lalitesh Kashyap: *Materia Medica of Ayurveda*, New Delhi: Concept Publishing Company 1980

Bishagratna, K. L.: *Sushruta Samhita*, Bd. 1–3, Varanasi: Chowkambha Sanskrit Series Office 1996

Devaraj, T. L.: *Ayurveda. The Complete Handbook*, New Delhi: UBS Publishers Distributors 2001

Krishnamurthy, K. H.: *Wealth of Sushruta*, Coimbatore: International Institute of Ayurveda 1991

Weiterführende Literatur

Benner, Joseph S.: *Das unpersönliche Leben*, Bietigheim: Dem Wahren-Schönen-Guten [11]1999

Cerminara, Gina: *Karma und Wiedergeburt*, München: Knaur 1963

Coelho, Paulo: *Der Alchimist*, Zürich: Diogenes 1996

Crow, David: *Auf der Suche nach dem Medizin-Buddha*, München: Goldmann 2001

Fisher, Mark: *Der alte Mann und das Geheimnis der Rose. Wege zu Weisheit und Wohlstand*, Darmstadt: Schirner 1997

Iyengar, B. K. S.: *Licht auf Yoga. Yoga Dipika. Das grundlegende Lehrbuch für Hatha-Yoga*, Bern, München: O. W. Barth [4]1999

Johari, Haris: *Das Ayurveda Kochbuch. Köstliche vegetarische Rezepte für Körper, Seele und Geist*, Aitrang: Windpferd [6]2000

Krishnamurti, Jiddu: *Einbruch in die Freiheit*, Grafing: Aquamarin 2000

McTaggart, Lynne: *Was Ärzte Ihnen nicht erzählen*, Kernen: Sensei 2000

Mehta, Silva, Myra und Shyam: *Yogagymnastik für Entspannung, Energie und Wohlbefinden*, München: Christian [7]2001

Petersen, Erling: *Yoga. Das große Übungsbuch für Anfänger und Fortgeschrittene*, München: Heyne 2001

Redfield, James: *Die Prophezeiungen von Celestine*, München: Heyne [27]2001

Schäfer, Thomas: *Was die Seele krank macht und was sie heilt. Die psychotherapeutische Arbeit Bert Hellingers*, München: Droemer Knaur 2000

Spalding, Baird: *Leben und Lehren der Meister im Fernen Osten*, Bd. 1–5, Ergolding: Drei Eichen 1997–2000

Strunz, Ulrich: *Forever young*, München: Gräfe und Unzer 2000–2001

VanPraagh, James: *Und der Himmel tat sich auf. Jenseitsbotschaften. Die geistige Welt und das Leben nach dem Tode*, München: Goldmann 2000

Walsch, Neale D.: *Gespräche mit Gott*, Bd. 1–3, München: Goldmann 1998–2000

Besondere Empfehlung:

Ayurveda – Art of Being, Kinofilm von Pan Nalin (Videokassette zu beziehen bei: Pegasos Filmverleih, Egenolffstraße 13, 60316 Frankfurt)

Bezugsadressen für ayurvedische Gewürze und Heilpflanzen

Bastei Apotheke
Karl-Theodor-Str. 38
D-80803 München
Tel. 0 89/39 48 80
Fax 0 89/34 59 61

Alte Apotheke
Marienplatz 10
D-82467 Garmisch-Partenkirchen
Tel. 0 88 21/20 50
Fax 0 88 21/7 37 00

Frischini
Olympiastr. 3
D-82467 Garmisch-Partenkirchen
Tel./Fax 0 88 21/75 23 10

Induversand
Turmstr. 7
D-35085 Ebsdorfergrund
Tel. 0 64 24/39 88
Fax 0 64 24/49 40

Sat Nam Versand
Rhönstr. 117–119
D-60385 Frankfurt
Tel. 0 69/43 44 19
Fax 0 69/43 85 71

Sathi-Versand
Postfach 1124
D-85609 Aschheim
Tel./Fax 0 89/9 03 04 55

Anmerkungen

1   Herbert Fritsche: Deutscher Homöopath und Mystiker (1900–1959). Er
    setzte sich zeitlebens mit den geistigen Prinzipien von Gesundheit und
    Krankheit auseinander. Seine wohl bekanntesten Bücher sind *Der gro-
    ße Holunderbaum* und *Die Erhöhung der Schlange*.

2   Humoralpathologie: Das alte griechische Medizinsystem nach Hippo-
    krates.

3   Die Quantentheorie: Eine der wichtigsten Theorien der Physik, die vie-
    le Gesetze der klassischen Physik nach Newton widerlegt. Sie besagt,
    dass alle Vorgänge in der Natur im atomaren Bereich nicht kontinuier-
    lich, sondern sprunghaft erfolgen, und beschäftigt sich mit Phänome-
    nen, die mit unserem logischen Verstand kaum zu begreifen sind. Viele
    wichtige Erfindungen des 20. Jahrhunderts (darunter die Kernenergie,
    die Laser- und die Halbleitertechnologie) wurden durch die Entdeckung
    der Quantentheorie erst möglich. Max Planck, Albert Einstein, Niels
    Bohr, Werner Heisenberg, Max Born und andere herausragende Physi-
    ker begründeten die Quantentheorie zu Beginn des 20. Jahrhunderts.

4   Es ist belegt, dass Hippokrates Jahre seiner Ausbildung in Ägypten ver-
    brachte und dort ebenfalls mit buddhistischen Gelehrten und Ärzten in
    Kontakt kam. Erst nach diesem längeren Aufenthalt entstanden die
    Grundlagen für sein medizinisches Werk. Möglicherweise kam er auch
    hier mit ayurvedischem Wissen in Berührung.

5   Die vier Körpersäfte des Hippokrates: *Sanguis* (Blut), *Cholis* (Gelb-
    Galle), *Phlegma* (Schleim), *Melancholis* (Schwarz-Galle). Den vier Säf-
    ten werden ähnliche Prinzipien zugeordnet wie im Ayurveda. Der San-
    guiniker ist warm und feucht und prägt die Kindheit des Menschen; der
    Choleriker ist warm und trocken und steuert das Erwachsenenleben. Im
    höheren Alter gerät der Mensch mehr und mehr unter den Einfluss kal-
    ter Eigenschaften, das heißt, die Stoffwechsel- und Regenerierungsvor-
    gänge verlangsamen sich. Man entwickelt sich dann entweder zum Me-
    lancholiker, der kalt und trocken ist, oder zum Phlegmatiker, der kalt
    und feucht ist. Grundsätzlich besteht jeder Mensch aus allen vier Säften,
    die je nach Konstitution, Alter, Ernährung und Jahreszeiten individuell
    gemischt sind. Ein Überschuss eines Saftes oder die unnatürliche Mi-
    schung der Säfte (Dyskrasie) führen zu Krankheiten und müssen mit Me-
    dikamenten und einer veränderten Ernährung behandelt werden.

6   Phytotherapie: Die Heilpflanzenheilkunde, die sich mit den therapeu-
    tischen Wirkungen unserer heimischen Kräuter beschäftigt.

7   Max von Pettenkofer (1818–1901): Der Begründer der wissenschaft-
    lichen Hygienemedizin. Pettenkofer vertrat im Gegensatz zu vielen sei-

ner medizinischen Kollegen die Ansicht, dass nicht allein Bakterien die Ursache für Infektionskrankheiten sind, sondern auch die Umgebung (das Milieu), in der sich der Erreger ausbreitet. Seinem Einsatz ist es zu verdanken, dass in vielen deutschen Städten Ende des 19. Jahrhunderts allein durch Kanalisation des Trinkwassers und durch Hygienemaßnahmen Seuchenkrankheiten deutlich zurückgingen.

8 Gesundheit im ayurvedischen Sinne ist nicht gleichbedeutend mit der Abwesenheit von Beschwerden oder Symptomen. Gesundheit ist die vollständige Wiederherstellung des körperlichen und geistigen Gleichgewichtes. Nur dadurch kann eine bestmögliche Immunität vor weiteren Krankheiten gewährleistet werden. Diese Definition von Gesundheit fordert vom behandelnden Therapeuten daher eine große Sorgfalt für den Patienten. Ein gesunder Mensch sollte in der Regel gestärkt und gereinigt aus einer Krankheit hervorgehen. Krank-Sein erfüllt somit einen wichtigen Dienst für das Gesund-Sein. Die Krankheit muss jedoch richtig – sprich nach den natürlichen Gesetzmäßigkeiten – behandelt und auskuriert werden.

9 Darunter fallen alle Beschwerdebilder, bei denen man keinen Laborbefund oder klinischen Nachweis finden kann. Die Mediziner entlassen die Patienten oft mit dem Hinweis, dass die Ursache ihrer Beschwerden psychischer Natur seien, und überweisen sie an Psychologen.

10 Leider sind ayurvedische Präparate bei uns noch immer rar und teuer. Das liegt an den strengen Zulassungsbestimmungen der Europäischen Union für Medikamente. Viele ayurvedische Heilpflanzen sind hierzulande noch gänzlich unbekannt; ihre Zulassung für den europäischen Markt erfordert aufwändige und teure wissenschaftliche Studien, die für die meisten indischen Firmen nicht zu bezahlen sind.

11 Alchimie: Mystische Form der Chemie, die bei uns im Mittelalter weit verbreitet war. Ziel der Alchimie war es, hinter den stofflich-materiellen Gesetzmäßigkeiten die geistigen Prinzipien der Weltenseele zu erkennen. Lebensziel der Alchimisten war das Finden des unsterblich machenden Lebenselexiers (Ambrosia oder Soma) und des Steins der Weisen, mit dessen Hilfe sie glaubten, Blei in Gold verwandeln zu können. Im Ayurveda wurde die Alchimie spätestens seit dem 3. Jhdt. v. Chr. dank der Standardwerke des ayurvedischen Arztes Nagarjuna praktiziert. Hierbei spielt besonders das Quecksilber eine entscheidende Rolle. Ayurvedischen Ärzten ist es schon vor 2000 Jahren gelungen, die giftigen Eigenschaften des Quecksilbers mit aufwendigen Reinigungsmethoden zu entfernen, um damit hoch wirksame Medikamente herzustellen. Das mystische Wissen der ayurvedischen Alchimie wird zwar heute noch bei vielen Vaidyas angewandt, wird aber meist nur im kleinen Kreis an auserwählte Schüler weitergegeben.

12 Siehe dazu auch Seite 197 ff. und 246 ff.

13 Vgl. Andrea Zoeller und Hellmuth Nordwig: *Heilpflanzen der Ayurvedischen Medizin*, Heidelberg: Haug 1997.

14 Paracelsus, mit richtigem Namen Theophrastus Bombastus von Hohenheim, lebte von 1493 bis 1541. Er war ein äußerst streitbarer Arzt und Alchimist und lehnte sich gegen die althergebrachten Glaubenssätze der zeitgenössischen Medizin auf, die praktisch alle Krankheiten mit wiederholten Aderlässen behandelte. Paracelsus dagegen versuchte, mit neuartigen Präparaten und Denkansätzen umfassendere Heilmethoden zu finden. Er benutzte hochgiftige Schwermetalle wie Quecksilber, Arsen und Blei und verarbeitete sie auf alchimistische Art und Weise zusammen mit Heilpflanzen zu hochwirksamen Medikamenten. Selbst der homöopathische Grundgedanke, »Ähnliches mit Ähnlichem« zu heilen, wurde bereits von ihm als eine mögliche Heilmethode angewandt.

15 Die alchimistische Zubereitung vieler ayurvedischer Medikamente ist ein weiteres großes Problem für die Zulassung auf dem europäischen Markt. In der westlichen Pharmakologie untersucht man in erster Linie die Inhaltsstoffe einer Heilpflanze, um ihre Wirkungen herauszufinden. In der Alchimie dagegen spielen weitere Faktoren wie die energetische Potenz von Substanzen und das synergetische Zusammenspiel aller Inhaltsstoffe eine mindestens ebenso wichtige Rolle. Spezielle Zubereitungen wie aufwändige Verreibungen, Verkochungen, Verschmelzungen, Destillationen usw., bei denen oft Schwermetalle mit verarbeitet werden, erhöhen die Potenz eines Medikaments und verstärken so seine Wirkung. In vielen ayurvedischen (wie auch homöopathischen!) Medikamenten finden sich daher Spuren von an sich giftigen Schwermetallen, die jedoch durch ihre besondere Zubereitung dem Körper nicht schaden. Durch diese »Verunreinigung mit Schwermetallen« haben viele ayurvedische Medikamente keine Chance, jemals zugelassen zu werden. Dagegen scheint die westliche Pharmakologie wenig Probleme damit zu haben, hochgiftiges Amalgam-Quecksilber als Zahnfüllungen zu akzeptieren, obwohl man seit Jahren weiß, dass sich dieses Schwermetall im Körper anreichert und zu gefährlichen Vergiftungserscheinungen führen kann.

16 Vgl. David Frawley: *God, Sages and Kings*, Delhi: Motilal Banarsidass 1994.

17 Die *Upanishaden* sind die mystischen Schriften des vedischen Hinduismus. Sie beschäftigen sich in erster Linie damit, wie der Mensch durch Meditation, Erkenntnis und spirituelle Praxis die Erlösung seiner Seele erlangen kann.

18 Vgl. David Frawley: *Das große Ayurveda-Heilungsbuch*, München: Droemer 1999.

19   Vgl. Holger Kersten: *Jesus lebte in Indien*, Berlin: Ullstein 1999.

20   Aus Vasant Lad: *Selbstheilung mit Ayurveda*, Bern/München/Wien: Barth 1999.

21   Auch die Standardwerke des Ayurveda, die Charaka und Sushruta wurden bereits im 7. Jahrhundert von Kaliph Ahmansur ins Arabische übersetzt.

22   Über die Entstehungszeit der *Caraka-Samhita* gehen die Meinungen auseinander. Einige Gelehrte datieren sie auf 2500 v. Chr., andere erst auf 1000 v. Chr. Am wahrscheinlichsten erscheint jedoch ihre erstmalige schriftliche Fixierung um 1500 v. Chr. In jedem Fall ist die *Caraka-Samhita* das älteste erhaltene Werk der Medizingeschichte.

23   Siehe auch Seite 159 ff.

24   Die Lebensdaten von Sushruta sind historisch nicht verbürgt und schwanken demnach zwischen 1000 v. Chr. und dem 1. Jahrhundert n. Chr.

25   Auch hier widersprechen sich die Quellenangaben. Manche Autoren datieren Vagbhata bereits in die Zeit des Kaisers Ashoka (um 273–232 v. Chr.).

26   Siehe auch Seite 261 ff.

27   Mantra: Die Bezeichnung heiliger, kraftvoller Wörter oder Formeln, die in allen Religionen seit alters her benutzt wurden, um Körper und Geist zu reinigen und in eine höhere Schwingung zu versetzen. Christliche Mantra-Beispiele sind »Halleluja« oder »Amen«, das von dem bekannten Sanskritwort »Aum« (»Om«) abgeleitet wurde. Bemerkenswerterweise blieben diese Mantras in allen Bibelübersetzungen unverändert, als wären sich die Übersetzer der Kraft dieser Worte schon damals bewusst gewesen.
Wer sich für die Kraft und Wirkweise von Mantras interessiert, dem seien die beiden CD-Reihen von Joachim Ernst Behrendt – *Die Welt ist Klang* und *Das Ohr ist der Weg*, erschienen im Zweitausendeins Verlag, München – empfohlen.

28   Chyawanprash: Eine der wirkmächtigsten Kräuterzubereitungen des Ayurveda (siehe auch Seite 263 ff.).

29   Charles Robert Darwin (1809–1882): Britischer Naturforscher und Begründer der Evolutionstheorie.

30   Im Mittelalter war der Aberglaube weit verbreitet, dass Ratten und Mäuse aus Mist und Abfall entstehen. Erst durch das Aufkommen der Wissenschaften wurde klar, dass sich aus toter Materie niemals ein Lebewesen entwickeln kann.

31   Einer meiner Lehrer hinterfragte die Wahrscheinlichkeit der Theorie von der Ursuppe als Beginn des Lebens mit folgendem Vergleich: Wenn

man alle Teile, die man zum Bauen eines Hauses benötigt, in eine große Mischtrommel steckte und sie Millionen von Jahren umrührte, würde dann irgendwann einmal – aus reinem Zufall – ein fertiges Haus daraus entstehen?

32 Der Einwand, dass Luft kalt und warm oder feucht und trocken sein kann, ist bei näherer Betrachtung falsch. Luft hat von ihrer Natur her immer eine trocknende und kühlende Wirkung. Feuchte Luft ist nichts anderes als Luft, die mit dem Element Wasser gesättigt ist; warme Luft hat die wärmende Energie von Hitze oder Sonne gespeichert. Genauso kann Wasser durch Hitze erwärmt werden. Wasser ist aber von seiner Urnatur her immer kühl. Sie stellen eine Kombination zweier Elemente dar und entsprechen daher nicht mehr den ursprünglichen Eigenschaften des Elements.

33 Siehe auch Seite 143 ff.

34 Siehe auch Seite 210 ff.

35 Siehe auch Seite 223 ff.

36 Siehe auch Seite 175 ff.

37 Siehe auch Seite 210 ff.

38 Siehe auch Seite 187 ff.

39 Vgl. Konrad und Steffen Kunsch: *Der Mensch in Zahlen*, Heidelberg/Berlin: Spektrum Akademischer Verlag 2000.

40 Unter Autoimmunerkrankungen versteht man Krankheitsbilder, bei denen körpereigene Zellen vom Immunsystem angegriffen werden. Darunter fallen Krankheiten wie beispielsweise Sklerodermie, der jugendliche Diabetes, Lupus erythematodes und wahrscheinlich auch multiple Sklerose.

41 Paracelsus unterschied ebenfalls drei große so genannte Elementarfunktionen, die in der Natur wie im Menschen tätig sind. Er ordnete sie den Prinzipien von Mercur (entspricht Vata), Sulfur (Pitta) und Sal (Kapha) zu.

42 Die Tri-Doshas unterliegen einem eigenen täglichen Rhythmus von hoher und niedriger Aktivität. Um gesund zu bleiben, ist es notwendig, nach diesem Rhythmus zu leben, damit die Tri-Doshas im Gleichgewicht bleiben.

43 An dieser Stelle sei die enorme Bedeutung von Atemübungen im Yoga erwähnt, die einen direkten Einfluss auf Prana haben. Siehe auch Seite 199.

44 Siehe auch Seite 139 ff.

45 Siehe auch Seite 278 ff.

46   Aus Vaidyaratnam P. S. Varier: *Principles of Ayurveda*, Kottakal: 1902, S. 10f.

47   Diese Tatsache entbindet uns jedoch nicht von der Notwendigkeit, durch sinnvolle Ernährung auf unser Körpergewicht zu achten.

48   Für die Freunde der Astrologie sei gesagt, dass natürlich auch die Sternenkonstellation in die Konstitution des neuen Lebewesens mit einfließt. Die vedische Astrologie gilt als die umfassendste und älteste Sterndeutungskunde der Menschheit. Einige ayurvedische Ärzte setzen die vedische Astrologie unterstützend bei der Behandlung von Patienten ein. So kann die vedische Astrologie als Zusatzfach im Ayurvedastudium belegt werden.

49   Jeder Mensch ist ein einzigartiges Individuum, da die Mischung von Vata, Pitta und Kapha unendlich viele Kombinationen ermöglicht. So könnte eine Vata-Konstitution theoretisch 90 Prozent Vata und je 5 Prozent Pitta und Kapha haben, aber auch die Kombination 40 Prozent Vata, 30 Prozent Pitta und 30 Prozent Kapha ist eine Vata-Konstitution. Die Einteilung in die sieben großen Konstitutionen ist eine Annäherung an die individuelle Persönlichkeit und zeigt die grobe Richtung an, welcher der jeweilige Mensch angehört. Eine exakte Bestimmung Ihrer Konstitution kann jedoch nur von einem erfahrenen Ayurveda-Therapeuten ermittelt werden.

50   Siehe auch Seite 270.

51   Siehe auch Seite 243 ff.

52   *Pschyrembel. Klinisches Wörterbuch*, Berlin/New York: de Gruyter [256]1990, S. 589.

53   Siehe auch Seite 159.

54   Eine Ausnahme bilden die so genannten Stammzellen, die besonders im Immunsystem und im Blut gebraucht werden. Hier gibt es spezielle Reservoirs (Knochenmark, Thymus, Rachenmandeln, Blinddarm, Milz und Leber) von jungen, unreifen Stammzellen, die bei Bedarf in eine spezifische Immun- oder Blutzelle umgewandelt werden. Jüngste Ergebnisse der Stammzellenforschung haben sogar gezeigt, dass sich praktisch überall im Körper Stammzellen nachweisen lassen. Versuche belegen, dass sich aus diesen Stammzellen jede x-beliebige Körperzelle entwickeln lässt. Auch die Umkehrung ist möglich: Eine jung entwickelte Stammzelle aus dem Fettgewebe kann sich demnach in eine Herzmuskelzelle umwandeln und abgestorbenes Herzgewebe beispielsweise nach einem Infarkt wieder regenerieren (vgl. *Der Spiegel*, 36/2001). Aus ayurvedischer Sicht sind die Stammzellen Teil des Plasmagewebes (Rasa-Dhatu) und der Beweis, dass der Körper in der Lage ist, sich jederzeit wieder zu verjüngen und zu regenerieren. Dies ist der Ansatz der ayurvedischen Rasayana-Therapie, die ab Seite 251 beschrieben wird.

55 Siehe auch Seite 251 ff.

56 Siehe auch Seite 203 ff.

57 Hinweise über Atemübungen (Pranayama) siehe ab Seite 246.

58 Auch die bereits beschriebenen Stammzellen des Körpers gehören zum Rasa-Dhatu.

59 »Bei der Empfängnis ist Ojas die Essenz von Eizelle und Spermium. Nach der Vereinigung von Eizelle und Spermium ist Ojas der Sitz der Seele. Im zweiten Stadium ist es das flüssige Material (Dotter), das den Embryo umgibt und ernährt, und im dritten Stadium, wenn die Ausreifung der Organe entsteht, beginnen sie durch Ojas mit deren selbstständiger Tätigkeit. (…) Der Einzug von Ojas im Herzen lässt den Herzschlag beginnen (am 22. Tag nach der Befruchtung).« Aus: *Caraka-Samhita*, Bd. 1, hrsg. v. R. K. Sharma Bhagwan Dash, Varanasi: Chowkamba Sanskrit Series Office 1995.

60 Vgl. Konrad und Steffen Kunsch: *Der Mensch in Zahlen*, Heidelberg/Berlin: Spektrum Akademischer Verlag 2000.

61 Siehe auch Seite 87, 90 und 93.

62 Siehe die Entstehungsorte der Doshas auf Seite 155 ff.

63 Siehe auch Seite 178 ff.

64 Siehe Checkliste ab Seite 162.

65 Panchakarma: Die fünf großen Ausleitungs- und Entgiftungsverfahren der ayurvedischen Heilkunde, die oft im Rahmen einer Kur durchgeführt werden (siehe Seite 261 ff.).

66 Möglicherweise besteht ein Zusammenhang zwischen diesen Verbindungen und der Entstehung von Autoimmunkrankheiten. Beispiele sind die Sklerodermie (chronische Erkrankung des Gefäß- und Bindegewebssystems), die Colitis ulcerosa (chronisch-entzündliche Erkrankung des Dickdarms), der Diabetes Typ I (juveniler Diabetes, der Kinder und junge Erwachsene betrifft) und gewisse Rheumaerkrankungen, bei denen sich so genannte Immunkomplexe in körpereigene Gewebe einnisten und sie zerstören.

67 Wenn Agni zu stark ist – was sehr selten der Fall ist –, verlässt es seinen Platz im Nabelbereich und verbrennt die Körpergewebe. Dabei kommt es zu einem Mangel an Körpergewebe.

68 Siehe auch Seite 232 ff.

69 In diesen Zuständen hat Agni mit Vata-Dosha zusammen den Nabelbereich verlassen und breitet sich im Körper aus, was eine Erhöhung der Körpertemperatur zur Folge hat. Wenn es sich um ein durch Ama ausgelöstes Fieber handelt, vermischt sich Agni mit dem in den Shrotas be-

findlichen kalten Ama und »verkocht« es. Daran sieht man, wie fatal eine Unterdrückung von Fieber sein kann: Damit wird dem Körper die Möglichkeit genommen, giftige Substanzen loszuwerden.

70   Siehe unverträgliche Nahrungsmittel ab Seite 236.

71   Ghee: Zerkochtes und gereinigtes Butterschmalz. Ghee wird im Ayurveda oft als so genanntes Ghrta zusammen mit Heilpflanzen verkocht und als Medikament verabreicht (Anleitung zur Herstellung von Ghee siehe Seite 273).

72   Ayurveda kennt natürlich zahlreiche Rezepturen, die eine sehr stärkende Wirkung auf Ojas haben. Besonders erwähnt seien hier das Shilajeet (Pechblende). Aber auch alchimistische Präparationen wie aufwendige Verreibungen mit Gold, Silber, Edelsteinen sowie gereinigte Quecksilberverbindungen mit zahlreichen Kräutern wie zum Beispiel Makaradwaj und viele andere Mixturen erhöhen Ojas und haben einen stark verjüngenden Effekt auf den Organismus.

73   Prana wird zwar überwiegend aus dem Atem gewonnen, ein kleiner Teil jedoch entsteht auch aus der Nahrung im Dickdarm.

74   Diese Kanäle beginnen und enden in der Leber und der Milz, wo die roten Blutkörperchen gebildet und wieder zerlegt werden.

75   Die Kanäle des Geistes sind feinstoffliche Verbindungen, durch die unsere Gedanken transportiert werden. Störungen in diesen Shrotas führen zu Einschränkungen des Denkens und der Konzentration, aber auch zu Bewegungs- und Koordinationsstörungen.

76   Shrotas können auf vierfache Weise gestört sein:
   – Zu starkes Fließen, was zu einer übermäßigen Überflutung der Gewebe führt
   – Zu schwaches Fließen, was zu einer Minderernährung der Gewebe führt
   – Unterbrechung, die durch Festsetzen von Stoffen ausgelöst wird
   – Völliges Leerfließen, das heißt, der Kanal sucht sich in Folge einer Blockade einen neuen Weg in ein anderes Gewebe, was dann dort zu Störungen führt.

77   Marma-Punkte sind Energiepunkte auf der Körperoberfläche, die vergleichbar mit den Akupunkturpunkten sind. Durch spezielle Massagen dieser Marmas können Körperkanäle, aber auch die inneren Organe positiv beeinflusst und behandelt werden (siehe auch Seite 261 ff.).

78   An dieser Stelle sei jedoch auf Extremsportarten hingewiesen, denen sich immer mehr Menschen aussetzen: Bungeejumping, extremes Ski- oder Snowboardfahren, Freeclimbing und vergleichbare Hobbys verset-

zen den Körper in diesen Alarmzustand und fügen ihm, bei häufiger Ausübung von Extremsportarten, großen Schaden zu.

79 Shri Kshema Sharma: *Kshema-Kutuhala*, Varanasi: Chowkambha Orientalia 1978.

80 Siehe Seite 203 ff.

81 Siehe dazu auch das Literaturverzeichnis ab Seite 301.

82 Neemseife ist eine speziell hergestellte Seife aus Neemextrakt, der heilend auf die Haut wirkt. Alle in diesem Buch genannten Kosmetika und Gewürze finden Sie im indischen oder asiatischen Versandhandel (Bezugsadressen im Anhang auf Seite 304).

83 Siehe Kapitel IX: Essen als Medizin – Die ayurvedische Ernährungslehre.

84 Siehe auch Seite 184.

85 Aus Baird Spalding: *Leben und Lehren der Meister im Fernen Osten*, Ergolding: Drei Eichen ⁵1990

86 Siehe auch Seite 288 f.

87 Siehe auch Seite 289 f.

88 Wer gern läuft, dem sei das Leichtlaufprogramm von Ulrich Strunz ans Herz gelegt (siehe auch Literaturverzeichnis).

89 Zum Pranayama siehe auch Seite 247 ff.

90 Empfehlenswerte Bücher siehe das Literaturverzeichnis ab Seite 301.

91 Da ein Teil des Vata-Doshas, *Vyana-Vayu*, Ejakulation sowie Herzschlag kontrolliert.

92 Voltaire, eigentlich François Marie Arouet; lebte von 1694 bis 1778 und erreichte mit seiner Lebensweise immerhin ein für damalige Verhältnisse biblisches Alter von 84 Jahren.

93 Siehe auch Seite 88 f.

94 Siehe auch Seite 239 f.

95 Siehe auch Seite 224.

96 Siehe auch Seite 87 ff.

97 Die scharfe und trocknende Wirkung des Honigs können Sie besonders an älterem Honig feststellen, der mit zunehmendem Alter kristallisiert und trocken wird.

98 Siehe auch Seite 187 ff.

99 Wenn Sie jedoch gleichzeitig unter Pitta-Störungen leiden sollten, wäre es ratsam, einen Ayurveda-Therapeuten aufzusuchen.

100 Siehe auch Seite 236 f.

101 Das Rezept zur Ghee-Herstellung finden Sie auf Seite 273.

102 Das Rezept zur Herstellung von Honigwasser finden Sie auf Seite 277.

103 Vgl. Heinz-Uwe Hobohm: *Wegweiser zur Krebsheilung*, München: Hugendubel 2001.

104 Vgl. Kurt Langbein, Hans-Peter Martin und Hans Weiss: *Bittere Pillen*, Köln: Kiepenheuer & Witsch 2000.

105 Vgl. M. V. Eberhardt, C. Y. Lee und R. H. Liu: »Antioxidant activity of fresh apples«, in: *Nature*, 405/2000, S. 903 f.

106 Vaidya Bhagwan Dash und Vaidya Lalitesh Kashyap: *Materia Medica of Ayurveda*, New Delhi: Concept Publishing 1980, Seite XXXIIIf.

107 Siehe auch Seite 183 ff., 187 ff. und 190 ff.

108 Vgl. entsprechende klinische Studien im Internet unter: www.ncbi. nlm.nih.gov/ (National Center for Biotechnology Information).

109 Vgl. entsprechende klinische Studien unter: www.ncbi.nlm.nih.gov/ (National Center for Biotechnology Information).

110 Hildegard von Bingen (1098–1179) wurde von vielen großen Persönlichkeiten ihrer Zeit als Kräuterheilkundige, Therapeutin, Mystikerin und große Gelehrte verehrt. Sie lebte als Äbtissin in einem Kloster bei Bingen am Rhein und verfasste zahlreiche medizinische Schriften zur Behandlung von Krankheiten. Die große Kraft und Wirksamkeit ihrer Rezepte wird bis heute in der Naturheilkunde geschätzt und erlebt seit einigen Jahren wieder eine Renaissance.

111 Auch bei Tieren wirken Neemblätter sehr stark. Hunde beispielsweise, die täglich etwas Neemblätter ans Futter bekommen, bleiben frei von Parasiten und Würmern.

112 Hochwertigstes Ghee erhält man, wenn man es in reinen Gold- oder Silberbehältern aufbewahrt. Es ist ein Tonikum und Verjüngungsmittel par excellence.

113 Siehe auch Tees zur Behandlung von Erkältungskrankheiten, Seite 289 f.

114 Siehe auch Seite 263.

115 Siehe auch Seite 246 ff.

Register

Zum Autor

Dieter Scherer ist 37 Jahre alt und seit neun Jahren als Heilpraktiker tätig. Seine intensiven Studien über die klassische Homöopathie und verschiedene Naturheilkunden wie die traditionelle chinesische Medizin, die Humoralpathologie und die Phytotherapie begannen vor über 15 Jahren und führten ihn schließlich zum traditionellen Ayurveda, der Urmutter aller Heilkunden.

1993 Diplom an der renommierten Fachschule für Naturheilweisen Josef Angerer in München. Seit dieser Zeit Praxistätigkeit in München. Fortbildungen in klassischer Homöopathie bei Dr. Mohinder Jus, Humoralpathologie bei Joachim Broy und Werner Hemm und in Traditioneller Ayurveda bei Dr. Vilas M. Nanal und anderen ayurvedischen Ärzten in Indien.

Seit 1998 Erweiterung der Praxistätigkeit auf Garmisch-Partenkirchen, wo er gemeinsam mit seiner Lebensgefährtin Barbara Hagn eine ayurvedische Kurpraxis leitet. In München und Garmisch-Partenkirchen behandelt er nach den Grundsätzen des Ayurveda und vermittelt dieses Wissen in zahlreichen Vorträgen und Seminaren.

Praxisadresse
Heilpraxis für Traditionelle Ayurveda
Dieter Scherer, Heilpraktiker
Barbara Hagn, Heilpraktikerin
Hotel Rheinischer Hof
Zugspitzstraße 76
D-82467 Garmisch-Partenkirchen
Fax 0 88 21/91 26 24
www.traditionelle-ayurveda.de
E-Mail: DS_Ayurveda@web.de